现代国家治理与社会经济发展丛书　　　　　丛书主编　景维民

The Evolution of State Institutional
Capacities in the
Process of Economic Transformation
——The Analysis of Comparative Political Economy on
Chinese and Russia Transformation

经济转型进程中的国家制度能力演进

——中俄转型的比较政治经济学分析

黄秋菊　著

经济管理出版社
ECONOMY & MANAGEMENT PUBLISHING HOUSE

序　言

中国和俄罗斯在 20 世纪末相继走上从传统计划经济体制向现代市场经济体制转型的道路,开启了人类现代历史上规模空前的大规模制度变迁过程。受不同的初始条件和改革决策的影响,中俄两国的转型路径和绩效呈现出巨大差异。俄罗斯在转型之初奉行新自由主义的激进转型战略,但旋即陷入制度崩溃与经济严重衰退的陷阱之中。尽管其后对激进转型战略进行了诸多修正,经济逐步复苏,但依然面临严重的结构失衡与制度扭曲。与俄罗斯不同,中国没有完全采纳西方世界开出的"转型处方",而是立足国情,创造性地探索出一条稳健而卓有成效的市场化道路,确保了国家秩序的稳定与社会经济的持续、快速发展。虽然渐进式转型的道路亦不平坦,但三十多年改革积累起的物质财富、体制优势和宝贵经验,为中国进一步深化转型奠定了良好的基础。

对于中俄两国转型绩效差异的解读,历来是转型经济学、发展经济学、制度经济学等领域的一个热点话题,与此相关的解释也异彩纷呈。黄秋菊博士的专著《经济转型进程中的国家制度能力演进——中俄转型的比较政治经济学分析》独辟蹊径,从国家制度能力这一研究视角出发,对中俄两国的经济转型进行了系统而深入的研究,对两国转型路径与绩效的差异做出了逻辑一致和令人信服的解释,并从培育和增进国家制度能力入手,对中俄两国未来的经济转型趋势进行了探讨和把握,提出了有针对性的策略选择。全书逻辑清晰、结构合理、论证严谨、资料翔实,体现了作者对中俄两国经济转型问题的扎实研究。该书的特色主要体现在以下四个方面:

第一,该书围绕国家制度能力这一核心变量,建立了一个研究经济转型的理论框架,对国家制度能力的概念进行了清晰界定,并详细阐释了国家制度能力的基本构成、影响因素以及国家制度能力的演化路径,从而为转型经济学提供了一个富有新意的研究视角和理论工具。

第二,基于国家制度能力的理论框架,该书分别从国家的制度形成能力、制度实施能力以及制度调适与学习能力三个维度出发,对中俄两国经济转型的路径、绩效和未来发展方向进行了全面、深入的分析,并得出了一系列对转型国家深化制度改革与建构国家制度能力具有重要借鉴意义的结论和启示。

第三,该书构建了一个国家制度能力的评估指标体系,并应用这一指标体系对中俄两国转型期的国家制度能力进行定量评估与比较,从而将定性分析与定量分析有机结合。在此基础上,归纳出俄罗斯转型期的国家制度能力形态具有"勾结型国家"、"掠夺型国家"和"失败的国家"三大特征;而中国的国家制度能力形态则具有"自主性国家"、"发展型国家"和"强国家"的综合特征。

第四,该书运用比较政治经济学的研究方法,从经济与政治互动的视角出发,对转型这一大规模制度变迁过程进行深刻解读,探寻驱动经济转型的内在动力机制,并以国家制度能力为聚焦点,对转型涉及的经济、政治和社会问题进行整合,体现了一种"大转型"的研究范式。

黄秋菊博士在我的指导下一直从事中国与俄罗斯经济转型问题的研究。扎实的经济学理论功底和刻苦的学术钻研,使得她能够很好地完成该书的研究课题。在学期间,她参与了国家社科基金等重要项目的研究工作,并在国内核心期刊上发表了一系列高质量的学术论文。这本专著的出版也是对她前期研究成果的一个最好注解。当然,中俄两国的经济转型尚未终结,这就需要我们对两国的转型道路进行持续性的追踪研究,希望黄秋菊博士能够在这条研究道路上做出更多富有建设性的学术尝试和贡献!

景维民

2012 年 11 月

前　言

　　20 世纪末发生在中国和俄罗斯的社会经济转型是一场涉及多个领域的大规模制度变迁过程。然而,在从计划经济体制迈向市场经济体制的过程中,中俄两国的转型路径和绩效却出现了明显的大分化。转型之初,俄罗斯虽然遵循了西方主流经济学推崇的标准转型战略——"华盛顿共识",但却长期陷入经济严重衰退与社会秩序极度分裂的转型危机中;而中国却在循序渐进的改革开放过程中保持了经济的持续快速发展和社会秩序的基本稳定,从而创造了经济转型的"中国奇迹"。尽管诸多政治、经济和社会因素对中俄两国的转型绩效产生了不同程度的影响,但国家制度能力构建策略及其演化路径的差异是决定中俄两国转型绩效差异的关键变量。

　　本书以国家制度能力为研究视角,对中俄两国的经济转型路径、绩效以及未来的发展走向进行了详细分析,着重探讨了两国不同的国家制度能力演化路径的内在形成机理以及国家制度能力差异与转型经济绩效差异的内在关联,并对中俄国家制度能力进行了定量评估和比较,最终得出了若干对转型国家和发展经济体的国家制度能力构建与经济发展具有借鉴意义的结论和启示。以国家制度能力为切入点来研究中俄两国的经济转型,体现了一种"大转型"的系统性研究视角和比较政治经济学分析范式。它有助于我们更加全面、准确地把握转型的整体性路径演化轨迹,深刻洞察转型进程中存在的核心制度问题,并在转型深化阶段探寻有效的制度改革战略。研究中俄两国转型进程中的国家制度能力演化问题,不仅为转型经济学、制度经济学、发展经济学等经济学分支学科提供了重要的理论资源和经验支撑,也为这些学科的进一步发展创建了一个崭新的知识生长点。本书的研究内容和框架结构安排如下:

　　第一章为全书的绪论。该章首先从理解中国和俄罗斯的转型之谜入手,引出国家制度能力这一研究主题;其次对中外学术界关于经济转型、制度变迁以及国家能力的研究进行综述和评析;再次阐述了本书的研究内容和研究方法;最后对本书的研究思路和创新之处进行了归纳总结。

　　第二章建立了研究中俄两国经济转型与国家制度能力演化的理论分析框架。首先,该章以制度与经济发展作为国家制度能力研究的逻辑起点,在分析了国家、制度与经济发展内在关联的基础上,将国家制度能力界定为国家制定、实施和推动制度变迁的能力。其次,进一步将国家制度能力的构成划分为国家的制度形成能力、国家的制度实施能力和国家的制度调适与学习能力,并清晰界定了国家制度能力三个构成部分的内涵,对这三种国家制度能力的影响因素进行了深入分析。最后,利用一个国家与社会的博弈模型,从静态角度分析了国家治理形态与国家制度能力的关系,在此基础上,进一步从动态角度研究了两条国家制度能力的演化路径,即国家制度能力的积极构建路径和消极退化路径,并归纳总结了国家制度能力积极构建的必要条件。

第三章对国家制度能力与经济转型的内在关系进行了更加深入的分析。该章首先从批判新自由主义的经济转型观入手,提炼和归纳出制度主义的经济转型观,并利用比较制度分析学派的主观博弈模型研究了经济转型的阶段性与路径演化特征。其次对转型进程中出现的经济绩效分化现实进行了描述,并对具有代表性的三种解释转型绩效差异的观点进行了评析,在此基础上提出国家制度能力是影响转型绩效的关键变量,并构建了一个国家制度能力与社会能力的最优配置模型,以分析国家制度能力与转型经济绩效的内在关系。

第四章由定性分析转入定量分析。该章构建了一个由三个一级指标和八个二级指标构成的国家制度能力评估指标体系,并应用这一指标体系分别对中俄两国的国家制度形成能力、制度实施能力和制度调适与学习能力进行评估和比较,在此基础上对两国综合的国家制度能力进行比较。通过这些比较,归纳出俄罗斯转型期的国家制度能力形态具有"勾结型国家"、"掠夺型国家"和"失败的国家"三大特征;而中国的国家制度能力形态则具有"自主性国家"、"发展型国家"和"强国家"的综合特征。

第五章着重深入研究俄罗斯转型期的国家制度能力衰败与转型危机的内在形成机理。该章首先研究了苏联计划经济体制的形成与"强国家"的崛起,分析了苏联时期的经济改革与国家制度能力削弱的过程。其次着重研究了"叶利钦时代",俄罗斯国家制度解构与能力衰败的内在机理,即激进转型战略的形成导致国家制度形成能力的僵化;制度结构的解体导致国家制度实施能力的耗竭;利益集团的制约导致国家制度调适能力近乎丧失。在此基础上,进一步分析了国家制度能力衰败与俄罗斯转型危机的关系。最后,进一步研究了俄罗斯普京执政时期和"梅普共治"时期俄罗斯国家治理方略的转换,以及所采取的重塑国家制度能力的战略举措,并对俄罗斯未来的转型路径与国家制度能力改进的方向进行了分析和展望。

第六章则转入对中国转型期国家制度能力培育与转型奇迹的关系进行深入研究。该章首先研究了全能主义国家支撑下的计划经济体制的形成过程,并分析了计划经济体制的曲折探索对国家制度能力的影响。其次着重研究转型时期,中国国家制度能力构建与培育的内在机理,即国家治理目标的灵活转换促进了有效制度改革能力的形成;国家权能范围的适度调整维系了国家必要的制度实施能力;国家根据内外环境的变化做出适应性调整,增强了国家的制度学习能力。在此基础上,分析了国家制度能力培育与中国转型奇迹的内在关系。最后立足于经济转型深化与后国际金融危机时代中国面临的崭新挑战,集中论述了改进和提升国家制度能力的战略举措,并分析了国家制度能力提升与中国的转型发展方向。

　　第七章对全书的研究内容进行总结,在此基础上得出若干结论和启示。本书的主要研究内容和结论可以归纳为三个方面:一是国家制度能力是理解经济转型与经济发展的崭新理论视角;二是国家制度能力是导致中俄两国转型绩效差异的关键变量;三是国家制度能力构建是转型深化与后国际金融危机时代转型国家的一项重要战略举措。本书得出对转型国家和发展中经济体的制度构建与经济发展具有借鉴意义的三方面重要启示:首先,社会经济转型不能以牺牲国家制度能力为代价,为此,应关注转型的策略选择,保持制度变迁的相对稳定性和连续性;其次,在经济转型中,应处理好国家制度能力构建的三大核心问题,即国家自身的建设、国家与市场关系的调整、国家与社会关系的协调;最后,在转型深化阶段,应关注国家制度能力构建中的内外联动效应,确保国家发展的自主性和有效性。

目　录

第一章 绪 论

20 世纪 80 年代末至 90 年代初发生在俄罗斯、东欧以及东亚 30 多个国家的从计划经济体制向市场经济体制转型的历史进程引起了社会科学领域的广泛关注。学者们对转型的本质从不同角度加以诠释,如经济转型、政治转型、法制转型、文化转型等,以至于著名经济学家科尔奈提出要用一种综合上述各个层面的大制度范式来重新认识转型的本质和进程。① 本书认为,上述各个层面的转型实际上都可以纳入国家制度能力这一分析框架中来。

第一节 国家制度能力:
理解中国和俄罗斯转型之谜的关键维度

20 世纪 80 年代末 90 年代初以来发生在俄罗斯、东欧和东亚社会主义国家的社会经济制度转型在理论界与政策实践领域引发了诸多令人费解的“转型之谜”。其中,一个最具代表性的“转型之谜”当属中国的体制改革与转型之谜。概而言之,中国在没有完全遵循新古典主流经济学和某些国际经济机构所推荐的“最优”转型战略的基础上探索出一条稳健而卓有成效的市场化改革与转型之路。在这一过程中,中国不仅保持了宪政制度和社会秩序的基本稳定,而且实现了国民经济的持续高速增长,并使大多数社会民众在没有承受太大转型成本的条件下逐步跨入市场经济的大门并使得自身的信念系统与行为模式发生了巨大转变。与中国相比,俄罗斯在转型之初就奉行一种理性设计与激进变革的转型理念与改革逻辑。以叶利钦、盖达尔、丘拜斯为代表的自由派改革势力认为,转型的鸿沟不能分两步跨越,市场经济体制必须在全面瓦解计划经济体制的废墟上一次性地全面构建起

---

① 亚诺什·科尔奈.后社会主义转轨的思索[M].长春:吉林人民出版社,2003.

来。为此,俄罗斯政府全盘接纳了新自由主义改革方案,一次性、同步地实施价格自由化、经济私有化以及宏观经济稳定化的"休克疗法",以图在最短的时间内建立起完备而有效的市场经济体制。但效果却出乎意料。激进式转型将俄罗斯立即带入一个制度崩溃与经济严重衰退的发展陷阱之中。虽然俄罗斯从 20 世纪 90 年代末以来逐步实现了经济复苏,但经济持续稳定增长的内生机制却并未形成,因而在 2008~2009 年金融危机肆虐全球的背景下,俄罗斯经济增长再度出现重大波折,从而使得刚刚从转型衰退中复苏的俄罗斯经济又一次陷入经济萧条的"寒冬"(如图 1-1 所示)。

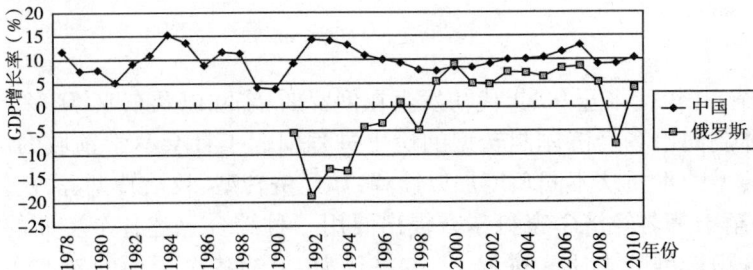

图 1-1　中俄转型期的经济增长绩效比较

对于中国与俄罗斯转型之谜的解读,自 20 世纪 90 年代以来,一直成为转型经济研究领域人们持续关注的焦点话题。具有不同学科背景、带有不同意识形态偏好的经济学家们对此给予了不同的解释。一些学者将其归因于制度变迁的初始条件,如转型前的经济结构差异、计划体制持续的时间和严格程度、宏观经济扭曲状况、地缘政治、历史文化因素等。另一些学者则将其归因于不同的经济转型方式,如激进式转型还是渐进式转型。还有一些学者从制度经济学的视角试图揭开中俄转型之谜。例如,有学者认为俄罗斯的激进式变革虽然在短期内推动了政治、经济、法律等层面的正式制度变迁,但是却忽视了其历史上长久形成的习俗、心理、文化等非正式制度变迁的滞后性,结果盲目地移植外来制度造成了正式制度与非正式制度的不一致性,影响了制度运行的效率;而中国则根据自身的历史和现实国情,创造性地探索出许多合理、适宜的制度安排,推动了经济转型的顺利、平稳进行,保持了社会经济的稳定发展。实际上,无论是对初始条件的准确把握还是对转型方式的明智选择,都与国家这一推动经济转型的独特"制度装置"的作用密不可分。而目前转型经济学领域也已经逐步兴起了一股"国家回归"的潮流,以分析国家在推动制度变迁与经济发展的作用。

曾经以提出"历史终结论"而闻名于世的美国学者弗朗西斯·福山在其新著《国家构建:21 世纪的国家治理与世界秩序》一书中旗帜鲜明地提出,在广大发展中国家,软弱无力的"弱国家"是造成社会无序与经济停滞的最终祸根。由此,他对其原先的理念做出重大修正:"国家的衰亡并不是通往理想国而是灾难的前兆。贫困国家之所以无法发展经济,关键是它们的制度发展水平不适当。它们不需要什么都管的国家,但它们确实需要在有限范围内具有必要功能的、强有力并且有效的国家。"①俄罗斯研究转型问题的著名经济学家弗拉迪米尔·波波夫在俄罗斯转型十五年之际(2007)也再次对中俄以及其他东欧国家的转型做出反思。他试图通过更为"先进"的计量经济学方法条分缕析地仔细检验影响转型绩效的各种因素。最终得出了几乎与福山相同的结论,那就是国家的力量特别是国家的制度能力在决定经济转型与发展绩效领域发挥着关键性的作用。在他看来,中国良好的转型绩效恰恰是因为在国家的制度能力方面,中国看起来似乎已经是一个发达国家;相反,曾以"强国家"闻名的俄罗斯,在转型进程中却沦落到国家衰败、能力薄弱的地步,自然导致俄罗斯陷入秩序崩溃和经济衰退的边缘。此外,美国学者杰弗里·米勒和斯托亚·坦尼夫对中俄两国转型的比较研究也证实了国家制度能力在转型进程中的关键性作用。他们认为,中国转型成功的首要原因在于通过持续不断的行政改革来改进政府官员的激励结构,并且在提高企业和地方政府自主性的同时,保持了中央政府实施必要控制的能力;而俄罗斯则采取了一种经济改革优先于国家重构的策略,所有的改革都是在维持一个"弱国家"的环境中进行的,结果自由化与私有化改革成为一个纯粹消耗国家能力、剥夺社会财富的"浪费性"制度变迁过程。

学者们的最新研究成果无疑为我们重新理解中俄转型之谜提供了一个有益的视角,但其中仍有许多富有学术价值的细节值得我们仔细深入探究。一是对于如何理解、界定国家制度能力,学术界依然莫衷一是,尚未达成共识;二是国家制度能力究竟包括哪些内容,即国家制度能力的构成仍需要进行清晰地划分、界定与分析;三是有哪些因素对国家制度能力特别是转型国家的制度能力产生最为重要的影响,仍需深入总结;四是如何对国家制度能力的强弱做出准确的定性与定量测度,则是对转型国家衡量、评估其国家制度能力具有至关重要意义的工作;五是如何运用国家制度能力这一分析性概念以及相应的理论框架,对中俄两国的转型路径与绩效做出全面、系统、深入、准确的比较研究,并从中提炼和归纳出国家制度能力构建的有效策略,这无疑对未来转型国家的制度转型与经济发展具有重要的指导意义。本书试图对以上五个问题做出进一步的深入研究,这种学术尝试无论是对转型经济学的理论构建,还是对转型经济实践问题的研究无疑都是具有重要理论意义和实践价值的。

①弗朗西斯·福山.国家构建:21世纪的国家治理与世界秩序[M].北京:中国社会科学出版社,2007:115.

第二节 相关文献综述及评析

论题的核心是经济转型进程中国家制度能力的构建与培育问题。为什么要研究国家制度能力? 为什么要构建和培育国家制度能力? 中俄转型的路径差异与国家制度能力之间究竟是什么样的关系? 带着这些问题,在梳理、分析中外学者已有成果的基础上,实现自己的理论观点与前人研究成果相衔接。本书沿着制度—国家—国家能力这一线索,通过对相关经济学和政治学理论的梳理引出国家制度能力的概念。

一、关于经济转型的研究概述

在人类社会演进的历史长河中,总会有一些重大的变革进程激起阵阵波澜。它们不仅剧烈地改变着既有的政治、经济和社会制度结构,而且也在深刻地重塑着社会成员的心理、认知和行为模式,从而标志着社会的整体跃迁。发端于 20 世纪末的大转型(Transformation)则是其中颇为壮观的一幕。本书所使用的经济转型、转型经济、经济转轨、转轨经济均是指这一历史进程。本书的研究是以中俄的经济转型为研究背景的,因此有必要对经济转型的有关研究进行回顾与梳理。转型经济的研究对象与研究主题是什么? 对转型经济的研究采用了什么样的研究方法与研究范式? 它涵盖哪些研究内容? 转型经济研究的进一步发展方向是什么? 对这些问题的探讨成为转型经济学的研究主题。

1. 转型经济的研究对象及其内容

转型并不是一个单纯的经济事件,各种因素之间的关系错综复杂,随着研究的深化和扩展,研究视角越来越多样化,研究对象不仅内涵明确,而且外延也趋于扩展。事实上转型的研究对象早已超出传统社会主义国家体制转型的范围,研究重点放到经济体制与政治体制的关系以及现代国家治理模式的构建上,以保证国家的经济持续稳定地发展。研究对象的内涵和外涵越来越丰富。对此,靳涛、周冰指出,转型的研究对象应当划分为三个层次:第一个层次是体制转型或者说经济转型,指从原社会主义计划经济向市场经济体制的转型,即狭义的转型;第二个层次是国家或社会的转型,是指在经济转型的基础上再加上政治体制转型;第三个层次是文明的转型,这是历史意义上的转型,它是指国家转型再加上文化和社会结构的重大变化,可以称为广义的转型。转型的过程就是从狭义转型走向广义转型的过程。从广义转型的角度来看,在整个人类社会发展的历史上,凡是社会的经济体制、国家和政治制度、文化和社会结构发生重大的变化和转折时,都会在各个历史尺度的前后相继的两个历史阶段之间形成过渡时期,这一时期都是一种不稳定的、非常规的体制、制度和社会发展阶段。从一般意义上讲,历史的转折和衔接的过渡过程是人类社会中的一种普遍现象,它是周期性出现的,但在以往的理论研究中,在正式的历史分期表或者社会形态和体制分类表中没有得到应有的重视,甚至是研究的空缺,事实上这是一个非常重大的研究课题。

20世纪80年代末发生在前社会主义国家的转型,不仅是大规模的制度变迁,也是社会经济自身组织结构和存在方式的变化,变迁和变化的目的在于重构社会结构、促进经济发展。因此将转型经济研究对象或者说研究主题仅仅确定在研究体制转变上是远远不够的,应该把体制转变、社会重构与经济发展结合起来,注重研究体制转变对转型国家实现长期经济发展的促进作用。众所周知,中国是一个转型的发展中国家。转型是指中国目前正在从计划经济体制转变到市场经济体制,发展是指中国正在从不发达状态迈向现代化。正是由于转型与发展这两项任务结合在一起,中国所遇到的问题,尤其错综复杂,这里既有转型中的问题,又有发展中的问题[①]。

但凡研究转型经济的学者都会发现,在所有转型经济文献中存在着三个重要概念,即过渡、转轨和转型。厘清这几个概念,既是理解转型经济的前提,又是转型经济学形成的基础。过渡、转轨和转型三个概念的核心内涵虽然是一致的,都是指从计划经济向市场经济的转变过程,但它们各自所突显的重点并不相同(周冰,2007)。"过渡"一方面表明逻辑的起点在计划经济、终点在市场经济这样一个两头明确的状态,而另一方面强调的是一种不稳定的变化过程。转轨也同样暗含了两端明确的意思,但转轨的内容更狭窄,即经济调节机制从"计划轨"向"市场轨"转化。而转型强调的是这个变动过程的性质,属于制度结构和体制形态的改变,是从一种体制模式到另一种体制模式的转换,起点虽然还是计划体制,但终点则出现了动态和不确定的特征。目前这三个关键词在很大程度上还被混用着,核心的内涵没有很大的争论。从学科发展的角度看,转型是最能准确表达这一研究领域和对象的特有术语。

2. 转型经济的研究方法与研究范式

转型经济涉及领域比较宽,这就决定了转型经济研究的方法不是单一的,而是一个由众多方法优势互补组成的方法群。正如罗兰所说:"好的转型经济学研究,应当总是得出对经济学具有一般意义的结论。这一观点之所以是正确的,主要是因为好的模型可以适用于许多不同的情况,还因为经济学家使用共同的工具去分析不同的情况,这些工具来自共同的语言。没有理由相信转型经济学所研究的经济的种种相互作用,是与其他的经济的相互作用完全分离的。"在这个方法群中按照目前转型经济研究业已形成的各种研究范式来看,主要归为以下几类:激进与渐进的分析方法;转型的收益—成本分析方法;宪政与非宪政的分析方法;制度分析

①厉以宁. 转型发展理论[M]. 北京:同心出版社,1996:1-2.

方法①。

由于研究方法不同就形成了不同的研究范式。目前存在着三种主要的理论研究范式，它们分别是新古典经济学范式、比较经济学范式和新制度经济学范式。

第一，新古典经济学理论范式。新古典经济学是对亚当·斯密"看不见的手"理论的系统化。按照新古典经济学理论的理解，市场机制不过是资源配置的工具，其核心是供求和价格的相互作用。在转型之初，以新古典经济学为基础的"华盛顿共识"在转型经济理论和政策研究中占据统治地位。根据"华盛顿共识"，严厉的需求紧缩，加上放松管制、贸易自由化和私有化，就可以推动经济增长。因此，向市场经济过渡的核心就是"管住货币，放开价格"，实行以宏观经济稳定化、国有企业私有化和价格自由化为核心的激进式的"休克疗法"。

第二，比较经济学理论范式。用比较经济学理论来分析现实的改革问题是20世纪90年代以前转型经济学的主流。这种理论从不同的经济体制中总结出若干基本的经济体制模式，在此基础上进行比较，做出最优选择，指导改革的实践。在中国改革开放的几十年里，从南斯拉夫的自治社会主义到匈牙利新经济机制和戈尔巴乔夫的新思维，再到20世纪90年代的东亚模式，都曾是人们比较的对象。有比较才能有鉴别，学习和借鉴其他国家市场经济模式和市场化道路的经验教训，对于中国的经济转型起了积极的推动作用。当然比较经济学的方法也存在着根本的缺陷。一方面，这一理论是经验的而非规范的，因而无法形成具有普遍指导意义的理论。另一方面，它把不同社会制度和不同历史环境下的经济体制简单化，因而无法深刻理解制度变迁的复杂性。

第三，新制度经济学理论范式。新制度经济学把企业制度、产权制度、市场制度以及国家的法律制度和意识形态等制度现象纳入经济学分析的框架之内，扩展了经济学的视野，对于我们研究制度现象有重要的参考意义。经济学家热若尔·罗兰曾指出："如果转型的经验给了我们任何启示的话，那便是，没有以适当的制度为基础的自由化、稳定化和私有化政策，不大可能产生实际的效果。"公共选择学派代表人物布坎南指出市场制度是自由交易的制度，这些制度结构是长期历史发展的产物。另外，科尔奈、萨克斯都提出了新制度经济学转型理论的代表性观点。

3. 转型经济研究的进一步发展方向

经济转型是一个漫长而曲折的过程，也是一项复杂而艰巨的历史任务。转型经济社会并不是人类社会发展与演化到一定历史阶段的特有产物，而是社会经济发展过程中的伴生物。转型经济学研究必须在吸收既有经济学理论研究成果的基础上，突破现有西方主流经济理论和传统计划经济理论的约束，进行创新性扩展与重构，才能形成有生命力的学科。

学者们对于转型经济学抱有极大的热情与期待。有的学者从我国特殊的转型

---

① 吴垠，刘灿. 转型经济学的研究范式与发展方向[J]. 经济评论，2009(4)：132－139.

之路着手,虽然没有提出独立的转型研究范式,但却构造了自成一体的理论框架。如张宇(2001)试图建立一个以马克思主义整体的政治经济学理论为基础的过渡经济学理论框架;王振中(2002)从社会经济形态的二重性出发,提出了建立过渡经济学理论分析的框架;吕炜(2006)基于体制与发展之间的关系提出了一个以"转轨—转型"为框架的双视角研究思路;周冰(2003)则力图构建一个将个体分析与整体分析统一在一起的、基于动态分析的"结构—主体—机制"的研究框架;景维民(2006)正试图构建"转型—发展—社会重构"三位一体的分析框架,这一架构凸显了转型经济的学科性①。从国外来看,大家熟知的代表性论著有斯蒂格利茨的《社会主义向何处去》②、科勒德克的《从休克到治疗——后社会主义转轨的政治经济学》③、热若尔·罗兰所著的《转型与经济学》③、邹至庄著的《中国经济转型》④、布兹加林和拉达耶夫(А. А. Бузгарин、В. В. Радаев)主编的《过渡时期经济》⑤、阿巴尔金院士(Л. И. Абалкин)主编的《过渡经济教程》⑥等,这些都是经济学界公认的关于转型经济学的综合性著作。

　　总之,转型经济的产生在于帮助人们认识转型过程中所发生的问题,从中找出规律性,帮助决策者制订更有效的措施,从而建立起现代市场经济体制,以保证社会经济健康发展。

　　除了从学科理论体系构建层面深化转型经济研究之外,另一个有待深化的研究领域就是对转型现实的理解,特别是对不同转型国家的转型路径与绩效分化这一现实的比较研究。尽管学术界已经从经济转型的初始条件、经济转型的方式与策略、经济转型的利益结构与动力机制等角度出发对不同国家的转型现实差异进行了比较与分析,但这些研究往往是从某一层面、某一角度做出的解释,而缺乏一个相对统一并逻辑一致的理论框架和关键变量。本书试图在这一方面做出大胆的尝试,即以国家制度能力这一关键性变量为切入点和依托,并由此建立起一个解释中俄转型路径与绩效差异的理论分析框架,同时也为转型经济研究提供一个崭新的分析视角。

二、关于制度、制度变迁的研究概述

　　要展开对国家制度能力的研究,首先让我们来了解一下"制度"的概念。中国有一句谚语:"不以规矩,不能成方圆。"这句话意指没有规则的约束,人们就不会

①景维民,黄秋菊.转型经济学的学科定位与展望[J].东岳论丛,2010(3).

②格泽戈尔兹·W.科勒德克.从休克到治疗——后社会主义转轨的政治经济[M].上海:上海远东出版社,2000.

③热若尔·罗兰.转型与经济学[M].北京:北京大学出版社,2002.

④邹至庄.中国经济转型[M].北京:人民大学出版社,2005.

⑤А. А. Бузгарин,В. В. Радаев. Экономика переходного периода. Издательство Московсково университета,1995.

⑥Л. И. Абалкин. Курс переходнойэкономики. Москва. Финстатинформ,1997.

规范行事,也就不能形成良好的秩序,社会经济生活将陷入一片混乱。这里的规矩、规则指的就是制度。制度从一般意义上可以被看作人类在长期的社会历史发展过程中选择或创建的一系列规则体系,它们通过构造人们在政治、经济和社会生活中的激励结构,来抑制人际交往中可能出现的任意行为和机会主义行为,从而促进信任、合作以及由此产生的社会秩序。在许多场合,制度也被等同于治理机制,甚至是秩序本身①。在思想史中,政治学、社会学、法学和经济学都曾对制度在人类社会中的重要作用予以关注,其中尤以经济学对制度的研究最具代表性。

以亚当·斯密为代表的古典经济学家已经意识到制度的重要性。他们揭示出资本主义经济运行所需要的基本制度,即法治、私人产权和契约自由,并提倡减少政府干预和保障公民个人的自由选择。

马克思对许多制度问题做出了开创性的研究。他从生产力与生产关系辩证运动的角度出发,来研究人类社会长期的制度变迁规律。马克思的制度理论将新古典经济学舍弃的全部要素都包括在内,如制度、所有权、国家和意识形态。新制度经济学的代表人物道格拉斯·C.诺斯对马克思的制度思想做出了高度评价:"在详细描述长期变迁的各种现存理论中,马克思的分析框架是最有说服力的。"

19世纪末20世纪初,以康芒斯、凡勃伦、加尔布雷斯等美国经济学家为代表的老制度主义经济学派也开始关注制度能力对人类社会经济生活的影响。以凡勃伦、康芒斯为代表的旧制度经济学认为,经济学的研究对象是人类经济生活中的各种制度以及制度的起源和发展。世界上不存在一种普遍的经济制度,而是存在多种制度形态。凡勃伦将制度定义为大多数人所共有的一些固定的思维习惯。康芒斯则认为,经济关系的本质是交易,在交易过程中会出现利益冲突,需要法律制度加以调解。旧制度经济学虽然强调了制度的重要性,但没有进一步去分析现存的政治经济制度的性质和功能,也没有形成完善的理论体系。

罗纳德·H.科斯1937年发表了经典论文《企业的性质》,标志着新制度经济学的诞生。科斯认为,由于旧制度主义学派仅仅注重于描述性资料的搜集,因而对于制度的经济学理论研究几乎没有任何价值。而真正在现代经济学界能够占有一席之地的则主要是以科斯、诺斯和威廉姆森等人为代表的新制度主义经济学派,简称新制度经济学派。新制度经济学可以划分为三大理论流派,即产权理论、交易费用理论和制度变迁理论,在本书中,制度变迁理论是我们关注的重点。

在新制度经济学中比较具有代表性的制度变迁理论有三种:一是由拉坦提出的诱致性制度变迁理论;二是由我国学者林毅夫提出的诱致性与强制性制度变迁理论;三是由诺斯等人提出的制度变迁的一般过程理论。在这三种制度变迁理论中,诺斯的制度变迁理论代表了新制度经济学制度变迁理论的前沿,并最具一般性

---

① 威廉姆森.资本主义的经济制度[M].北京:商务印书馆,2004;埃里克·弗鲁博顿,鲁道夫·芮切特.新制度经济学——一个交易费用分析范式[M].上海:上海三联书店,上海人民出版社,2006;7.

意义①。

拉坦的诱致性制度变迁理论主要是从制度的供给和需求两个角度来分析制度变迁机制的。制度变迁的需求主要是由要素与产品的相对价格变化以及与经济增长相关联的技术变迁所引发的;而制度变迁的供给则是由社会科学知识以及法律、商业、社会服务和计划领域的进步所引发的,是从技术变迁与制度变迁的历史关系中提出诱致性制度变迁理论的。拉坦认识到可能是由于对与经济增长相联系的更为有效的制度的需求,或者是由于关于经济行为和组织的知识进步引起了制度变迁。在上述因素的综合作用下,制度需求曲线和制度供给曲线都会向右移动,从而推动制度变迁的发生。总体而言,拉坦的理论为制度变迁的研究确立了一个"需求—供给"的分析框架。但他在收益—成本的概念下,掩盖了制度变迁中的人的主体性特征,也忽视了各行为主体在制度变迁中的作用的差别性。

林毅夫对制度变迁理论的贡献主要在于提出了对诱致性制度变迁和强制性制度变迁的划分,并对此进行了经济学分析。林毅夫对制度变迁的分析也是在"需求—供给"的理论框架下进行的:在需求方面,诱致性制度变迁是出于个人或一群人在响应获利机会时内发倡导、组织和实行的。获利机会来源于制度的非均衡。当预期收益大于预期成本时,有关个人或群体会做出自发性反应,在制度边际上自行调整,从而形成一种自下而上、从局部到整体的制度变迁过程。在供给方面,强制性制度变迁是由国家通过一系列立法及行政命令而实现的。林毅夫认为,制度的公共物品特性使得制度的自发供给常常低于社会最优水平,因此,由国家提供制度比私人生产更有效。理性的统治者会矫正制度供给的短缺。然而,如何使统治者足够理性以提供充足的制度供给? 林毅夫的制度变迁理论并没有给出令人满意的回答。

诺斯是制度变迁理论的集大成者,他在吸收了产权理论、交易费用理论的研究成果并在对经济史进行长期研究的基础上提出了制度变迁的一般理论,这些理论相继体现在《制度变迁的理论:概念与原因》、《制度创新的理论:描述、类推与说明》、《经济史中的结构与变迁》以及《制度、制度变迁与经济绩效》等著述中。诺斯将制度变迁的过程看作一个从制度均衡到制度非均衡再到制度均衡的过程。制度非均衡是由相对价格变化、技术变迁、交易成本降低等因素带来的额外利润所引发的;当制度变迁的潜在收益大于成本时,制度变迁就会发生。制度变迁的一般过程体现为感知制度非均衡的初级集团开始采取一系列新的制度实验,在此基础上形成推动制度创新的次级集团,在二者的共同推动下,制度变迁就会发生。制度变迁的过程同时也是相关各方进行谈判、签约的过程,不同利益群体的反复博弈将决定制度变迁的方向。制度变迁过程中存在着"路径依赖"效应,从而使制度变迁呈现出一种不断演化的特征。

---

①陈国富. 契约的演进与制度变迁[M]. 北京:经济科学出版社,2002:6-8.

　　总体而言,以诺斯、拉坦、林毅夫等经济学家为代表的新制度经济学的制度变迁理论在理性选择的框架下运用新古典经济学的供求分析、均衡分析、边际分析、成本—收益分析等形式化的经济学语言来探讨制度变迁的动因、过程和方式,从而将经济学对制度变迁的理解大大向前推进。但是,人们还是对这种建立在新古典经济学基础上的制度变迁理论提出了批评:首先,新制度经济学关于制度变迁的研究仍然是以效率为导向的,即制度变迁基本上是一个从无效率的制度向有效率的制度转变的过程。然而无论从历史还是从现实来看,大量无效率的制度却长期存在,这显然与新制度经济学的的研究相悖。其次,从演化经济学的角度来看,新古典制度变迁理论同新古典经济学一样是建立在理性选择基础之上的,即将制度变迁的主体看作完全理性的经济人,而忽视了对真实的人类认知模式的研究。最后,新古典制度变迁理论主要侧重于对产权、企业等正式经济制度变迁的研究,而忽视了对习俗、观念、文化传统等非正式制度变迁的研究,也忽视了对政治和法律等制度环境变迁的研究。

　　新制度经济学对制度变迁研究的不足之处引发了经济学家对制度变迁的理论和现实进一步进行深入探究,其中最具代表性的就是由安德鲁·肖特开创,并以哈萨尼、宾默尔、杨、萨金、格雷夫和青木昌彦等经济学家为代表的用博弈论研究社会制度演进的学派①。青木昌彦在《经济体制的比较制度分析》、《比较制度分析》等著作中对制度的博弈分析理论进行了比较与综合。青木昌彦将经济过程类比于博弈过程,从而将经济学界关于制度的认识划分为三种类型即"三种制度观"②:一是将制度看作博弈的参与人,如将企业、学校、社团等组织视为制度;二是将制度看作博弈的规则,如诺斯就将制度看作约束人类行为的规则;三是将制度看作博弈过程中参与人的均衡策略,如机制设计理论对制度的认识。青木昌彦在坚持第三种制度观的基础上对制度给出了一个全新的定义,即"制度是关于博弈如何进行的共有信念的一个自我维系系统。制度的本质是对均衡博弈路径显著和固定特征的一种浓缩性表征,该表征被相关领域几乎所有人所感知,认为是与他们策略决策相关的。这样,制度就以一种自我实施的方式制约参与人的策略互动,并反过来又被他们在这连续变化的环境下的实际决策不断再生产出来"③。从这一定义我们不难发现,青木昌彦关于制度的理解将第一种制度观(制度是博弈的参与者)整合进来,同时又避免了第二种制度观(制度是博弈的规则)关于"博弈的规则是什么"的无限循环推论;此外,从博弈论均衡的角度来定义制度也体现了一种制度的内生性和演进性的基本观点。青木昌彦也进一步将其关于制度的定义概括为五个特征:制度的内生性、信息浓缩性、对环境连续变化和微小动荡的刚性、与相关领域几乎所有参与人相关的普遍性和多重性。

---

①安德鲁·肖特.社会制度的经济理论[M].上海:上海财经大学出版社,2003:32.
②青木昌彦.比较制度分析[M].上海:上海远东出版社,2001:5.
③青木昌彦.比较制度分析[M].上海:上海远东出版社,2001:28.

总之,从新古典制度变迁理论到制度变迁的主观博弈模型,经济学对制度变迁的理解更加深刻,分析方法也更加先进。

制度变迁理论为我们研究经济转型以及国家制度能力演化提供了重要启示。首先,经济转型本质上就是一个大规模的制度变迁过程。这一过程涵盖了经济、政治、社会、法律、文化等方方面面的制度变迁与创新。在某种意义上讲,转型的成功与否在很大程度上取决于转型国家能否平稳而顺利地推进制度变迁,并在计划经济体制的废墟上再造一个有效的、充满生机活力的现代市场经济体制。其次,尽管推动制度变迁的主体是多元化的,但从现实来看,国家则是一个不可取代和跨越的制度供给主体。除了其自身能够主动地提供各种正式制度之外,它还发挥着组织、引导、协调其他主体共同推动制度创新、实现经济转型与经济发展目标的重要功能。简言之,将制度变迁与国家的能动作用有机结合,是理解转型路径演化的一个重要研究视角。

三、关于国家、国家能力的研究概述

我们在上述内容就谈到,对国家制度能力的研究,首先就要了解制度的深刻内涵,在梳理了国外、国内学者对制度、制度变迁理论的理解之后,继续梳理作为制度变迁的主体——国家的相关研究。对国家制度能力进行经济学分析,必须有坚实的经济学理论作为支撑。实际上在经济学中有许多理论都关注到国家或政府在经济中所发挥的作用。经济学中的国家理论主要涉及国家的起源、国家的功能、国家行为的不确定性、国家能力等内容。

1. 国家的制度内涵

新制度经济学对国家内涵的理解主要体现在以下几个方面:

第一,国家可以被理解为一种具有暴力潜能的组织,并且是一种具有垄断权的制度安排,它的主要功能是提供法律和秩序。这里所说的暴力潜能不仅体现为军队、警察、监狱等暴力机器,还体现为支持政府强制实施能力的权威、特权、垄断权等无形资产,这些暴力潜能类似于企业拥有的资金、劳动力和技术等生产要素和能力,用于国家向社会生产和提供公共产品和服务。

第二,国家被视为一种第三方实施的强制机制,它在一定程度上比其他机制更有利于保障产权和契约的有效实施。这主要取决于国家的两个特性:一是国家是一个社会中合法暴力的唯一垄断者,它本身具有的强制力是产权和契约得以有效实施的坚强后盾。二是国家在垄断暴力方面具有规模经济优势。暴力分散在社会各个成员的手中,他们每个人都要投入大量资源以确保自身拥有足够的能力保障自身的财产不受到侵犯,这将给整个社会造成巨大的资源浪费。相反,如果社会成员能够将合法暴力交给国家来统一实施,那么将可以节省出大量宝贵的资源用于生产活动。

与国家紧密相关的另一个概念是政府,而政府这一词汇往往在不同的场合下

具有不同的意义。它可以指管理的过程,指权力的行使。它也可以指该过程的存在,指"有序的法规"的状况。"政府"往往指那些处于国家权力机构位置中的人。最后,该词汇还可能指在一个社会中管理的方式、方法或制度,指机构的结构和安排,以及它们如何与被管理者发生联系。在当前世界范围内的讨论及著作中往往将"国家"与"政府"两个概念交叉使用而不做严格区分。本书的分析也遵循上述用法,除非做出特别说明,政府即为国家的同义语。

2. 制度视角下的国家职能

(1)国家是最重要的制度供给主体。尽管制度可以由私人主体通过漫长的自发演化形成,但这往往会导致制度供给不足。由于国家集政治、经济和意识形态权力于一身,它更有能力提供充足的制度安排,特别是正式的制度安排。国家在供给制度时需要关注三个问题:一是提供什么性质的制度(有效还是无效);二是提供多少数量的制度(不足还是过剩);三是以什么样的效率来提供制度(制度供给的成本高于还是低于收益)。

(2)国家具备界定与保障产权和契约实施的重要功能。国家与产权的关系问题是新制度经济学的一个重要内容。诺斯、巴泽尔等学者也正是从国家与产权的关系这一视角出发来研究国家的起源和功能的。国家保障产权和契约的有效实施,不仅有利于私人和企业家从事正常的生产、市场交易和创新活动,促进经济的长期繁荣,而且可以在此基础上增加国家的税赋和财政收入,提高统治者在国内和国际上的权力与威望(合法性来源)。因此,国家具有保障产权和契约有效实施的内在动力。当然,国家在保障产权和契约的过程中也要投入相当的成本,在一些情况下,国家的保护范围也不可能覆盖所有私人主体,这时会出现一些私人暴力组织来替代国家的保护功能(如黑社会)。

(3)国家是社会利益的重要协调者。一个社会是由不同利益阶层、集团构成的复杂系统。不同的社会群体具有不同的目标偏好和利益诉求,这些利益诉求在许多情况下是相互矛盾和冲突的。为了避免这些矛盾和冲突给社会经济发展造成损害,就要求国家的主导性政治力量能够具备较高的自主性,超脱于狭隘利益集团的利益纷争之外,从社会整体的、长远的利益出发来协调社会利益关系,推动制度变迁和经济发展。

3. 国家行为的不确定性

尽管国家在社会经济中发挥着重要的治理职能,但在许多情况下,国家在制度供给以及制定和实施公共政策方面存在诸多无效率的现象,从而导致公共秩序紊乱、经济发展停滞。因此,诺斯指出"国家的存在既是经济增长的关键,然而国家又是经济衰退的根源"。中国经济学家林毅夫将国家行为不确定性的主要原因归纳如下:

(1)统治者的偏好和有限理性。在一些情况下,统治者不一定将经济增长、国民财富的最大化作为其考虑的主要目标,而是具有其他特定偏好,如权力、威望等。

当这些特定偏好与国民经济增长不一致时,统治者就可能会出台一些不利于经济增长的制度安排。例如,如果统治者更关心他在国际政治舞台上的威望,那么他可能牺牲国民财富而建立强化军事力量的制度安排。即便统治者将经济增长、国民财富最大化作为其核心目标,但由于他的有限理性以及设计、建立制度安排所需信息的复杂性,他仍然不能矫正有效制度安排的供给不足。

(2)意识形态刚性。意识形态可以被定义为关于世界的一套信念,它们倾向于从道德上判定劳动分工、收入分配和社会现行制度结构。国家主导性的意识形态具有刚性。当改变现存制度可能危及这种主导性意识形态时,即便这种制度变迁是有效的,统治者也可能选择不推动制度变迁。因此,意识形态的调整有时会成为制度变迁的先决条件。例如,由"阶级斗争为纲"转向"以经济建设为中心"成为推动中国改革开放的前提条件。

(3)官僚机构的作用。国家必须依靠一套官僚机构来按照其意图执行法律、政策,维护正常的社会经济秩序。但是政府中的每个官僚机构本身都是理性的个体,它们追求的利益有时与国家的利益并不完全吻合。由于存在高昂的信息成本、监督成本,国家有可能无法完全掌控各级官僚机构的行为。结果,国家从全社会利益出发出台的各项制度和政策,有可能扭曲为使官僚机构自身受惠的无效制度安排。

(4)利益集团的影响。一些强势利益集团会对国家的决策过程施加影响,甚至"俘获"国家的决策,使其出台一些对这些利益集团有利、但对社会不利的制度安排。

(5)社会科学知识的局限性。制度安排的选择集合受到社会科学知识储备的制约。尽管国家有心出台有效的制度安排以促进社会经济的持续发展,但由于社会科学知识不足,国家也可能无法建立这些有效的制度安排。例如,在改革开放之初,由于缺乏有关市场经济体制的知识储备,国家只能采取渐进的、试错的方式进行摸索,并不断修正改革中的失误。

正因为国家的制度供给行为具有不确定性,存在着"政府失灵"、"国家失败"的可能,因此,人类社会才需要建立一套行之有效的现代国家制度,以约束国家权力、规范国家行为,确保国家不犯错误。

4.从国家能力到国家制度能力

国家能力原本是政治学研究的一个重要领域。特别是从20世纪80年代开始,以西达·斯考切波、彼得·埃文斯、迪特里希·鲁施迈耶、乔尔·S.米格代尔为代表的政治学家掀起了一场"国家回归"的研究范式革命。他们主张社会科学研究应当回归到以国家为中心的思路上来,当然这并不意味着抛弃社会,而是立足于国家而兼顾国家与经济及社会的关系。支撑"国家回归"学派的一对重要概念就是国家自主性与国家能力。在他们看来,"作为一种对特定领土和人民主张其控制权的组织,国家可能会确立并追求一些并非仅仅是反映社会集团、阶级或社团之需求或利益的目标,这就是通常所说的'国家自主性'(State Autonomy)"。而国家能否独立自主将自身的官方目标和政策加以实施的能力则被称为"国家能力"。"国家回归"学派运用国家自主性与国家能力的分析工具广泛研究了发达国家和发展中国家的政治发展、经济运行以及国家与社会关系问题。

美国政治学家乔尔·S. 米格代尔在《强社会与弱国家》一书中同样关注了国家能力的重要性。他将国家能力界定为国家的中央政权机构调动社会经济资源,协调和约束社会关系及社会组织的能力。国家能力将直接影响国家能否有效实施其政策及目标偏好。他还从四个角度划分和研究了国家能力:国家向社会渗透和影响的能力、国家协调社会关系的能力、国家从社会中提取资源的能力以及国家使用和分配资源的能力。在米格代尔看来,一个所谓的"强国家"能够具备上述四种能力;反之,一个"弱国家"则意味着上述四种能力的削弱乃至丧失。

国内关于国家能力的研究是从 20 世纪 90 年代后期开始的,始于经济学领域对中央与地方财政关系的研究。其代表性成果就是王绍光和胡鞍钢撰写的《中国国家能力报告》。在该书中,他们将国家能力界定为国家将自己的意志、目标转化为现实的能力。它主要包括四方面的能力:汲取能力,即国家动员社会经济资源的能力,特别是财政汲取能力;调控能力,即国家指导社会经济发展的能力;合法化能力,即国家运用政治符号在属民中制造共识,进而巩固其统治地位的能力;强制能力,即国家运用暴力手段、机构、威胁等方式维护其统治的能力[1]。他们着眼于国家的财政汲取能力,探讨了中国转型过程中中央政府汲取能力削弱的问题,并由此提出通过财政改革强化国家能力的政策主张。王绍光和胡鞍钢主要是从国家的一般职能角度出发对国家能力进行了界定和划分,这些能力是所有国家维系政权稳定与社会经济发展所需要的基本能力。

此外,国内外一些学者还对所谓的"政府能力"进行了广泛地研究和探讨。这里的"政府能力"基本等同于"国家能力"。例如,美国著名政治学家 G. A. 阿尔蒙德认为:抽象地说,政府能力是指政府能否成功地适应环境挑战的程度[2]。具体来说,政府能力是指建立政治行政领导部门和政府行政机构,并使它们拥有制定政策和在社会中执行政策,特别是维护公共秩序和维护合法性的能力[3]。阿尔蒙德等人的政府能力概念具有下列几个特性:一是整体性或系统性。由于政府系统与其环境系统是一个相互关联的整体,因此,政府在其环境中的一切表现,包括输入、转换和输出,均可视作政府能力的有机组成部分。二是对环境的适应性。政府的能力不单单由政府部门本身的行为能力来体现,而且更体现为政府对其环境变化压力和挑战的适应能力,包括输入社会资源和输出政治产品的能力。三是可变性。

①王绍光,胡鞍钢. 中国国家能力报告[M]. 沈阳:辽宁人民出版社,1993:6-7.
②加布里埃尔·A. 阿尔蒙德,G. 宾厄姆·小鲍威尔. 比较政治:一种发展观点[M]. 波士顿:小布朗公司出版社,1966:29.
③加布里埃尔·A. 阿尔蒙德等. 比较政治学:体系、过程和政策[M]. 上海:上海译文出版社,1987:433.

政府系统对环境系统的适应性具有程度和侧重的不同。随着环境状况的变化,政府能力会发生适应性流变,不仅是同一能力的高低程度的变化,而且也有可能是不同能力的侧重点的变化。

汪永成在《中国现代化进程中的政府能力——国内学术界关于政府能力研究的现状与展望》中对政府能力定义为两个方面:一是关于政府能力的含义与分类。政府能力是一个政府在实现自己职能、从事某项活动过程中所拥有的资源、能力。政府能力一经形成,便有自己的相对独立性。二是政府能力的相关性研究。汪永成从政府能力与政府的有效性、政府能力与社会能力、政府能力与政府形象、国家竞争力与政府能力、政府能力与执政能力等视角说明了影响国家能力的关键因素。

施雪华在《政府权能理论》中,从政府职能、政府权力和政府能力互动的角度对政府能力的概念、特征、分类、生长和发展等基本问题进行了深入全面的论述,同时在《论政府能力及其特性》中对西方关于政府能力的研究进行了较为系统的理论梳理。

台湾政治学者张世贤在其《公共政策析论》一书中指出,政府能力是指一个政府能够符合时代的趋势,具有国际上的竞争力和合作力,增进国民生产力,提升社会水准的整体能力。他认为,他的这个"政府能力"概念揭示了"政府能力"具有下列特性:一是发展性。违背时代发展的趋势,无论任何政府,虽然做了很多努力,但却毫无成效,到最后被毁弃,从头再来,不能称是有能力。能力是否提升,视其能否符合时代的发展趋势,越能符合时代的发展趋势,政府的能力越提升。反之,倘若政府为求其政策的顺利推行,屈意降低其"前瞻性"的做法,以迎合既得利益者的需求,则政府一定被视为无能。或政府为求"息事宁人",不敢有"创造性"的做法,以免激起低俗村民的抵制,则政府亦被指为懦弱怕事。二是参照性。一国政府的能力高低如何,要与国际上他国政府的能力作为比较参照系。政府在国际上与其他国家政府的关系既是竞争的,又是合作的。能力较差的政府在竞争中处于劣势,在合作中也不是处于平等互惠的地位,而是处于"处处迎合迁就"或被无形中支配的地位。因此,政府能力提升的一个重要方面,就是提升政府在国际上的竞争力和合作力,提升政府的"国际地位"。三是生产力性。政府能力的表现,对外不是黩武侵略、开拓疆域,不是在国外能"为所欲为"便很有能力;对内并不是专制蛮横、鱼肉人民、作威作福,便表示很有能力。政府的能力应以国民生产力来衡量。国民生产力提高了,国民生活有满足感,政府才称得上真正有能力。四是社会进步性。由于每个地区的文化、国土、历史等情况不同,地区之间、人民之间的现代化和发展水准是不同的。政府的能力在于提升社会的水准,不能抑制社会进步,以屈就某些少数人"较低水准"的生活习惯。政府如果抑制社会进步,以成全某些少数人的生活习惯,虽然可以暂时赢得这些少数人的赞赏,但是时过境迁,必然被这些少数人的子孙所诅咒,甚至受大多数人的指责。因此,政府的能力在于随着社会的不断进步,提高全体社会人民的生活水平,提升整个社会的发展和水准①。

政治学界对国家能力的关注实际上是将国家看作一个积极的、能动的主体,并以国家为视角广泛辐射至国家与经济、国家与社会的关系。其中,国家能力是支撑国家对社会经济进行治理的灵魂和精髓。尽管学者们对国家能力的内涵、构成、影响因素以及测度方法的理解多种多样,但在一些方面具有相似或相通之处。首先,国家能力体现了国家能否相对独立自主地将自身的目标、政策加以有效实施的能力;其次,国家能力可以划分为不同的类型,而每一种类型似乎都与国家的某种治理职能相对应;再次,国家能力的强弱、高低取决于多种因素,其中既有国家自身目标偏好、组织结构、制度体系、人员构成的因素,也有来自经济、社会乃至国际政治经济环境反馈作用的影响。实际上,前述新制度经济学对国家问题的探讨有许多方面与政治学中的国家能力理论具有异曲同工之处。例如,新制度经济学从理性选择的视角出发探讨了国家统治者的目标偏好问题,并试图从统治者追求权力垄断租金最大化与社会财富最大化这两大目标的冲突关系中去理解国家失败、国家悖论。再如,新制度经济学从国家与产权、国家与制度变迁等角度来理解国家的行为和绩效,这些领域实际上集中体现了国家的能力。又如,新制度经济学还深入探讨了意识形态、官僚机构、利益集团、社会科学知识等约束条件对国家行为的影响,同样,这些都是决定国家能力的重要因素。基于上述原因,本书立足于新制度经济学对国家问题的研究,同时充分汲取政治学对国家能力的有益研究成果和观点,以国家与制度变迁的关系为切入点,将国家制度能力界定为国家制定、实施及推动制度变迁的能力。

从这一概念出发,将国家的制度能力的构成划分为如下三方面的能力:一是国家相对独立自主地界定自身的目标偏好,形成有效规则、政策的能力。虽然现实中的国家是一个由不同组织、制度、利益团体构成的复杂网络,但在特定时期,国家的主导性政治力量需要发挥整合不同机构、团体利益偏好,形成相对统一的国家目标偏好的功能。国家的这种目标偏好进一步可以具体化为指导国家行为的发展战略、大政方针。在这一统一目标偏好的指引下,国家才能协调和动员稀缺的社会经济资源,统筹各方面的利益诉求,完成推动制度创新的任务。当然,国家界定自身目标偏好的自主性具有相对性,它并不意味着国家拥有迈克尔·曼所谓的绝对的"专制性权力"。相反,国家在形成自身目标的过程中将会与社会进行持续的沟通交流,使其目标偏好符合社会长期发展的利益,即"民心",而不能单纯受制于当前利益和局部利益的直接认知。二是国家将已经形成的规则、政策加以推行,影响微观经济主体行为和宏观经济运行绩效的能力。当国家已经形成统一的目标偏好,并具体化为相应的规则、制度和政策的时候,国家还必须具有足够的能力将其推行和实施,这需要国家解决几个关键性问题。首先,国家要具备足够的决策实施的信

①张世贤.公共政策析论[M].台北:五南图书出版股份有限公司,1986:149-151.

息。信息的不完全和不充分不仅会导致决策失误,还会导致制度实施的误差。为了避免这一问题,国家需要采取适度分权的措施,避免因权力高度集中导致的结构僵化与信息失灵。其次,国家还必须克服官僚化问题,形成一个高效的政府体制。为了克服权威制度所固有的官僚化问题,国家需要进行持续的政府体制改革,如行政系统是否便利信息的沟通交流、控制"委托—代理"问题;能否建立起专业化和具备职业操守的现代官僚体系并创新政府治理模式等。最后,国家还必须避免狭隘利益集团的影响,避免"国家被俘"问题的发生。利益集团是公共选择舞台上最为活跃的群体,它们掌控着巨大的政治、经济甚至舆论资源,能够通过正式或非正式渠道影响国家决策。它们往往会推动那些有利于自身利益的制度安排,阻碍有损于自身利益的制度安排的出台。在利益集团的影响下,国家很可能陷入一个进退维谷的局部制度变迁陷阱之中。三是国家根据内部和外部环境变化形成的压力,适应性地推动制度变迁,使其与经济发展的条件相契合的能力。一种制度安排往往不是凝固的、持续有效的,随着客观环境的变化,原有制度安排的效率可能出现衰减,甚至完全退化为无效制度安排。这就需要国家审时度势,及时修正原有的目标偏好,对无效的制度进行及时纠错和适应性调整,以确保制度的可持续性发展。为此,国家的执政集团需要积累足够的制度知识,具有开放的执政理念,形成适应性学习机制,不仅善于从成功的经验中学习,也善于从失败的教训中学习,以不断改进和完善自身的制度能力。

第三节 本书的研究内容与研究方法

一、研究内容

本书共分为七章,第一章是绪论,由四部分组成。绪论包括问题的提出、相关文献综述及评析、研究的主要内容、研究方法以及论文基本思路和创新。第一部分是对中国和俄罗斯经济转型路径差异的对比,从而提出国家制度能力。文中指出,在从计划经济体制向市场经济体制转型的过程中,俄罗斯不仅形成了混乱的市场体制和分裂的社会结构,而且形成了一种去工业化、去现代化的资源依赖型经济结构。中国在转型进程中形成的是一种政府主导的可控的市场经济社会,并处于工业化的迅速爬升阶段。中国和俄罗斯在体制变革、结构调整和经济发展领域展现出明显的路径分化与绩效差异。引发这种差异的根本因素在于两国所具有的不同国家制度能力。第二部分对与本书有关的相关文献进行回顾和评析,特别是与本书密切相关的经济转型理论、制度变迁理论、国家能力理论,使自己的研究与前人的研究更好地衔接。第三部分是本书的主要研究内容和研究方法。第四部分是本书的研究思路与创新点,梳理出全书的分析框架和逻辑主线。

　　第二章到第六章是本书的正文部分。第二章是国家制度能力的理论分析框架,由三部分组成。第一部分是国家制度能力的分析起点与内涵界定,从制度与经济发展关系入手,认识到制度的重要性。新制度经济学认为,制度是决定经济发展的关键变量。一个社会的经济发展需要有效的制度安排加以支撑。提供有效制度安排的主体是多元化的,其中,国家是推动系统性、大规模制度创新的关键主体。国家能够综合自身的强制性及权力资源,调解社会成员的行为模式,克服集体行动中存在的困境,促进制度变迁的发生,实现经济发展模式的转型。有鉴于此,本书以国家与制度变迁的关系为切入点,将国家制度能力界定为国家制定、实施及推动制度变迁的能力。第二部分是国家制度能力的构成,这部分主要阐述了国家的制度形成能力、国家的制度实施能力、国家的制度调适与学习能力的理论分析框架。国家的制度形成能力主要是指国家相对独立、自主地界定自身的目标偏好,形成有效规则、政策的能力;国家的制度实施能力主要是指国家将已经形成的规则、政策加以推行,影响微观经济主体行为和宏观经济运行绩效的能力;国家的制度调适与学习能力主要是指国家根据内部和外部环境变化形成的压力,适应性地推动制度变迁,使其与经济发展的条件相契合的能力。第三部分是国家制度能力形成的博弈分析与演化路径。博弈论是制度分析中比较前沿的一种分析工具,国家与社会作为两个主要的博弈主体,二者在重复博弈过程中共同塑造了国家整体的秩序治理结构。本书利用一个国家与社会的博弈模型,首先从静态角度分析了国家治理形态与国家制度能力的关系,在此基础上,进一步从动态角度研究了两条国家制度能力的演化路径,即国家制度能力的积极构建路径和消极退化路径,并归纳总结了国家制度能力积极构建的必要条件。由于中俄两国的政治文化传统、经济发展水平和社会利益结构不同,因而国家与社会在博弈过程中所面临的约束条件以及可以采取的策略选择也就存在很大差异,这些因素共同决定了作为博弈均衡的国家制度能力具有不同的演进机制。

　　第三章是国家制度能力与经济转型,由三部分组成。第一部分是制度变迁与经济转型,从制度主义的视角去理解经济转型。对经济转型的整体进程进行了阶段性划分,大致划分为三个历史阶段。在经济转型的每个阶段,转型国家的制度变迁与经济发展是共性和个性的统一体,并在此基础上对经济转型的路径差异进行了探讨。第二部分是国家制度能力的差异与经济转型绩效分化。虽然制度变迁对于经济结构调整具有重要促进作用,但并非所有转型国家都能够分享制度变迁带来的结构调整收益。经济转型大分化的事实从经济绩效的方方面面反映出来,如国内生产总值(以下简称 GDP)增长率和总体经济复苏程度的差异,投资、消费比例的差异,政府融资能力的差异,收入分配差距和贫富差距的扩大,以及各种制度基础设施和制度质量的巨大反差。对于这种反差的成因,经济学家们给予了不同的解释。一些学者将其归因于制度变迁的初始条件,另一些学者则将其归因于不同的经济转型方式,还有的学者试图从制度的视角来理解。实际上,在对初始条件的把握以及转型策略选择方面,国家的能力和作用都是至关重要的。换言之,转型进程中,国家意识形态和目标偏好的灵活调整、国家角色与行为的适应性转换、国家对改革策略的明智选择,以及国家对社会秩序的有效掌控等因素的综合作用,都是促进经济转型平稳进行、经济持续快速增长的关键因素。第三部分是本章小结。

第四章是中俄国家制度能力的测度与评估,分为三部分。第一部分阐述了对国家制度能力的测度体现在可量化的指标上,但这些指标的选取并不是随意的,要有经济学的理论作为指导。在此基础上,对国家制度能力评估指标的选取,需要坚持科学性、全面性、可比性和可操作性等原则,这样才能对中俄两国的国家制度能力做出系统和准确的评估与比较。同时,国外对治理指标进行的实证研究也为本书综合评估中国和俄罗斯的国家制度能力提供了经验上的支持。基于上述理论和原则,第二部分将国家制度能力评估的指标体系结构设计为三个一级指标和八个二级指标。其中,国家制度形成能力主要由政治稳定性指数、政府俘获指数和腐败控制指数构成;国家制度实施能力主要由政府有效性指数、犯罪率指数、法治指数和政府监管质量指数构成;国家制度学习能力则由国家制度学习能力效应指数构成。从各种评估的结果来看,中国的国家制度能力总体上好于俄罗斯。第三部分是本章小结。

第五章是国家制度能力衰败与俄罗斯的转型危机,由四部分组成。第一部分是俄罗斯传统计划经济体制下的国家制度能力。计划经济体制在其建立初期曾经对国家的经济发展发挥过巨大的促进作用,然而在计划经济体制延续的过程中,其内在的制度性和结构性缺陷却日益成为制约社会主义国家经济发展的重要障碍。正是计划经济体制的制度结构与经济发展之间的持久冲突,成为削弱国家制度能力的关键。第二部分是国家制度解构与能力衰败:叶利钦时代俄罗斯的转型危机。以叶利钦为代表的自由派改革者急切而盲目地选择了“华盛顿共识”这一新自由主义激进转型战略。这种战略虽然满足了自由主义精英迅速瓦解旧体制的迫切诉求,但却罔顾俄罗斯的历史传统、薄弱的制度基础设施以及社会民众的承受能力,结果导致制度断裂,生产体系解构,社会资本耗散,整个俄罗斯陷入无政府的制度真空地带。俄罗斯转型时期的社会经济危机,与其国家制度能力的弱化具有密切联系。第三部分是国家治理方略调整与能力重塑:后叶利钦时代俄罗斯转型的路径走向。俄罗斯从20世纪90年代中后期开始,试图对转型战略进行必要调整,强化国家的调控能力,完善市场经济的法治基础,改变畸形的经济结构和发展模式,但是受种种因素的制约,国家对制度变迁和经济发展模式进行适应性调整的能力极其微弱。后国际金融危机时代,俄罗斯最为紧迫的举措就是通过深入的结构调整实现从资源依赖型经济向创新型经济的转变,实现国民的全面现代化。重塑俄罗斯强大的国家制度能力显然不是朝夕间可以完成的任务,而是需要一个渐进的、系统性协调的过程。第四部分是本章小结。

第六章是国家制度能力培育与中国转型奇迹,由四部分组成·第一部分是中国传统计划经济体制下的国家制度能力。第二部分是国家制度构建与能力培育：中国的转型奇迹。尽管经济转型被视为自上而下的强制性制度变迁与自下而上的诱致性制度变迁相结合的过程，但国家的主导作用是不容忽视的。国家目标偏好的灵活调整、角色定位的适应性转变、治理能力的持续构建是确保中国经济转型稳步推进的关键。因此中国在转型进程中要不断培育和增进国家制度能力。这就使得中国能够充分利用制度变迁的有利契机，推动体制变革与经济发展的协调互动，创造出经济转型的"中国奇迹"，探索出经济转型与发展的"中国模式"。第三部分是经济转型深化与国家制度能力提升。现阶段，中国已进入经济转型深化时期。许多制约经济发展的体制性因素和结构性矛盾需要在不断深入的改革过程中消除。当这一阶段正全面展开并向纵深推进时，一场突如其来的全球金融危机不期而至，进一步增加了中国未来经济发展的复杂性和不确定性，也给"中国模式"的发展带来严峻挑战。为此，国家制度能力的提升显得尤为重要。国家制度能力提升的战略举措与中国的转型走向：一是国家需要对既有的目标偏好和治理理念进一步调整，以推动社会经济发展方式转变。二是国家治理理念的转变必然带动中国对经济结构进行全面调整，形成可持续发展的内生机制。三是需要通过更加深入的现代国家制度建设，来改进国家的制度能力，这囊括了经济制度建设、政治制度建设和社会制度建设三个领域。第四部分是本章小结。

第七章是本书的结论与启示，由两部分组成。主要是对全书的研究内容进行总结及对以后继续研究这个问题的展望。

二、研究方法

经济转型进程中的国家制度能力演进，首先是一个比较政治经济学的研究主题，它将国家看作推动经济转型的一个能动主体，并且从政治与经济互动的视角出发来探讨国家制度能力的形成与演化。其次国家制度能力本身又是一个复杂的制度系统，需要从系统论和制度分析的视角出发来探讨国家制度能力的内涵、构成及影响因素。最后通过对中俄两国的经济转型与国家制度能力进行全面、系统的比较研究与实证分析，最终得出转型国家构建国家制度能力有效策略选择的规范性结论和政策建议。有鉴于此，本书将以下五种研究方法相互结合并融会贯通，以深入剖析本书的研究主题。

1. 比较政治经济学的研究方法

比较政治经济学是 20 世纪 70 年代以后才在国际社会科学界逐步兴起的一种研究方法和研究范式。它以国际比较的视野来探究政治因素、系统、力量与经济因素、系统、力量之间的相互作用。其核心的聚焦点在于探讨民族国家如何来管理其财政、经济活动，以实现经济的增长与发展。从这个意义上讲，比较政治经济学是一种兼顾政治与经济两大领域互动作用的跨学科研究范式。当代的比较政治经济学有三大学术源头：一是 20 世纪 70 年代石油危机后，西方政治经济学家们对发达国家内部的政府、利益集团与市场如何进行互动以引发的不同危机应对策略的跨时空比较研究；二是对以东亚为代表的发展型国家内部的政治与经济的互动关系进行研究，以探讨发展型国家的体制结构与经济发展绩效的差异；三是伴随着寻租理论、集体选择理论、制度主义理论的出现，经济学家们开始将经济学的理性选择工具用于研究政府、政治运作以及政治经济关系的问题。根据史密斯、莱维等学者的观点，比较政治经济学的研究一般都集中在如下问题上：一是国家在经济发展中扮演何种角色，采取何种国家战略；二是国家为何会出台某种战略，该战略将如何影响一国的经济发展绩效，如平等和自由；三是经济因素、社会条件如何影响国家的政治决策①。这些问题实际上都体现了比较政治经济学推崇一种以国家为中心的社会科学研究理念，将国家看作一个积极的、能动的行为主体，并且在国家与经济和社会的互动关系中去探讨国家的自主性与能力。比较政治经济学显然对于研究经济转型进程中的国家制度能力演化具有重要指导意义。转型原本就是一个政治与经济的互动过程，离开政治因素势必无法对经济转型的路径和绩效做出令人信服的解读，而国家制度能力则是转型国家政治与经济互动的一个关键连接点。

2. 系统论分析方法

系统论分析方法是指用系统科学的理论和观点，把研究对象放在系统的形式中，从整体和全局出发，从系统与要素、要素与要素、结构与功能以及系统与环境的对立统一关系中，对研究对象进行考察、分析和研究，以得到最优化的处理与解决问题的一种科学研究方法。系统论科学方法要求要做到整体性、综合性、动态性、模型化和最优化五个方面相结合。把国家制度能力作为一个系统，研究国家制度能力是由哪些要素构成的以及国家制度能力的影响因素有哪些。对这些要素、因素进行综合分析研究，考察中俄两国国家制度能力的差异与经济转型绩效分化的相关性。显然，运用系统论的分析范式有助于深入剖析中俄经济转型进程中国家制度能力产生巨大差异的原因。

3. 制度主义的比较历史分析方法

就笔者所接触的相关文献来看，已有的对国家与社会关系这样宏大理论问题的研究主要采取的是制度主义的比较历史研究方法②。一般而言，这种研究方法的优势在于，它"尤其适合那种有很多变量却又没有足够案例的问题的研究"③。概而言之，比较历史研究法主要是通过对历史上曾经出现过的典型的国家（本书以中国和俄罗斯为例）进行实证性的描述、比较，以归纳出决定国家制度能力的一些相对具有普遍意义的规律，在此基础上，将这些规律运用到研究人员所关注的特定

①朱天飚.比较政治经济学[M].北京:北京大学出版社,2006:10-13.
②彼得·豪尔,罗斯玛利·泰勒.政治科学与三个制度主义//薛晓源,陈家刚.全球化与新制度主义[M].北京:社会科学文献出版社,2004:195-213.
③唐士其.国家与社会的关系——社会主义国家的理论与实践比较研究[M].北京:北京大学出版社,1998:11.

对象或案例中来。比较历史分析是政治学中对国家与社会关系进行综合分析的一种惯用的研究方法,并且已经取得了丰硕的研究成果。建立在比较历史研究法基础上的关于国家与社会关系的研究成果为本书提供了重要的理论观点和历史素材,而本书则在上述研究成果的基础上,立足于经济学的理性选择视角,并运用制度博弈论的理论工具对国家制度能力的演进进行政治经济学分析。这种研究方法既体现了经济学的研究特色,同时也可以将政治学中的相关研究成果整合于其中,因此可以看作本书的一个主要研究特色。

4. 理性选择的经济学方法

在社会科学中,经济学最具特色的分析方法就是坚持以理性选择的视角来研究人类的行为模式以及由此形成的各种利益关系、制度形态。经济学在使用"理性"这一概念时,一般暗含着以下两层意思:一是"目标理性"(或"意愿理性"),即经济学假定,只要存在资源的"稀缺"性,人类总是以"追求自身利益(效用)最大化"作为其行为的动机和目标的;二是"工具理性"(或"手段理性"),即经济学假定,人类的心智结构中总是拥有达到"利益最大化"这一行为目标的某些"工具"或"手段"。本书的主要研究对象虽然是"国家"这一抽象的制度实体,但是也可以将经济学的理性选择方法运用其中。例如,国家在特定时期的目标偏好如何形成,以充分体现主导性政治力量的治国理念、战略意图乃至政治家自身的利益诉求? 国家如何理性地立足于现实的政治经济约束,出台有效的制度安排和公共政策以推动经济转型顺利进行的目标? 对这些问题的探讨都离不开理性选择这一经济学的有力分析工具。

5. 实证分析与规范分析相结合的研究方法

实证分析方法研究的是"是什么"的问题,它是对现实经济事物和规律的总结描述;规范分析方法研究的是"应该是什么"的问题,它考虑了人们根据已有的知识和经验所做出的社会价值判断因素①。首先,对国家制度能力的研究是一个实证性问题。我们需要对国家制度能力的内涵进行清晰界定;对国家制度能力的构成和影响因素进行分析和归纳;对不同转型国家的国家制度能力进行测度和比较等。这一系列的研究主题大多可以归结为"是什么"的实证分析问题。其次,研究国家制度能力的最终目的是为了寻找到国家制度能力构建的有效策略,为未来的经济转型与经济发展提供更为适宜的政策建议,显然这又是一个"应该是什么"的规范分析问题。

①马克·布劳格. 经济学方法论[M]. 北京:商务印书馆,1992:135.

第四节　本书的研究思路与研究的创新点

一、本书的研究思路

本书的研究思路是把新制度经济学的制度变迁理论、国家理论以及比较制度理论中的演化博弈思想结合起来,揭示国家制度能力的深刻内涵以及国家制度能力的强弱所导致的中俄不同的转型路径。在对 20 世纪中俄两国经济转型比较研究的基础上,试图建立一个国家的制度形成能力—制度实施能力—制度学习能力分析框架,以历史背景为依据,以大量事实为素材,进一步认识中俄两个大国的国家制度能力差异与经济转型绩效分化,从而对中俄两国的经济转型有一个更为清晰的认识。本书的分析框架和研究流程如图 1-2 所示:

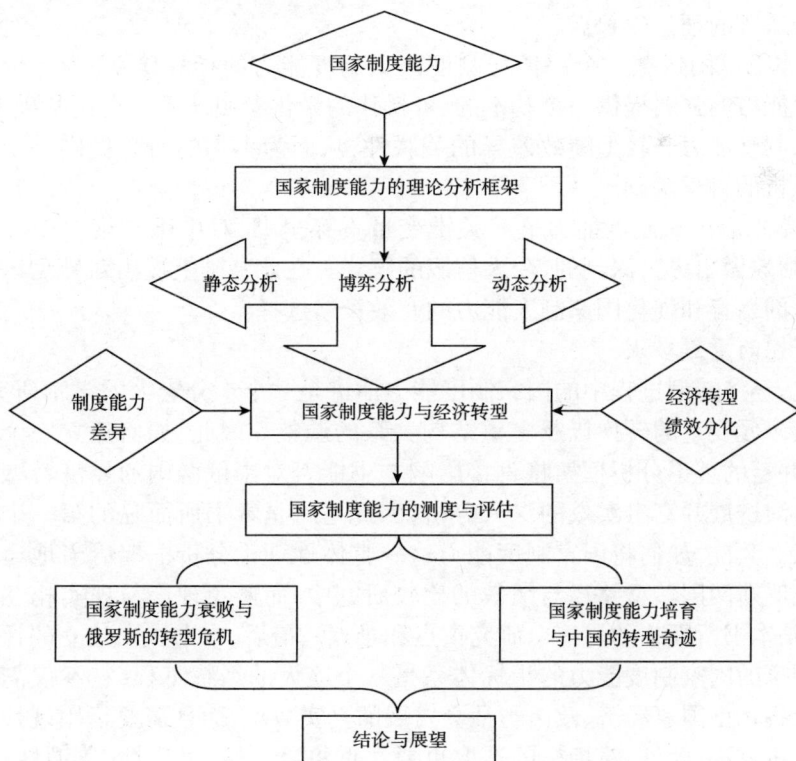

图 1-2　本书框架逻辑

二、本书的创新之处和研究的重点难点

1. 本书研究的创新之处

（1）本书为研究经济转型提出了一个崭新的研究视角，一个关键性的研究变量——国家制度能力。这一视角既具有较大的理论兼容性，又具有分析的内在逻辑一致性。它不仅可以将相互竞争的几种主要观点整合其中（如经济转型的初始条件决定论、转型方式决定论、制度相关论等），而且为经济转型的研究提供了一个相对统一的逻辑出发点和最终的落脚点，即国家制度能力的差异是导致转型路径与绩效差异的关键因素，而培育和强化国家制度能力又是确保经济转型顺利到达目的地的根本保障。

（2）本书不仅仅满足于清晰界定国家制度能力的内涵，更为重要的是对国家制度能力的基本构成、影响因素等进行深入分析和系统归纳，以建立起一个相对完整的国家制度能力的理论分析框架。这在很大程度上避免了已有研究往往只注重经验分析、计量检验，而忽视理论总结与构建的弊端，从而为转型经济学的研究提供了一个适宜的理论生长点。

（3）本书试图建立一个评估与测度国家制度能力的指标体系，为评价和比较国家制度能力的强弱提供一个基本的、可操作的量化参照体系。在此基础上，深入研究国家制度能力与转型绩效差异的关联性，从而为本书的研究提供一个可以进行实证分析的科学基础。

（4）本书以国家制度能力这一关键变量贯穿全书，对中国与俄罗斯经济转型的路径、绩效做出更为深刻的、令人信服的解释。在此基础上提出对转型国家具有普遍意义的培育和强化国家制度能力的有效策略选择。

2. 研究的重点难点

首先，经济转型进程中的国家制度能力演进是一个十分宏大的学术研究课题，其中涉及多元变量的转换以及多重结构关系的调整。因此，如何建立一个逻辑一致、兼容并蓄的理论分析框架将直接影响本书能否对中俄两国的经济转型与国家制度能力演进展开富有实效的深入分析，因此这将是本书所面临的第一个研究重点和难点。其次，如何将国家制度能力这一整体性理论分析框架恰当地运用到对中国与俄罗斯两国转型路径与绩效的比较研究中，而避免理论与现实相互脱节的问题，将是本书所面临的另一个研究重点和难点。最后，本书试图建立的评估与比较转型国家的国家制度能力的指标体系是一个庞大的系统工程，它不仅需要搜集能够反映各转型国家经济、政治与社会发展的真实数据，而且需要运用现代经济学的统计分析方法；此外，对指标的选取也要注重将可行性、可比性、典型性、科学性以及适用性等原则有机结合，才能对转型国家的国家制度能力做出全面客观的评价。

第二章　国家制度能力的理论分析框架

研究中国和俄罗斯的经济转型与国家制度能力演化,必须建立在一个相对统一而又具有理论兼容性的分析框架基础之上。这一分析框架至少需要包括三方面的内容:一是为什么要研究国家制度能力问题,研究这一问题的逻辑起点与最终归宿是什么;二是如何界定国家制度能力,它的基本构成和影响因素有哪些;三是在解答上述两个问题的基础上,需要结合理论与历史对国家制度能力的演化轨迹和建构条件进行分析和总结。

有鉴于此,首先,本章从制度与经济发展的关系入手,为建立国家制度能力的理论分析框架寻找一个经济分析的逻辑起点,并对国家的制度功能和国家制度能力的内涵进行分析和界定。其次,对国家制度能力的基本构成及其影响因素进行深入分析。最后,运用博弈模型从静态角度出发,分析不同的国家治理形态与国家制度能力的关系,在此基础上,进一步从动态角度出发,研究了国家制度能力的演化轨迹和构建有效国家制度能力的基本条件。

第一节　国家制度能力的分析起点与内涵界定

政治学和新古典经济学将国家(政府)看作代表社会公共利益、实现社会福利最大化的仁慈统治者;公共选择理论则将国家看作具有理性经济人自利特征的行为主体。实际上国家可能具有多重的目标,我们不需要对此进行过多的争论,而是需要找到一个能够涵盖上述相互冲突目标的替代物。显然,提供有效制度供给、维护稳定的社会经济秩序的国家制度能力是比较适宜的。对国家制度能力的研究,需要将国家、制度与经济发展作为理论分析的逻辑起点。

一、制度与经济发展

自亚当·斯密以来,经济学家就一直深受一个经典问题的困扰,那就是为什么一些国家和地区保持了经济的持续增长和长期繁荣,而另一些国家和地区则在贫困的陷阱中长期挣扎。国富国穷的发展差异不仅早已在历史上得到明显体现,而且在当今世界,这种差距也表现得越发明显。

　　表2-1是由世界著名计量经济史学家安格斯·麦迪森提供的宏观历史统计数据。这些数据为我们简明而清晰地勾画出两千年来人类社会的经济发展史。从这些数据中不难发现,在公元纪年开始的时候,世界不同地区和国家几乎处于相同的经济发展起点上。即便到了公元1000年,我们惊讶地发现,人类社会的经济发展几乎在这1000年中没有取得实质性的进步,而是在原地踏步,甚至是略微后退。与之相应,地区和国家的发展水平依然十分均衡。然而,伴随着历史车轮的缓缓前行,人类社会的经济发展却越来越呈现出不断分化的趋势。西欧国家和西方的衍生国(如日本)逐步占据了经济发展的制高点,而其他地区则落得越来越远。特别是从工业革命开始,经济发展的差距开始加速扩大。到20世纪末,发达国家的人均GDP(A组国家的合计)已经达到欠发达国家的7倍。在相对富裕的西方衍生国家,人均GDP达到最不发达的非洲国家的19倍。而且,上述差距还在进一步扩大。巨大的发展差距不仅体现在人均产出方面,而且体现在其他福利指标方面。在生活富裕的发达国家加拿大,1998年平均的新生婴儿预期寿命为79岁,而在极度贫穷的非洲国家塞拉利昂,新生婴儿平均只能活到37岁。在美国,适龄儿童平均接受教育的时间为16年,而在亚洲的贫困国家尼日尔,男童只能接受大约3年的教育,女童则仅为2年。在20世纪90年代,高收入国家每十万人平均配备250~400名医生,而在最为贫穷的国家,每十万人配备20名医生也仍然是一个有待努力的目标[①]。

表2-1　人均GDP规模和增长率:世界和主要地区(0~1998年)

时期(年) 国家和地区	0	1000	1820	1998	0~1000	1000~1820	1820~1998
	(1990年的国际元)				(年均符合增长率)		
西欧	450	400	1232	17921	-0.01	0.14	1.51
西方衍生国	400	400	1201	26146	0.00	0.13	1.75
日本	400	425	669	20413	0.01	0.06	1.93
A组合计	443	405	1130	21470	-0.01	0.13	1.67
拉丁美洲	400	400	665	5795	0.00	0.06	1.22
苏联和东欧	400	400	667	4354	0.00	0.06	1.06
亚洲(不包括日本)	450	450	575	2936	0.00	0.03	0.92
非洲	425	416	418	1368	0.00	0.00	0.67
B组合计	444	440	573	3102	-0.00	0.00	0.95
世界	444	435	667	5709	-0.00	0.05	1.21

　　资料来源:安格斯·麦迪森:《世界经济千年史》,伍晓鹰等译,北京:北京大学出版社,2003年版,第16页。

　　诸如以上列举的此类巨大发展差距,我们还可以举出很多数字和实例。但对于产生发展差距的原因,依然是一个无法得到完全理解的奥秘。在探寻经济发展

①斯图亚特·R. 林恩. 发展经济学[M]. 上海:格致出版社,上海三联书店,上海人民出版社,2009:4.

源泉的过程中,经济学家们给出了多种可能的解释。一种观点认为,丰富的自然资源(土地、河流、矿藏等)是导致人均收入差距的一个重要原因,自然资源是一种重要的生产要素,其储量的富集将大大降低生产成本。然而,现实表明,丰富的自然资源既可能成为一国的"福祉",也可能成为阻碍经济发展的"魔咒",世界上绝大多数自然资源丰富的国家没有实现经济的持续增长(如拉美、非洲以及苏联),相反,一些土地面积狭小、资源贫瘠的国家和地区却保持了强劲的增长(如日本、东亚的"四小龙")。

另一种观点认为,资本积累和技术进步是促进经济发展的源泉。20世纪50年代中期,美国经济学家罗伯特·索洛提出的新古典增长模型据称发现了经济增长的两个重要奥秘:一是资本积累对经济增长至关重要;二是各国的经济增长会出现趋同。根据新古典增长模型的分析,一国的产出将伴随着资本存量的增加而增长,而储蓄率则是增长的限制条件。但是经济中存在着一个"稳态"水平,也就是投资恰好等于年折旧额。在这一水平下,资本与劳动的比例和人均产出将保持稳定的水平。从长期来看,稳态条件下的经济增长率将等于固定不变的技术进步率。此外,受资本边际报酬递减规律的作用,在资本稀缺的国家,投资的效率更高,这将促使资本从富国流向穷国,最终富国与穷国的经济增长出现了趋同的趋势,即便实际的收入水平不会趋同,但经济增长率也会趋同①。然而,正如表2-1所展现的那样,新古典增长理论的美好愿望并未实现,既没有出现资本从富国向穷国大规模流动的现象,更不用谈经济增长出现趋同的趋势了。正是基于这些局限,后来的增长理论家们试图对索洛模型进行各种修正,添加各种变量,以解释为何趋同并未发生。例如,将技术进步内生化;强调人力资本的作用;研究由经济变革刺激的学习和知识传播产生的"规模报酬递增"(新增长理论)等。虽然这些改进提高了新古典增长理论的解释能力,但却仍然没有揭示出是什么因素导致一些国家和地区实现了物质与人力资本积累并推动了技术进步,而对其他国家和地区而言,这些仍是遥不可及的奢侈品。由此可见,经济发展之谜仍未被新古典增长理论以及其后的新增长理论所解开。

从20世纪70年代起,伴随着产权理论、新经济史学的发展,经济学家们日益将关注经济发展决定因素的焦点转移到一个被新古典经济学长期忽略的重要变量上来,那就是制约人类行为的一系列制度和组织因素。恰如新制度经济学大师道格拉斯·C.诺斯所言:"一个有效率的组织在西欧的发展正是西方兴起的原因所在。"②另一位新生代的制度经济学家阿夫纳·格雷夫也通过对中世纪贸易制度发展历史的研究得出这样的论断:"有利于社会的制度会促进福利增进型的合作与行动。它们可以有效地界定、保护和变更产权,保护合同以及推动专业化和交易,从

---

①斯图亚特·R.林恩.发展经济学[M].上海:格致出版社,上海三联书店,上海人民出版社,2009:52-54.
②道格拉斯·C.诺斯,罗伯特·托马斯.西方世界的兴起[M].北京:华夏出版社,1999:5.

而为市场提供基础。好的制度也能促进储蓄、人力资本和物质资本的投资,让有用的知识得到开发和利用,从而促进生产。它们能够支持可持续的人口增长,推动增进福利的和平,促进各种资源的协同流动,鼓励有益政策的实施,例如公共物品的提供。"①对于制度与经济发展绩效的内在作用机理,我们可以借助新古典经济学中的两个简单模型加以表述,如图 2 - 1 和图 2 - 2 所示:

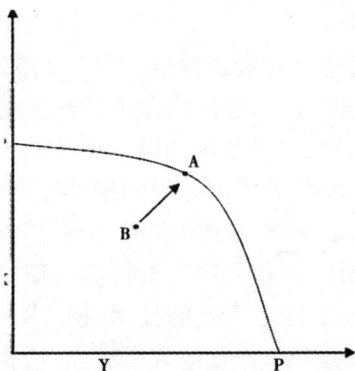

图 2 - 1　制度对经济发展的静态效率　　　图 2 - 2　制度对经济发展的动态效率

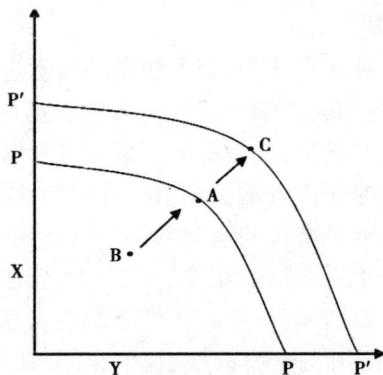

　　图 2 - 1 的曲线 PP 为一个社会的生产可能性边界,它代表在一定技术条件下,一个社会所有资源得以有效利用后所生产的不同产品组合(X 与 Y)的轨迹。显然,位于生产可能性边界上的点都是符合帕累托最优效率标准的。但这需要一个先决条件,那就是存在一套有效的制度安排,它们能够为经济主体提供强有力的激励约束结构,降低经济交易中的不确定性和交易成本,从而促使经济主体将宝贵的资源投入生产、合作和交易等增进社会福利的活动中去,使经济效率不断得到改进(由 B 点向 A 点运动的过程)。反之,如果缺乏这样一套有效的制度安排,经济主体则可能将资源投入寻租、欺诈、掠夺等纯粹再分配活动中去,从而削减社会福利,这就会使一个社会的产出组合从生产可能性边界上向内回缩(由 A 点向 B 点运动)。有效的制度安排除了能够实现上述静态效率外,还可以实现更具长远意义的动态效率,即通过推动创新和技术进步,使生产可能性边界向外推移(由 A 点向 C 点移动,见图 2 - 2),从而使社会产出规模大幅度增长。例如,当存在一套保障严格的知识产权制度之时,实施创新的经济主体就能得到充分的回报,使个人收益率接近社会收益率,从而提高了经济主体从事创新的激励,欧洲近代出现的专利制度就起到了这种作用,并成为促进产业革命兴起的一个重要原因。

　　在现实世界中,能够促进社会经济长期繁荣的制度包括多种类型,新制度经济学家们曾经从理论层面对这些制度进行过分类和归纳。舒尔茨将制度划分为四种

①阿夫纳·格雷夫.大裂变:中世纪贸易制度比较和西方的兴起[M].北京:中信出版社,2008:2 - 3.

类型：一是可以降低交易费用的制度，如货币、期货市场等；二是能够影响要素所有者之间配置风险的制度，如契约、分成制、合作社、公司、保险、社会保障体系等；三是可以提供组织与个人收入流之间联系的制度，如产权制度；四是能够确保公共产品和服务的生产与分配的制度，如高速公路、飞机场、学校和农业实验站等[①]。诺斯则把制度区分为：一项制度安排，即支配经济单位之间可能合作与竞争方式的一种安排；制度环境，即一系列用于建立生产、交换与分配基础的基本政治、社会和法律规则，如宪法规则。此外，诺斯还使用了正式约束和非正式约束这对概念来区分不同的制度，前者包括了政治、经济规则和契约；后者则包括了行事准则、行为规范和惯例。与诺斯相似，柯武刚和史漫飞将制度划分为：内在的制度，即从人类经验中自然演化出的制度，如习惯、伦理规范、良好礼貌和商业习俗；外在制度，即被自上而下地强加和执行的制度，如司法制度。可见制度是一个内容相当宽泛的概念，它不仅包括各种有形的规则，还包括各种无形的规则，如意识形态、文化习俗等，它们共同构成了人类社会复杂的制度形态。

除了从理论层面界定和区分影响社会秩序治理和经济发展的各项制度外，经济学家们还通过广泛的历史和经验研究，来检验那些对长期经济绩效产生深远影响的制度安排。在这方面，诺斯首先做出了开创性的贡献。在诺斯的一系列著作中，他对西方两千多年来的经济史进行了考察，发现了国家对产权的清晰界定和保护对于促进分工、降低交易成本、推动技术进步和组织变革发挥的巨大作用，因而将有保障的私人产权制度看作促进西方世界兴起的关键因素。20 世纪 90 年代以来，新生代的历史比较制度分析学者阿夫纳·格雷夫则对诺斯的理论提出了质疑。他认为，将制度界定为博弈规则实际上是将制度外生化的分析方法，它无法检验一项制度被遵守的动机以及被实施的能力是如何内生出来的。为了解决这一问题，他将制度看作由规则、信念、规范和组织构成的可以自我实施的系统。在此基础上，他以中世纪地中海沿岸的马格里布商人联盟的贸易制度的形成和演化为例，研究了在缺乏正式规则约束之下，基于共同的文化信仰和紧密的家族、社团关系自发演化出的民间制度——海外代理人如何克服委托—代理问题、促进了长途贸易的案例[②]。这种研究使人们进一步关注了各种非正式的、内在的、可以自我实施的制度安排对于经济增长和发展的作用。

在探究经济发展因素的过程中，人们普遍认为法律制度发挥了重要的作用。以詹科夫、拉·波塔、格拉泽、施莱弗为代表的经济学家则考察了不同的法律起源对产权保护、金融体制、公司治理结构等制度安排的影响。他们的研究表明，法律制度是影响产权保护的核心因素。不同的法律起源对于产权保护的作用是不同的。起源于英国和美国的普通法体系对产权的保护最为严格，由此衍生出的金融

①T. W. 舒尔茨. 制度与人的经济价值的不断提高. 载 R. 科斯等. 财产权利与制度变迁——产权学派与新制度
　学派译文集[M]. 上海：上海三联书店，上海人民出版社，1994：253.
②阿纳夫·格雷夫. 大裂变：中世纪贸易制度比较和西方的兴起[M]. 北京：中信出版社，2008.

体制和公司治理结构的基本特征表现为高度分散的股权结构和外部治理模式,资本市场上高度的流动性和公司控制权的接管。与之相对,起源于法国的大陆法体系对产权的保护比较薄弱,相应地形成了集中的股权结构和内部人治理模式,资本市场的流动性较小,银行与企业之间的交叉持股、共同治理的现象比较明显。而以德国民法和斯堪的纳维亚民法为源头的法律体系居于中间。这些不同的法律制度起源进一步影响到对商业活动的监管、对劳动力市场制度的监督以及政府的治理质量。

　　经济与政治的互动关系同样是制度与经济发展经验研究的一个重要组成部分,在这方面已经积累起大量的理论和经验研究文献。其中,一个经典的研究是诺斯和巴里·R.温格斯特做出的。他们认为,在政治经济发展中存在着一个重要的国家悖论,即强大的国家既可能去保护产权、促进经济增长,同时也可能随意侵犯产权、损害经济增长的基础。因此,需要找到一种能够有效约束国家行为的政治制度,以确保国家统治者不会出于利己动机而随意改变博弈规则的承诺更加可信。这种政治制度就是宪政。为此,他们对英格兰17世纪的政治制度演进进行了考察,特别关注了1688年"光荣革命"后出现的议会制度和独立的司法体系对国家权力的约束和规范作用。正是这套宪政制度的出现,使国王不随意侵犯私人产权的承诺更加可信,促进了私人投资和资本市场的发展,也相应地增加了财政收入的来源,建立起现代财政税收制度。这些都为英国经济的崛起以及在国际舞台上赢得霸主地位发挥了关键性的作用①。与诺斯等学者对政治制度的关注不同,曼瑟·奥尔森则开创了研究政治经济互动的另一条道路,那就是分析利益集团对国家兴衰的影响。利益集团可以被看作利用各种渠道和方式对政府施加影响,以图促进或阻碍某些公共政策的改变,从而实现自身利益的松散或严密的团体组织。长期稳定的社会可能滋生出大量的分利性利益集团,它们为了保住既得利益,往往会俘获政府决策,阻碍新的经济力量的进入、反对新技术和创新的利用,导致经济结构的僵化和经济增长动力的丧失。奥尔森的研究表明,第二次世界大战后,英国、澳大利亚、新西兰等发达国家经济走向衰落的重要原因就在于大量分利性集团和分利性联盟的形成②。

　　在近期的研究中,阿西莫格鲁、西蒙·约翰逊和詹姆斯·罗宾逊建立了一个研究制度与增长的分析框架。这一框架在很大程度上将诺斯的正式的政治制度研究思路和奥尔森的利益集团的研究思路进行了整合。他们认为,经济制度决定了经济行为主体的激励约束结构,并形成了经济结果。因此,行为主体将为了其最终的收益而进行社会选择。由于不同的个体和利益集团来自不同经济制度的利益不同,因此它们在社会选择中会产生冲突,最终的结果由具备更大的政治权力的集团

---

①道格拉斯·C.诺斯,巴里·R.温格斯特.宪法与承诺:17世纪英格兰治理公共选择制度的演进//李·J.阿尔斯通等.制度变革的经验研究[M].北京:经济科学出版社,2003.
②曼瑟·奥尔森.国家的兴衰:经济增长、滞胀和社会僵化[M].上海:上海人民出版社,2007.

决定。社会中的政治权力的分配是由政治制度和资源的分配决定的。政治制度负责名义上的政治权力分配，而拥有经济权力的团体又拥有实际的政治权力。由此可以形成一个跨时的政治经济相互影响的动态分析框架。运用这一框架，他们广泛地研究了殖民地传统与经济制度和发展绩效的影响、从专制政体向民主政体过渡的问题、经济增长与收入分配问题等。

在制度与经济发展的经验研究中，一部分学者开始关注政治制度、经济制度之外的第三种特殊的社会组织制度的作用，这就是社会资本。社会资本这一概念缘于布迪厄、科尔曼、帕特南、福山等社会学家、政治学家的开创性研究。按照世界银行的经济学家伊斯梅尔·撒拉格尔丁和克里斯琴·格鲁特厄特的归纳，学术界对社会资本的理解大致有三种观点。一是由帕特南做出的，他将社会资本理解为"对社区生产能力有影响的人们之间所构成的一系列'横向联系'"，包括"公民约束网"和社会准则。二是由科尔曼做出的，即社会资本是两个共同要素构成的不同实体，它们通过一定的结构来促进社会成员的某些行动。三是更加广泛的观点，"包括使准则得以发展及决定社会结构的社会环境和政治环境"，它不仅包括各种横向和纵向的非正式的规则，还包括了诸如政治制度、政府、法律、立法体系以及公民和自由等正式的制度安排。社会资本可以发挥沟通和共享信息、协调行动、促进集体决策的功能。因此，它被视为凝聚社会的"黏合剂"，对于管理公共资源、提供公共产品、培育信任与合作关系、缓解利益冲突发挥着重要作用，从而对促进经济发展发挥重要作用①。

社会资本作为增进发展的制度变量作用也得到了大量的经验研究。最为著名的就是罗伯特·帕特南花费20年时间对意大利20个地区的社会资本与经济发展进行的研究。他的研究发现，在发展绩效较好的地区往往都存在着众多社团组织，如合唱团、足球队、俱乐部等。这些公民团体增强了人们对公共事物的关心，养成了遵纪守法的习惯，增进了相互之间的信任，形成了丰厚的社会资本。相反，在发展绩效差的地区，这种社会资本很少②。此后，许多经济学家还对其他发展中国家的社会资本与经济发展的关系进行了研究。例如，一些学者和组织认为，东亚奇迹的形成除了物质资本、人力资本和技术进步的因素之外，还有一个重要原因就是政府出台的政策实现了向社会资本的投资，促进了信息交流以及政府与企业之间的合作。伯克利（1996）对非洲索马里的研究发现，经历了长期的内战和贫困袭扰之后，博萨索港口城市的繁荣在于当地军阀得到居民组织的安全力量和部落长老的支持，形成了社会资本，促进了贸易的繁荣和收入水平的提高。佩森、阿若尔和波芬博格的研究则发现，在印度的吉拉特邦，当地居民与政府部门时常因森林管理问题发生冲突。不过，当社区成员动员起来，建立了联合的森林管理部门时，纠纷减

---

① 帕萨·达斯古普特，伊斯梅尔·撒拉格尔丁.社会资本——一个多角度的观点[M].北京:中国人民大学出版社,2005:50－73.
② 罗伯特·帕特南.使民主运转起来[M].南昌:江西人民出版社,2001.

少了,而土地生产率和乡村的收入水平则提高了。这又是社会资本发挥作用的一个典型案例①。

二、国家与制度供给

从制度演化的历史和逻辑来观察,能够提供制度的主体是多元化的,它既可能是源于个体、社群在长期社会经济交往中,自下而上地孕育出的一系列习俗、惯例、规则,也可能是由某个具有权威的组织自上而下地设计、规划、颁布和实施的正式规则。然而,在现代社会中,国家毫无疑问是提供各种制度安排的一个最为重要的公共主体。

在思想史上,人们对国家的内涵曾有过各种各样的不同界定。按照新制度经济学的理解,国家是一种在某个特定地区内对合法使用强制性手段具有垄断权的制度安排,它的主要功能是提供法律和秩序,以及其他有效的制度安排,以促进社会经济的持续发展。尽管从演进主义的视角来观察,各种有效的制度安排是由社会成员在漫长的历史过程中,通过反复的搜寻、试错而自发生成的,但是在特定时期内,国家在制度供给方面具有自身的优势。首先,国家是一个将经济、政治和社会权力集于一身的强大公共治理主体,它能够运用其强制手段动员巨大的人力、物力资源,在较短时间内向社会提供大批新制度以满足社会迫切的制度需求,以弥补自发性制度供给的不足。其次,由国家垄断合法暴力的实施具有规模经济优势,因此,由国家统一规划、执行和实施各种保障产权和秩序的制度安排,可以使私人主体将大量宝贵的资源节省出来用于生产性活动,增加社会总体的财富。当社会财富总量增加的时候,国家也可以从中获得更多的税收,因此,国家在很大程度上也具有提供有效制度安排的激励。最后,作为公共第三方实施者的国家,能够在一定程度上摆脱局部利益的束缚而从全社会长远利益的角度出发来设计和供给新的制度安排,这一点在政治学中通常被称为"国家的自主性"。

正是由于国家在制度供给方面具备上述优势,因此在社会整体制度结构发生巨大变迁的关键历史时刻,国家都是一个不可或缺的制度供给主体,这一点在20世纪发生的两次重大社会经济转型进程中表现得尤其突出。1917年十月革命胜利之后,苏联就率先拉开了向社会主义制度转型的序幕。由于社会经济发展水平低下,同时面临着外国的军事威胁和经济封锁,因此为了迅速实现社会制度变革以及国家的工业化和现代化目标,无产阶级国家政权运用政治、经济和意识形态的强制力量对国家与社会整体的制度结构进行全面改造,并且在短时期内就建立起社会主义的政治经济制度基础。正因为如此,斯大林在20世纪30年代中期就宣布社会主义制度已经在整个苏联建立起来,并准备向共产主义阶段过渡。无独有偶,

①帕萨·达斯古普特,伊斯梅尔·撒拉格尔丁.社会资本——一个多角度的观点[M].北京:中国人民大学出版社,2005:50-73.

20世纪80年代末90年代初,发生在俄罗斯和东欧地区国家的从计划经济向市场经济的转型,同样被看作一种国家主导下的社会制度结构变迁过程。尽管转型的目标模式大多被预先设定为资本主义的自由市场经济体制,但是要想在短期内拆除计划经济的体制藩篱,确立市场经济的制度基础,在国家缺位的条件下显然是无法完成的。在转型初期,俄罗斯和东欧地区主要转型国家的改革派政府在西方顾问及国际经济机构的协助下,制定了向市场经济全面过渡的改革计划,通常被称为"华盛顿共识"或"休克疗法"。该计划试图通过实施以自由化、私有化和宏观经济稳定为核心的经济政策,在短期内拆除旧体制,确立市场经济的体制框架。截至20世纪末,俄罗斯和东欧地区主要转型国家已经初步建立起市场经济体制的基本框架,而国家经济也已经走出转型性衰退,实现了经济的持续增长。如果考虑到上述国家曾经经历了长达几十年的高度集中的计划体制的束缚,能够在短短十年内完成如此规模巨大的社会经济制度改造,显然不能忽视国家在这一进程中所发挥的巨大作用。

尽管国家在提供制度供给和秩序治理方面具有上述巨大优势,但不可否认的是,在许多历史场景中,国家不但不能提供必要的有效制度安排,反而成为干扰和破坏社会经济秩序的源头,这种看似悖论的现象也导致了人们对国家的印象产生颇多争议。有人将国家视为拥有绝对理性的仁慈的统治者,也有人将其视为一切罪恶的渊薮,还有学者将国家比喻为"三只手":一是"无为之手",即除了提供基本的法律和秩序外,对社会经济不加干预;二是"扶持之手",即国家广泛发挥着干预经济、扶持社会发展的职能;三是"掠夺之手",即政府常常随意破坏博弈规则,攫取私人利益和社会财富[①]。

以上这些有关国家角色和行为的争议均来自政治经济中的一个基本悖论——"国家悖论"。对于这一悖论的内涵,诺斯提出的新古典国家理论模型给予了深刻的诠释。在该模型中,国家被看作由一个理性的统治者构成的主体(以实现效用最大化或福利最大化为目标)。这样一个国家具有三个特征:一是国家用一组公共服务(保护)为条件,换取社会成员交纳的税收,以增加财政收入;二是作为一个具有歧视性的垄断者,国家将社会成员区分为不同的集团,并为他们设计有差别性的产权,以实现国民收入最大化的目标;三是存在着潜在的可以替代现政府的竞争对手,它们也具有为社会成员提供同样公共服务的能力。国家提供基本的博弈规则出于两个目的:一是在产品和要素市场上制定所有权结构,以使统治者的垄断租金最大化;二是在此框架下降低交易成本,增加产出,以获取更多税收。但是这两个目的并不一致,国家需要在两者之间进行权衡(如图2-3所示)。当第一个目的占据主导地位的时候,国家就会破坏博弈规则,阻碍经济增长;而当第二个目的占据主导地位的时候,国家就可能遵守和保障产权,促进经济增长。正因为如此,诺斯

①安德烈·施莱弗,罗伯特·维什尼.掠夺之手——政府病及其治疗[M].北京:中信出版社,2004.

指出"在统治者(和他的集团)的租金最大化的所有权结构与降低交易费用和促进经济增长的有效率体制之间,存在着持久的冲突",因而"国家的存在既是经济增长的关键,然而国家又是人为经济衰退的根源"[①]。

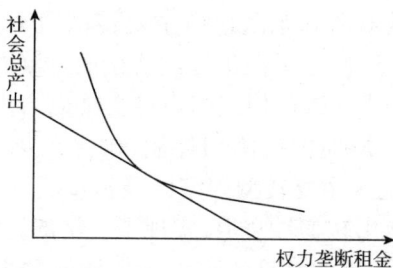

图 2 - 3　国家悖论

　　国家悖论的存在表明,在促进经济发展方面,国家的目标、行为和治理绩效具有不确定性的特征。毫无疑问,从长远来看,任何政府要想维系其统治的稳固性,必然要关注社会经济的长期发展利益,但是在短期内,受特定利益偏好的约束,国家也可能为追求自身的一己私利违背社会发展的长期利益,并由此导致其出现严重的掠夺行为倾向。那么进一步地需要分析是什么因素导致了国家的不同行为选择。

　　从历史经验来看,影响国家行为原则的因素大致可以划分为非制度性因素和制度性因素两大类。非制度性因素主要包括两方面内容:一是竞争约束;二是交易成本约束。所谓竞争约束主要是指与现政府形成潜在竞争关系的国内和国外的竞争者。如果不存在势均力敌的竞争者,那么国家的统治者就会拥有绝对垄断的独裁地位和自由度,他可以毫无顾忌地滥用权力来攫取租金;相反,当存在强有力的竞争者时,他出于维护统治合法性的需要,就可能会对自身的行为进行必要的约束,否则,选民就可能采取"用脚投票"的形式选择其他统治者取而代之。所谓交易成本约束,主要是指统治者需要准确侦测到社会成员所拥有的财富数量,也需要提供一套有效的激励机制来确保社会成员努力工作,这些都需要花费不小的成本。如果国家随意采取掠夺行为,那么社会成员就会有意隐匿自己的财产,并采取消极怠工的方式来抵制政府的掠夺,这将影响国家获取收入目标的实现。非制度性因素对于国家行为的约束力毕竟有限,而且是不稳定的。因此,在长期的历史演化过程中,人类社会经过不断地摸索和试错,逐渐形成了一套现代国家制度,为约束政府行为施加了刚性约束。这些现代国家制度包括宪政、分权、法治、民主等。总之,从经济学的角度看,非制度性约束和制度性约束的一个重要作用实际上是增加了

①道格拉斯·C.诺斯.经济史中的结构与变迁[M].上海:上海三联书店,上海人民出版社,1994:23-26.

国家随意掠夺社会、攫取垄断租金的成本,这意味着在图 2 - 3 中,国家的等成本线更加陡峭,因此,理性的统治者会相应地调整自身的行为选择。

三、国家制度能力的内涵界定

通过上文的分析我们不难发现,国家的制度供给行为成为影响一个社会公共秩序治理和经济发展的关键变量。然而,在许多情况下,国家提供有效制度供给的行为却具有明显的不确定性,因此,逻辑的延伸必然要求我们进一步去探究如何保证国家能够合理、正确地履行自身的制度供给职能,这便涉及本书的一个核心的分析性概念——国家制度能力(Институциальная Способность Государства)。

实际上,对国家制度能力的探讨最初源于以政治学为代表的社会科学领域中对国家能力(State Capacities)问题的关注。从 20 世纪 70 年代开始,国际社会科学界逐步形成了一股对"国家"研究的热潮,其焦点在于将国家重新视为一个重要的行为主体或一种制度和组织,特别关注国家如何通过公共政策以及与社会集团模式化的关系来影响政治、经济和社会过程。其中,国家能力被视为国家对社会施加影响的一个关键变量。而此前,受行为主义和结构功能主义的影响,国家被看作一个过时的概念被严重忽略,代之以社会为中心的研究视角。根据"国家回归"学派的主要代表人物西达·斯考克波的观点,国家能力是指国家实施官方目标时的能力,特别是当国家遭遇到强势社会集团的潜在反对,或者面临不利的社会经济环境时推行自身政策的能力[①]。这种特定的能力既来自国家特定的制度结构、权力组织形式,也来自国家与社会的关系模式,从而成为支撑国家作为一个相对独立的行为主体的关键性因素。

国家能力问题的提出,为人们理解国家在社会经济生活中的行为和作用提供了一个重要的切入点,此后,学者们就国家能力的内涵、构成、影响因素及测度等问题展开了广泛而深入的探讨。而国家能力的大小也成为界定"强国家"与"弱国家"、分析近现代国家崛起与市场经济发展的重要标准。澳大利亚政治经济学家琳达·维斯和约翰·M.霍布森通过对欧洲和东亚近现代经济发展的比较历史分析得出这样的结论:经济上更具活力的国家都是"强国家","相对强大的国家无论过去还是将来都是一个决定该国在国际经济的比较性工业地位的主要机制"[②]。与此同时,国家能力的内涵也并非是静态的,而是会随着时间改变,以适应变动的环境。他们从迈克尔·曼对专制性权力和建制性权力两种权力的区分入手,将国家能力视为一种建制性权力的反映,它依靠最低程度的专制治理,而更多地寻求与公民社会建立一种更为制度化的合作关系。在此基础上,国家能力体现在三个维度上:一是国家"渗透"的力量,即国家具备一种进入社会并与人民直接互动的能力;

①彼得·埃文斯等.找回国家[M].北京:生活·读书·新知三联书店,2009:10.

②琳达·维斯,约翰·M.霍布森.国家与经济发展——一个比较及历史性的分析[M].长春:吉林出版集团有限公司,2009:3 - 4.

二是"汲取"的力量,即国家出于征税、战争、福利、发展或其他需要,从社会中汲取资源(包括原料和人才)的能力;三是"协商"的力量,即国家与社会建立起一种基本的互惠关系,如统治者为社会提供基本服务,以换取税收①。现代国家与封建国家最大的区别就在于国家在以上三个维度方面,具有较强的国家能力。

在政治学关注国家能力研究的同时,新制度经济学也发展了自身的国家理论,特别是国家在提供制度和推动制度变迁方面的功能。新制度经济学认为,制度是决定经济发展的关键变量。一个社会的经济发展需要有效的制度安排加以支撑。提供有效制度安排的主体是多元化的,其中,国家是推动系统性、大规模制度创新的关键主体。著名学者桑奎斯特列举了影响国家制度能力的四个政府特征②。第一个特征是公共官僚阶层的素质。公共官僚阶层本质上不够熟练,可能是由于教育和训练不够,也可能是由于许多高级职位随着政府的更迭而轮换,这样的官僚队伍是无力在决策方面提供可靠的建议和领导的。官僚的专门知识在决策中是相当重要的,所以,如果这种专门知识不够,所以制定的政策就可能不合时宜,尤为严重的是政府将无力以灵敏的方式对新出现的形势做出反应。第二个特征是官僚集团对当时政府目标的承诺同他们自己的组织目标或个人目标相对立。第三个特征是政府决策的机构环境可能影响统治能力。第四个特征是政党体制可能影响统治能力,特别是产生和贯彻明确的行动权的那种能力。政党在政策上或至少在竞争规则上基本一致的程度也将增强政府的稳定和国家的统治能力,有限数量政党的存在也会增强统治能力,这些政党制定和维护鲜明的政策立场,并试图在执政期间实施那些政策。从桑奎斯特的观点中可以看出,他主要是从国家(政府)代理人本身的角度来说明,国家有制定、执行政策的能力,并且这种能力非常重要。总之,国家能够综合自身的强制性及权力资源,调解社会成员的行为模式,克服集体行动中存在的困境,促进制度变迁的发生,实现经济发展模式的转型。

综合政治学界和经济学界对国家能力以及国家制度功能的研究,我们可以发现一些相同之处。首先,学者们大多采取了一种积极的、能动主义的国家视角,将国家看作一个相对自主的、具有自身目标偏好的行为主体,它能够在与经济和社会的互动中来实现自身的战略目标。其次,国家实施治理的重要手段就是为社会提供各种制度安排和公共政策,而国家治理职能的有效与否,也与这些制度和政策的质量密切相关,这也是衡量国家力量和能力强弱的重要维度。再次,国家的能力可以由不同部分构成,其中每一种类型似乎都与国家的某种治理职能相对应。最后,国家能力的强弱、高低取决于多种因素,如国家的目标偏好、组织结构、制度体系、人员构成、意识形态、官僚机构、利益集团、社会科学知识等。基于上述原因,本书立足于新制度经济学对国家问题的研究,同时充分汲取政治学对国家能力的有益

①琳达·维斯,约翰·M.霍布森.国家与经济发展———一个比较及历史性的分析[M].长春:吉林出版集团有限公司,2009:8-9.

②戴维·米勒,韦农·波格丹诺.布莱克维尔政治学百科全书[M].北京:中国政法大学出版社,2002:294.

研究成果和观点,以国家与制度变迁的关系为切入点,将国家制度能力界定为国家制定、实施及推动制度变迁的能力。

第二节 国家制度能力的构成

从系统论角度看,国家制度能力是一个有机的制度系统,其不同的组成部分相互配合、相互协调,共同支撑着国家提供有效制度供给和秩序治理的功能。从国家制度能力的定义出发,本书将国家制度能力划分为三个组成部分:一是国家的制度形成能力;二是国家的制度实施能力;三是国家的制度调适与学习能力。在此基础上,本节对三种国家制度能力的内涵进行界定,并对其主要影响因素做出分析。

一、国家的制度形成能力

所谓国家的制度形成能力主要是指国家相对独立、自主地界定自身的目标偏好,形成有效规则、政策的能力。虽然现实中的国家是一个由不同组织、制度、利益团体构成的复杂网络,但在特定时期,国家的主导性政治力量需要发挥整合不同机构、团体利益偏好,形成相对统一的国家目标偏好的功能。国家的这种目标偏好进一步可以具体化为指导国家行为的发展战略、大政方针。在这一统一目标偏好的指引下,国家才能协调和动员稀缺的社会经济资源,统筹各方面的利益诉求,完成推动制度创新的任务。当然,国家界定自身目标偏好的自主性具有相对性,它并不意味着国家拥有迈克尔·曼所谓的绝对的"专制性权力"。相反,国家在形成自身目标的过程中将会与社会进行持续的沟通交流,使其目标偏好符合社会长期发展的利益,即"民心",而不能单纯受制于当前和局部利益的直接认知。由此可见,国家的制度形成能力主要取决于三个因素:一是国家目标偏好的合理性;二是国家的自主性;三是国家决策和制度供给的有效性。

1. 国家的目标偏好与制度形成

国家的目标偏好可以被理解为,在既定约束条件下,国家所追求的能够满足自身需要和效用的目标,它是国家利益的反映,在某种程度上决定了国家的制度供给行为。这一点与经济学中所讲的经济行为主体为了追求自身目标函数的最大化,而采取不同的策略选择具有很大的相似性。

国家的利益和目标通常具有多元化的特征,如追求国家生存与安全、较高的国际地位、社会稳定、经济发展等。但根据历史经验,在这些众多的目标偏好中,有一个几乎任何国家都会关注的核心目标,那就是国家最高统治者(集团)维护自身统治的稳定性,或者说是国家政权的稳固性。通过最大努力来巩固和强化自身的统治地位无疑是国家追求的首要目标,正如马克思指出的那样,没有任何一个统治阶级会甘愿退出历史舞台①。当然,仅仅将国家目标偏好理解到维护统治的稳固性这一层是不够的,更重要的是国家为了实现这一核心目标会采取什么样的政策取向,而这些政策会对其他社会主体的行为乃至整个社会的经济发展和福利水平产生什么样的影响。

从历史和现实来观察,在国家的策略选择集合中有多种制度和政策工具可以用来实现自身的核心目标。例如,国家可以投资于强化自身的暴力能力,通过对外扩军备战确保自身的国际安全,同时,对内加强镇压以压制社会反抗,从而巩固自身的统治地位;国家也可以通过提供严格的产权保障、营造良好的投资环境、兴建重要基础设施,促进生产、交易与合作的达成,以促进经济的长期发展,在此基础上壮大国家整体实力,赢得社会对国家的支持。显然,在资源稀缺性的约束下,国家为实现其核心目标偏好所采取的不同政策,将会对一国的经济绩效产生不同的影响。那么最终的策略选择组合将主要取决于国家统治者的目标偏好函数与既定的约束条件两个因素。对此,我们可以借助一个国家目标偏好与制度选择模型加以论证(见图2-4、图2-5)。

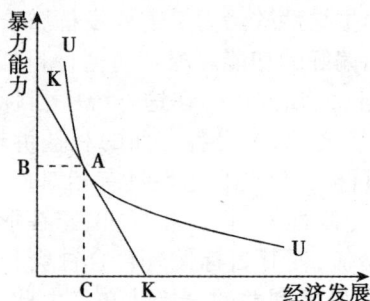

图2-4　暴力导向型国家的
目标偏好与制度选择

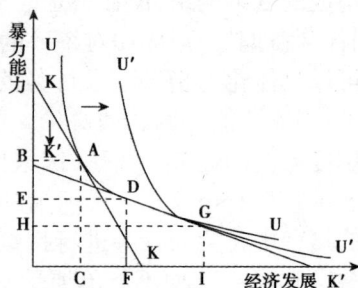

图2-5　发展导向型国家的
目标偏好与制度选择

假定国家的核心目标偏好函数为 $SO = U(P,E)$,其中 P 和 E 为国家统治者为了实现维护政权稳定可以采取的两种策略选择,即投资于暴力能力和投资于经济发展。国家统治者的最优决策就是在既定约束条件下,决定投资于暴力能力和经济发展的政策组合,以实现自身效用的最大化,即:

$$\max \quad U(P,E)$$
$$s.t \quad S(K)$$

其中,P = 投资暴力能力;E = 投资经济发展能力;S = 国家面临的约束条件(资源和成本约束)。

尽管国家对合法暴力能力的垄断在一定程度上有利于国家的安全和稳定,因

---

①曹红钢. 政府行为目标与体制转型[M]. 北京:社会科学文献出版社,2007:77.

而有助于一国的经济发展,但在一国资源有限的约束条件下,国家过度投资于暴力能力显然会减少用于经济发展的资源,因而二者存在着此消彼长的关系。因此,国家必然要在资源约束条件下确定一个最优的投资组合,以确保自身核心效用的最大化。在图2-4中,国家为了维护统治的稳定性选择了更多地投资暴力潜能,而更少地关注经济发展,从而形成了一种"暴力导向型国家"。之所以产生这样的策略选择均衡,主要受两个因素的影响:一是与国家的目标函数有关,即最高统治者更偏好于通过强大的暴力潜能来展示国家政权的稳固地位(如对外扩军备战,对内实施警察统治),震慑来自内部和外部的反抗,因而统治者的无差异曲线 UU 更偏向于纵轴;二是与统治者面临的成本约束有关,即统治者投资于暴力的成本较低,而投资于经济发展的成本较高,因此成本曲线 KK 较陡,结果在与无差异曲线的切点 A 处,统治者更多地选择了投资于暴力潜能。这种相对成本条件源于多种因素的影响,例如,政府与社会的力量分布严重不均衡,政府异常强大,而社会极度弱小,缺乏反抗政府的能力;同时,国家相对封闭,缺乏来自外部力量的有效挑战。在这种情况下,国家统治者可以完全忽略强权统治可能带来的反抗成本而专注于穷兵黩武和暴力镇压;相反,投资于巩固经济发展的基础设施虽然对社会的长期发展有利,但在短期内可能牺牲统治者用于满足自身私利、巩固自身权力的宝贵资源。欧洲近代历史上的绝对主义专制国家就比较符合"暴力导向型国家"的模型特征,如路易十四时代的法国、彼得一世时代的俄国。

图2-5则展示了另一种不同的国家目标偏好与制度选择情形。在这种情形中,统治者为了实现自身的核心目标选择了更多地投资于经济发展,而更少地投资于暴力能力,或者说保持最低限度的暴力,从而成为一种"发展导向型国家"。这种策略均衡的形成也主要受两方面因素的影响:一是目标偏好的动态调整,即无差异曲线由 UU 转换为 U'U',即统治者为了维护自身的统治更多地偏好于发展经济,而更少地偏好于投资暴力。例如,在经历了国家兴衰的周期循环后,统治者终于认识到,虽然暴力潜能的增长能够在短期内维护自身的权威,但建立在暴力统治基础上的政权终究是不稳固的,只有"恩威并重",在增进经济发展和民众福利水平的基础上,才能赢得社会的长期支持,提高政权的合法性。二是统治者面临的成本约束条件发生了变化,即成本曲线由陡峭的 KK 转变为平缓的 K'K',切点也由 A 点转变为 G 点,在该点统治者选择更多地投资于发展经济而较少地投资于暴力。成本约束的变化可能是出于以下原因,例如,社会力量不断加强,组织化程度不断提高,特别是形成了能够对在位统治者形成潜在挑战的反对派力量;再如,国家开放程度的提高,使得统治者感受到外部发展带来的巨大竞争压力。这些条件的改变都意味着统治者单纯依靠暴力和强权统治面临的治理成本相对大幅提高,而发展经济的成本则相对降低。欧洲近代资产阶级革命后形成的自由民主国家相对比较符合上述"发展导向型国家"的模型特征。

上述国家目标偏好与制度选择模型是对现实的一种高度抽象和简化,它将国家目标约束下的选择简化为投资暴力和促进发展两种策略,而在现实中,这种选择还可以表现为不同的形式,例如,是选择过度集权、僵化的计划经济体制以满足统治者特定的意识形态偏好,还是选择相对分权、开放的现代市场经济体制以满足社会成员对自由和福利的追求;是不顾本国国情,盲目移植"水土不服"的外来制度,以成就统治者"自由斗士"的英名,还是务实地从本国实际出发,培育适宜的制度安排等。但不管国家有多少种策略,我们都可以大致将其划分为两种类型的制度选择,即有利于社会经济持续发展、民众福利水平不断提高的制度选择,或者与之相悖的制度选择。我们可以进一步地将前一种选择视为一种"好的"制度选择,作为评价国家目标和行为合理化的一个规范性标准。另外,虽然在模型分析中,我们将国家过度投资于暴力潜能、过度诉诸于集权统治视为干扰经济发展的一个因素,但我们不能否认对合法暴力的垄断以及适度的集权是现代国家的基本特征,也是维系国家基本制度供给职能的必要条件;过度地分权、耗散国家的合法暴力潜能也必然使整个国家陷入无政府的秩序混乱状态,经济发展也自然无从谈起。

　　2. 国家的自主性与制度形成

　　影响国家有效制度形成的另一个重要因素就是国家的自主性。根据斯考克波的观点,所谓国家自主性是指"作为一种对特定领土和人民主张其控制权的组织,国家可能会确立并追求一些并非仅仅是反映社会集团、阶级或社团之需求或利益的目标"[①]。具备一定程度的自主性是国家形成和实施公共政策的必要前提,反之,国家彻底丧失自主性就必然削弱其制度能力。对制度形成过程中的国家自主性的考察可以从国内和国际两个层面进行。

　　在国内层面影响国家自主性的众多因素中,来自利益集团的压力是一个关键性的变量。所谓利益集团是指一群拥有共同利益的少数人所组成的团体,他们旨在通过对国家和政府决策施加影响来维护自身的利益,甚至采取垄断政府机构的方式来实现自身的狭隘利益,而不惜牺牲社会整体的福利[②]。由于利益集团结成了一个相对固定且具有一定凝聚力的利益群体,他们能够在一定程度上对国家和政府的行为展开集体行动,通过正式的政治程序或非正式的政治活动(如院外游说)以表达自身的利益诉求。利益集团并非现代才出现的政治现象,而是古已有之。并且,只要资源稀缺性问题没有得到根本解决,人们存在着多元的目标偏好,且社会利益分布无法做到完全均衡,那么利益集团的存在和活动就成为一种客观必然。利益集团的活动对政治过程而言也并非绝对无效的,西方学者就普遍认为在宪政民主体制下,通过不同利益集团的博弈可以最终形成相对公正的国家决策。

　　但是,利益集团的活动具有两面性,特别是某些势力强大且接近国家权力中心的利益集团可能运用自身掌握的政治、经济和社会权力资源对政府施加强大压力,

①彼得·埃文斯等. 找回国家[M]. 北京:生活·读书·新知三联书店,2009:10.
②张宇燕. 利益集团与制度非中性[M]. 改革,1994(2).

使其出台一些对少数人有利、但对社会大多数人不利的制度,这样的案例在历史和现实中屡见不鲜。诺斯在考察近代西班牙衰落的历史时就曾指出,当时的牧羊人行会由于能够向君主国提供大量税收因而成为一个强有力的利益集团,国王授予这一集团随意放牧的特权,结果使得有效的土地产权制度的确立被拖延了几个世纪,并加速了西班牙霸权的衰落①。而以研究利益集团闻名的经济学家曼瑟·奥尔森则进一步提出了利益集团对国家兴衰影响的九大命题:一是不存在任何一个国家,所有具有共同利益的人都可以形成对等的组织;二是在边界不变的稳定社会中,随着时间的推移,将会出现大量的集体行动组织或集团;三是"小集团"的成员具有达成集体行动的不成比例的组织力量,但是在稳定的社会中,这种不成比例性会随着时间的推移而减弱,但不会消失;四是总而言之,特殊利益组织或联盟降低了社会效率或总收入,并且加剧了政治生活中的分歧;五是共容性组织有动力使它们所在的社会更加繁荣,并且有动力以尽可能小的负担给其社会成员再分配收入,并且会禁止再分配,除非再分配的数量与再分配的社会成本相比非常大;六是分利联盟做出的决策通常要比它们所包含的个人或企业慢得多,它们通常日程繁忙、事务众多,并且经常采用固定价格而不是固定数量;七是分利联盟会减缓社会采用新技术的能力,减缓为回应不断变化的条件而对资源的再分配,并因此而降低经济增长率;八是分利集团,一旦大到可以成功,就会成为排他性的,并且会尽力限制分散成员的收入和价值;九是分利集团的增多会提高管制的复杂性、政府的作用和惯例的复杂性,并且会改变社会演进的方向。基于这九大命题,奥尔森考察了第二次世界大战后主要发达国家的经济增长状况,最终发现,由于大量分利集团和分利联盟的滋生和利益冲突,导致社会生产与创新动力衰竭,纯粹再分配性活动增长,从而使一些发达国家的经济与社会在稳定中走向衰落②。

如果说诺斯和奥尔森的研究主要着眼于一个相对稳定的社会中,利益集团的增长对国家制度有效性的影响的话,那么在发生大规模制度变迁的社会中,强势利益集团的俘获行为同样会干扰国家的自主性和制度形成能力。制度变迁很少是只有赢家没有输家的"帕累托改进"过程,社会利益的分化、调整乃至重构实际上贯穿于制度的始终。在某些特定时期,利益格局调整会孕育出推动制度变迁的动力,但在许多情况下,它又会成为社会变革的严重阻力。特别是当利益分布严重不对等、少数既得利益者获得大量垄断租金的情况下,很可能成为阻碍制度变革进一步推进的严重阻力。视野狭隘的利益集团会通过各种渠道向政府施压,从而阻挠不利于它们的改革,这样会加剧腐败,加剧社会不公,增加社会成本。进而,政府也可能被这些利益集团俘获,公共权力沦为实现私人利益的工具。这时,必要的国家能力将严重削弱,公共权威形成有效制度的功能将丧失殆尽。赫尔曼对经济转型的

---

① 道格拉斯·C.诺斯.经济史中的结构与变迁[M].上海:上海三联书店,上海人民出版社,1994:70.
② 曼瑟·奥尔森.国家的兴衰[M].上海:上海世纪出版集团,2007:71.

研究就表明,对制度改革进程最大的阻力主要来自一些强大的短期获利者,如掠夺国家资产的内部经理人,抵制宏观稳定措施的银行家,实施保护主义的地方政府官员,甚至是破坏法治的黑社会组织。这些强势利益集团希望扭曲的、无效的制度结构长期存续,并利用手中的巨大政治经济资源影响政府的改革决策,使整个国家落入进退维谷的"局部改革均衡"之中。

制度形成过程中,国家的自主性不仅受到国内因素的影响,而且也受到国际层面各种因素的影响,从而制约着一国的对外政策。影响国家自主性的外部因素主要可以从两个方面考察:一是国际体系的基本格局;二是全球化的联动效应。从国际体系的基本格局来看,尽管世界多极化趋势早已显现,非均衡的"中心国家"与"外围国家"的二元格局依然突出。特别是对发展中国家而言,不平等的国际体系使其遭受发达国家的严重控制,国家对外的自主性遭到削弱。首先,发达国家控制着国际机构,并通过这些组织对发展中国家施加压力;其次,发达国家在对发展中国家的援助中附加各种条件,如承诺取消贸易壁垒、实行自由市场经济、推行人权与民主等;再次,发达国家在技术层面形成对发展中国家的控制,在向发展中国家输出技术时提出各种各样的条件;最后,发达国家还在贸易、金融等方面利用自身优势对发展中国家进行控制。如果说不平等的国际体系已经对发展中国家的国家自主性带来消极影响的话,那么全球化的联动效应进一步使这一问题放大、强化。

首先,来自外部世界的制度示范效应和各种长期或偶发性冲击将影响国家的偏好转换、策略选择与国家自主性的维系,从而在整体上影响国家的制度能力、治理能力。因此,主权国家的政府日益需要在国际与国内两方面因素的权衡之下来制定有效的公共政策,确定本国制度改革与转型的可行路径。其次,在全球化进程中,跨国活动的急剧增长以及全球性、区域性国际组织的作用日益增大、力量不断增强,导致民族国家的政府对国内政治经济的控制力度大为削弱。以跨国公司和财团为代表的国际经济力量,也已跨越了行业、国家的界线,形成自己的内部体系,甚至控制了东道国的经济命脉,从而对主权国家的经济决策权形成严重削弱。再次,经济全球化规则的单一性与本国制度的特殊性相冲突,也会影响国家的自主性。全球化要求在市场准入、国际贸易、国际投资等领域采取统一的规则,但这往往与主权国家特定的法律体系、规则系统不相吻合,主权国家为了有利于全球经济体系,则被迫对自身的规则做出修改和调整。最后,全球化条件下,外部制度的盲目移植可能对本民族的传统、文化、价值产生严重冲击,破坏历史上长期形成的良性"社会资本",民族国家丧失凝聚社会的重要纽带,从而削弱国家治理的有效性。

综上所述,无论是从国内层面还是国际层面来看,维系国家的自主性都是形成有效制度供给的一个重要条件。需要强调的是,这里所谓的国家自主性是相对的而非绝对的。它既不意味着国家可以完全脱离国内社会和国际社会的约束而独断专行,也不意味着在任何时间和任何场合国家都不会受到某个强势集团的影响。关键在于三点:一是国家不受狭隘利益集团的短视和私利的束缚,而是从国家与社会的长远利益出发来形成自身的制度和政策。二是虽然在个别时间或场合国家无法避免偏向于某个特定集团，但这不会固定在某个集团身上，国家可以在长期和动态上保持独立性或中性的制度取向，而且即便无法避免制度和政策的偏向性，也尽量偏向于代表更大多数社会成员利益的团体，既所谓的共容利益集团。三是在国家维系对外自主性时要做到原则性和灵活性相统一，即在涉及国家核心利益问题上毫不含糊、毫不动摇，而在涉及非核心利益问题上要具体问题具体对待，争取从长期和整体上保持利益增长，但不过度斤斤计较一时得失；在坚持韬光养晦策略的同时，也要积极有所作为，必要时可以展示适度强硬姿态，采取一次性"一报还一报"(Tit for Tat)策略，以扩大国家自主性的策略选择集合。由此可见，维系制度选择过程中的国家自主性与其说是一门科学，不如说更像一门艺术。

3. 国家决策与制度供给的有效性

国家的公共决策和制度供给行为并不能保证时时正确和有效，这就需要统治者在设计、规划和推行制度时要关注制度的有效性，避免公共政策失败。

(1)国家决策与制度供给的有效性受到统治者所具备的制度知识的约束。正如林毅夫所言，制度安排选择集合受到社会科学知识储备的束缚。即使国家统治者试图去建立新的制度安排，以矫正制度供给不足，但由于社会科学知识储备不足，也可能无法建立一套有效的制度安排[1]。在这些社会科学知识中，最关键的是国家的制度知识约束。首先，国家需要具备有关制度结构的基本知识，这一点在大规模的体制转型中十分重要。国家必须要理解一种有效的经济体制由哪些基本的制度单元构成，这些基本制度单元的特征、功能和作用是什么。例如，西方学者就普遍认为一种有效的市场经济体制由四大制度单元构成，即私有产权、契约自由、有限政府和法治，这些制度单元共同作用，确保了资源的高效配置。其次，国家还需要具备有关制度关联性和互补性的知识。作为制度系统的经济体制并非由各种制度安排简单排列和堆砌而成，不同制度安排之间具有内在的互补性和关联性，经济体制则体现为这些相互关联的制度有机构成的"制度矩阵"。如果不能有效协调各种制度安排之间的相互关系，就很可能影响整个经济体制的运行效率。苏联和东欧地区国家在改革时期由于忽视了制度关联性和互补性，结果陷入一种新旧体制相互冲突、相互摩擦的制度陷阱之中。再次，国家需要具备有关制度运行的知识，特别是要关注适宜制度运行的环境，培育制度运行的机制。其中，历史传统、文化背景、社会习俗往往成为决定制度能否有效运行的重要因素。最后，国家需要具备有关制度变迁的知识，特别是要能够准确把握现存制度结构的均衡状况，敏锐感知制度非均衡所产生的变迁压力，同时合理规划制度变迁路径，以确保各项制度安排适应内部环境和外部环境变化的需要[2]。

①林毅夫. 关于制度变迁的经济理论:诱致性变迁与强制性变迁//R. 科斯等. 财产权利与制度变迁——产权学派与新制度学派译文集[M]. 上海:上海三联书店,上海人民出版社,1994:400.
②曹红钢. 政府行为目标与体制转型[M]. 北京:社会科学文献出版社,2007:150-156.

（2）国家在形成有关制度变迁的公共政策时还必须要关注制度供给的性质、数量和效率①。所谓制度供给的性质主要是指一种制度是有效还是无效。某些制度安排有助于为经济主体提供正向激励,促进生产与合作,增加财富和社会福利,因而是有效的;而另一些制度则可能给经济主体带来逆向激励,阻碍其生产行为,而鼓励再分配行为,这种制度显然是无效的,也是需要国家在制度设计时避免的。所谓制度供给的数量,主要是指国家提供的制度安排不能低于社会的需要,同时也不能过度超过社会的需要,前者会产生制度短缺,后者则会导致制度过剩。在转型经济体中,这两种现象往往并存,例如,对私人产权保护不足,而对市场却管制过度。所谓制度供给的效率则是指国家在形成制度的过程中要关注制度变迁的成本和收益。任何制度都不是"免费的午餐",它为社会带来潜在收益的同时,也势必会带来一定的社会成本。从经济学的角度来考虑,只有一种制度建立的收益超过成本的时候,推动制度变迁才是有效率的。一般而言,我们可以将一项新制度建立的条件归纳为制度变迁的预期净收益超过预期成本。制度变迁的预期净收益是指新制度建立后所实现的收益（R）减去实施制度变迁的成本（C_1）,这一成本包括拆除旧制度的成本;设计、组织、推动制度变迁的成本;制度变迁带来的损失等。制度的预期成本是指维持新制度正常运转的成本（C_2）。制度变迁发生的条件可以用公式加以表示: $R - C_1 \geqslant C_2$。

二、国家的制度实施能力

当国家通过一定的政治过程形成制度和公共政策之后,还必须具备一定的手段和能力将其付诸实施。这种实施能力是国家制度能力的一个重要构成,它直接影响到国家在制度供给和秩序治理方面的有效性。

1. 制度实施机制的多样性与国家实施的优势

在诺斯的制度经济学理论中,正式制约、非正式制约和实施机制是制度的基本构成因素。制度之所以有效,必须具备一定的实施机制,仅仅是纸面上的无法实施的制度是难以承担维系社会秩序治理的重要职能的。所谓实施机制是指一种社会机制或组织机构能够对遵守或违反制度的人做出相应的奖励或惩罚,这些奖励或惩罚得以实施的条件和手段被称为实施机制②。

制度的实施机制具有多样性特征,我们可以将这些实施机制划分为三种类型（见表2－2）:一是道德自律机制,也被称为第一方实施机制。这种实施机制的主要特征体现为,制度的实施是由社会经济主体依靠内在的道德自省、内在的羞耻感和负罪感来自我实施规则。例如,当行为主体认为自己的某种行为违反了现有规则是一种不道德的行为时,就会产生出内心的愧疚感,这种愧疚会带来一种负效

①卢现祥,朱巧玲. 新制度经济学[M]. 北京:北京大学出版社,2007:346.
②柳新元. 制度安排的实施机制与制度安排的绩效[J]. 经济评论,2002(4).

用,施加一种巨大的精神成本,迫使行为主体去自愿遵守规则。二是声誉机制,也被称为第二方实施机制。这种机制是建立在交易双方相互监督的基础之上的,并往往发生在重复博弈的场合。例如,当某个商人在与另一个商人进行的一次性交易场合,该商人可能采取欺诈、违约等机会主义行为在短期内为自己谋取巨大利益,但是一旦这种行为发生并被交易对手识别,那么交易对手就不会再与该商人从事交易以示惩罚,而且商人的机会主义行为会形成一种"坏名声",在商人群体中迅速得以传播,结果所有商人都不再与该商人进行交易,最终使得该商人所承担的长期成本远远高于短期收益。在这种情况下,处于理性而自利的商人便不得不倾向于合作而非欺诈。在博弈论中,由克瑞普斯引入的"无名氏定理"就证明了在无限次重复博弈中,理性的博弈主体可能会避免"囚徒困境",形成合作的秩序。三是第三方实施机制。这种机制的主要特征体现为存在一个具有权威的、外在的第三方主体,对违反规则的社会经济主体施加惩罚。能够承担第三方实施者的社会行为主体也具有多样性特征,如部落长老、社区领袖甚至黑帮首领,但是在现代社会,国家通常替代了其他组织成为最为重要的第三方公共实施主体。

表 2-2 制度实施机制

实施机制	实施主体	规则类型	惩罚方式	适用范围
第一方实施 (道德自律机制)	行为主体 自身	道德、伦理、规范、习俗等	道德自省、内在的愧疚和羞耻感产生的负效用;自我实施	小范围、结合紧密的共同体;熟人社会
第二方实施 (声誉机制)	交易双方、共同体成员	正式或非正式的契约、规则	重复博弈对违规行为施加的长期成本	小范围、结合紧密的共同体;熟人社会
第三方实施 (实施机制)	社会势力	正式或非正式的规则、规范	外在的强制实施,包括暴力或非暴力施加的成本	结合紧密的共同体
	黑帮	正式或非正式的规则、规范	非法暴力、恐吓施加的物质成本	结合紧密的共同体;人员流动频繁的陌生人社会
	政府	以社会公认的法律、规则、命令为主	合法强制实施施加的成本或非暴力的权威、教化	范围最大、人群最广的现代社会

注:该表受到了下列文献的启发:张建伟:《转型、变法与比较法律经济学——本土化语境中法律经济学理论思维空间的拓展》,北京:北京大学出版社,2004年版,第70页。

从以上三种实施机制的基本特征来看,道德自律机制(第一方实施)和声誉机制(第二方实施)是两种成本较低的实施机制,它们不需要太多的制度基础设施的投资,因而也广泛存在于前现代社会和现代社会的各个角落中。然而,这两种实施机制在运行过程中却存在着某些明显的缺陷,即这两种机制往往受到地域和人群特征的限制。一般而言,在一个地域狭小、人群固定的"熟人社会"(如结合紧密的传统乡村、社区),道德自律机制和声誉机制比较有效,因为行为主体的任何违规行为很容易被识别并在整个群体传播,另外,在这样的共同体中,也比较容易形成成员所公认的社会准则;相反,在地域范围较大且人员流动频繁的"陌生人社会",上述机制的实施成本会大幅上升,实施效率会急剧下降。与之相对,由除国家外的其他具有权威的第三方实施制度和规则虽然可以在一定程度上克服道德自律机制和声誉机制的不足,但它们同样存在着规则实施的不确定性、不规范性,甚至会产生滥用暴力和严重的非人道行为,同样会增大社会的治理成本,因此,在制度演化过程中,作为社会合法强制力垄断者的国家最终胜出,成为最为重要的公共治理主体。

总体而言,由国家作为制度的正式实施者具有如下优势:首先,由其他社会主体建构的习俗、习惯通常意义含混,阐释不明确,无法被共同体成员广泛知晓,影响了制度的实施效率;由政府统一规划、制定、颁布、解释和实施规则则可以克服上述弊端,增强规则的普适性。其次,国家依靠法院、警察、监狱等合法暴力工具增强了规则实施的强制力,弥补了第一方实施和第二方实施中强制力不足的弊端。再次,无论是共同体成员自我实施还是其他第三方实施往往具有很大的随意性、偏向性并可能充满偏见,而现代国家则通常是以社会公共利益的代表者的角色来制定和实施规则的,因此,相对具有中立性和公正性;尽管我们不否认存在"国家机会主义"行为,但从长期来看,国家统治者为了维护政权的合法性和稳定性,还是会比其他社会主体更具"共容利益"偏好。最后,在涉及公共产品的规则实施过程中,往往会存在个体理性与集体理性的悖论以及"搭便车"的问题,因此,单纯依靠市场和私利秩序不能解决公共产品不足的困境,在这种情形中,国家利用其合法权威可以促进公共产品供给成本和收益在社会成员中分摊,并动员大量资源推动公共产品的供给①。

需要加以说明的是,强调国家实施制度的重要性,并不是否认其他实施机制的作用,也不意味着国家实施制度完全替代了其他实施机制,相反,由于国家功能范围的有限性,其他机制依然在现代社会发挥重要功能。不过,在现代国家治理中,国家可以运用自身的特定优势,培育、改造甚至吸纳其他实施机制,使其转化为有利于公共利益的机制。例如,国家可以通过教育、宣传、说服等形式塑造适应社会发展的道德观念和价值体系,促进社会成员的自我约束,也可以通过公开信息、扩大现代媒体作用范围等方式促进声誉机制更好地发挥作用。总之,国家可以利用各种方式协调各种实施机制,使其综合发挥推动制度有效执行的功能。

2. 国家的制度实施能力及影响因素

制度的实施能力是国家制度能力的重要构成之一。国家的制度实施能力主要是指国家将已经形成的规则、政策加以推行,影响微观经济主体行为和宏观经济运行绩效的能力。当国家已经形成统一的目标偏好,并具体化为相应的规则、制度和

①史漫飞,柯武刚.制度经济学——社会秩序与公共政策[M].北京:商务印书馆,2000:135－138.

政策的时候,国家还必须具有足够的能力将其推行和实施,这需要国家解决几个关键性问题。

(1)国家要具备足够的决策实施的信息。现代经济学认为,信息是完全竞争的市场经济有效运行的必要前提。经济行为主体在进入市场完成交易之前,必须要具备一系列信息,如交易对象的身份、交易商品的特性和质量、商品的价格、达成契约的各种条款、缔结契约后的实施信息、代理人的能力和努力程度等。如果信息不充分和不完备,经济主体就会出现决策失误,产生"逆向选择"和"道德风险"问题,从而缩减交易达成的空间,减少合作的机会和合作收益。然而,恰恰由于经济行为主体具备有效理性,因此难以完全克服信息不充分、不完备的问题。著名经济学家赫伯特·西蒙就曾指出"有限理性是指那种把决策者在认识方面的局限性考虑在内的合理选择——包括知识和计算能力两方面的局限性,它非常关心的是实际决策过程怎样最终影响作出的决策"。

国家作为一个重要的行为和决策主体,同样具备有限理性,也会面临信息问题的困扰,甚至在某些情况下比私人主体更为严重。信息的不完全和不充分不仅会导致决策失误,还会导致制度实施的误差。奥地利学派的米塞斯、哈耶克等著名经济学家就对国家处理信息问题的能力提出过严重质疑。他们特别批判了在中央计划经济体制下,国家完全替代私人决策导致的信息失真问题;相反,他们认为市场才是一种最有效的信息处理机制,它依靠私人的分散决策,利用价格传递的简单信息就可以进行有效的选择。但是奥地利学派的观点同样遭受到市场社会主义的杰出代表奥斯卡·兰格的有力批判。兰格指出,其实在市场经济中,人们同样面临严重的信息不足和信息超载问题,如果说市场能够在一定程度上解决信息问题,那么经过重新设计的中央计划当局肯定要比市场在克服信息不足问题方面做得更为出色。

那么,面对严重的信息问题,国家应当采取何种措施才能在现实中获取制度实施所需要的重组信息呢? 一个重要的方法就是采取适度的分权,即中央政府可以将某些决策权交给地方政府、企业、家庭去实施。东欧经济学派的著名代表人物——波兰经济学家布鲁斯就曾试图设计出一种计划经济体制下的分权模式,以克服中央计划当局在信息和决策执行方面面临的困境。布鲁斯认为,传统社会主义经济体制的集权模式需要满足一系列比较严格的条件。一是中央计划当局要具有关于自身目标的完备知识,并能将其目标完全公式化;二是中央计划当局必须在一切必要阶段和一切方向上传递信息,并保证这些信息及时、有效地得到执行;三是在信息传递和处理的过程中,信息不能遭到重大歪曲,特别是不能受计划者和执行者的物质利益和其他动机的支配。上述严格的约束条件只有在特定情形中才能满足或接近满足。但是伴随着经济上的目标日益复杂化,以及国家优先发展项目的不断增多,那么满足集权模式有效运行的条件就会越来越少。因为中央政府在应付日益增多的经常问题的沉重负担下,就会丧失对主要宏观经济问题的处理能力。与集权模式相比,分权模式在经济决策和信息处理的有效性方面具有自身的优势。分权模式并不意味着要放弃计划管理,而是允许在宏观层面保持必要的集中,将细节的决策留给下级去执行,下级的行动要根据中央的决策并使用中央所规定的参数为前提。有鉴于此,布鲁斯提出了著名的中央—企业—家庭(个人)三层次决策相结合的分权模式。即中央计划当局对关系经济发展总体方向的以及基本的宏观经济决策进行集中计划管理,如国民收入的增长率、投资与消费的分配、投资支出的方向、收入分配原则等;经常的(或局部的)经济决策由企业自主决定,如部门或企业的产出量与产出结构、供给来源与销售方向、部门内或企业内的人员构成和报酬形式与方法等;属于家庭与个人决策的方面主要包括家庭收入范围内的购进消费资料的结构、职业和工作地点的选择等[①]。

继布鲁斯之后,许多东欧学派的理论家以及政策实践者提出了多种分权模式,如中央与地方的行政分权、国家与企业的经济分权、国家协调与市场协调的混合模式等,其核心指向都在于克服国家高度集权导致的结构僵化,提高国家的信息处理能力和决策的科学性,增强国家公共政策和制度的实际执行能力。

(2)国家的制度实施能力会受到国家对资源掌控程度的影响。国家制定和实施公共政策、推动制度变迁需要一定的资源作为支撑,这些资源也成为国家权力形式的表征。意大利政治哲学家博比奥(Bobibio)曾经区分了三种主要的权力形式,即经济权力、政治权力和意识形态权力[②]。相应地,国家要想有效实施制度也必须具备一定的经济权力资源、政治权力资源和意识形态权力资源。

对一定数量经济权力资源的掌控,是支持国家履行基本功能的必要物质基础。无论是维持法律和秩序、提供公共产品和服务,还是推动制度变革,都需要国家运用自身拥有的经济资源,支付必要的社会成本。衡量国家经济资源控制程度的一个重要变量就是政府财政收入占一国经济总量(GDP)的比重,这一指标也被称为国家的财政汲取能力,它不仅反映了国家动员和汲取全社会资源的能力,也是支持其他国家能力的基础。国家财政汲取能力的下降可能会带来一系列严重后果,如宏观经济调控能力下降、政府必要支出难以为继、公共产品供给严重不足、诱发经济停滞和社会动荡等。当然,财政汲取能力与政府行政效能的关系是比较复杂的,财政汲取能力不足显然会影响政府的正常运转,而财政汲取过度也会导致政府对社会的过度掠夺。除了通过财政税收来汲取经济资源之外,国家还会采取直接兴办国有企业的形式来直接控制经济资源,推行自身的宏观政策目标。

一方面,国家对经济权力资源的掌控需要依靠政治权力资源作为坚强后盾。博比奥认为,"政治权力依赖于拥有各种工具(如各种武器和能力)以施加物质暴力。从严格意义上讲,政治权力是一种强制性权力"。尽管在现代社会,政治权力

---

①W. 布鲁斯. 社会主义的政治与经济[M]. 北京:中国社会科学出版社,1981:1-21.
②贾恩弗朗哥·波齐. 国家:本质、发展与前景[M]. 上海:上海世纪出版集团,2007:4.

的实施是建立在一系列法律和程序的基础之上的,体现了社会成员的"一致同意"原则,而与暴力、强制似乎相距甚远,但恰如美国社会学家彼得·伯杰所言:"毫无疑问,最终的、也是最古老的社会控制形式就是物质暴力……即使在现代民主社会的文明外表下,最终的控制形式还是暴力。"①换言之,现代政治权力文明而华丽的外衣依然无法抹杀政治权力的强制性本质。另一方面,对政治权力资源的掌控也意味着现代国家需要维持一定程度的中央集权,否则,政治权力的过度耗散必然使整个社会回到无政府的秩序混乱状态,国家必然丧失必要的行为能力,制度也必然无法得到有效实施。

国家除了对经济权力资源和政治权力资源的掌控外,还需要掌握一定的意识形态权力资源。"意识形态在本质上是一种信仰,是在一定集团或阶层内被共同认可的一种信念,在内容上一般包括世界观、认识论和价值观。由于意识形态是被集团或阶层内所有人共同认同并自觉遵循的信仰,因此,它最主要的作用就是自觉规范人们的行为,激励人们为一个共同的目标而自觉努力。"②正是基于上述特征,诺斯将意识形态看作一种能够引导人类行为、简化决策过程、节约交易成本的非正式制度安排。对国家而言,培育和塑造一种有利于社会稳定发展的主流意识形态,无论对于维护政权的合法性还是促进国家制度的有效实施都是十分必要的,因而任何国家都会采取不同的形式进行意识形态领域的"投资",如引导教育的方向、控制媒体、利用社会舆论等。

(3)要形成有效的制度实施能力,国家还必须克服官僚化问题,形成一个高效的政府体制。国家作为一个权威型组织,其日常的行政过程是依靠一个等级化的官僚系统完成的,因此,官僚系统的有效与否将直接关系到国家制定的各种制度安排能否得到有效实施。然而,在现实中,官僚机构本身存在的制度弊端导致了国家的公共政策失灵。导致国家公共政策失灵的一个重要原因是官僚机构的目标偏好可能与国家的目标偏好不一致。新制度经济学认为,政府部门中的每一个官僚机构都是一个理性的经济人,它们也有着自身特有的目标偏好,并且也会遵循利益最大化原则来采取自身的行为策略。科尔奈曾经描述了官僚系统的多元偏好,如政治和道德动机、工作认同感、权力、威望、物质福利、平静的生活、害怕惩罚等。在许多场合,官僚机构的这些目标偏好与国家整体的目标偏好不一致甚至相互冲突,这时,国家从社会整体利益出发设计的制度安排在实施过程中就可能被扭曲为使官僚机构自身受惠的制度安排。

导致国家制度实施能力削弱的另一个重要原因是官僚机构内部存在严重的激励不足问题。在经济学看来,激励问题表现为如何调动社会经济行为主体积极性,使其努力工作的问题,如企业如何调动工人工作的积极性。从国家与官僚机构的

①贾恩弗朗哥·波齐.国家:本质、发展与前景[M].上海:上海世纪出版集团,2007:4.
②曹红钢.政府行为目标与体制转型[M].北京:社会科学文献出版社,2007:187-188.

角度看,激励问题可以理解为一种"委托—代理"问题,即国家将某些职能交给各级官僚机构去完成,而这些职能完成的好坏则取决于官僚机构代理人的努力程度。一般而言,在委托—代理关系中,产生激励问题的原因有两个:一是委托人与代理人的目标偏好不一致;二是委托人关于代理人努力程度的信息不完备,或者对于代理人努力程度的信息分布不对称,委托人无法确切知晓和考核代理人的努力程度及工作绩效,从而产生"道德风险"问题。政府部门特定的组织结构和目标使得激励机制的弱化问题更为严重:①政府面临多重目标,而非企业等组织的单一目标,如利润最大化。②政府提供的服务具有垄断性,缺乏竞争,因而官僚机构的绩效缺乏可以比较的标准,难以准确测度和考核。③官僚机构作为代理人具有多个委托人(如中央政府、消费者、企业、退休金领取者等),面临着多重委托—代理关系,不同委托人的偏好差异导致了利益协调困难。④政府官员一般采取固定薪金,且升迁往往按照年限设定,而缺乏企业那样较强的基于绩效的激励制度。

正是由于存在上述弊端,因而政府会产生比较严重的官僚化问题,影响政府的行政效能。为了克服权威制度所固有的官僚化问题,国家需要进行持续的政府体制改革,例如,行政系统是否便利信息的沟通交流、控制"委托—代理"问题,能否建立起专业化和具备职业操守的现代官僚体系并创新政府治理模式等。

(4)国家需要在与社会的协调互动中增强自身的实施能力。社会是国家决策的最终承担者,因此,国家设计、颁布和推动的各种制度安排能否有效实施,还取决于社会能否对这些制度安排形成必要的认同和自愿的服从。真正具备强大制度能力的国家绝非独断专行的国家,而是善于在与社会的协调互动中增强制度实施能力的国家。维斯和霍布森将国家与社会的这种协商与合作关系称为"治理式互赖"。这种关系实际上包含了国家强大的渗透、汲取和协商能力,并最终演变为"国家强度"的最高形式。东亚的日本、韩国等发展型国家恰恰就是依靠这种"治理性互赖"关系,确保了国家发展战略和公共政策的有效实施,塑造了经济发展的"东亚奇迹"。

三、国家的制度调适与学习能力

个体的发展、社会的进步离不开持续不断地学习过程。国家的制度学习能力主要是指国家根据内部环境和外部环境变化形成的压力,适应性地推动制度变迁,使其与经济发展的条件相契合的能力。一种制度安排往往不是凝固的、持续有效的,随着客观环境的变化,原有制度安排的效率可能出现衰减,甚至完全退化为无效制度安排。这就需要国家审时度势,及时修正原有的目标偏好,对无效的制度进行及时纠错和适应性调整,以确保制度的可持续性发展。为此,国家的执政集团需要积累足够的制度知识,具有开放的执政理念,形成适应性学习机制,不仅善于从成功的经验中学习,也善于从失败的教训中学习,以不断改进和完善自身的制度能力。

　　尽管历史上许多国家主义者将国家看作"绝对理性"的化身,但实际上国家的理性也是具有一定限度的。如同其他社会经济主体一样,国家的有限理性也会导致其出现决策失误,乃至严重的政府失灵。关键在于国家需要具备一种灵活的调整机制,能够发现既有的公共政策和制度安排中存在的缺陷,并且及时加以矫正。同时,国家也需要根据现实环境的变化,不断吸纳新的知识和信息,创造出更加适宜的制度安排,以适应现实提出的各种挑战。

　　国家的制度调适和学习能力是国家的一种核心能力。这是国家所具备的"硬实力"和"软实力"的重要基础。历史上许多成功崛起的国家大多具备较强的学习能力,能够广泛借鉴国际上的先进经验为我所用,最终在国际竞争的舞台上占有一席之地。19世纪明治维新后的日本,以及第二次世界大战后的韩国等东亚发展型国家就是善于学习的国家的典范。相反,如果一个国家保守、僵化而故步自封,那么就会面临制度调适与学习能力衰竭的窘境,最终被后来者赶上。19世纪清王朝统治下的中国以及传统计划经济体制下的苏联和东欧地区国家则是这种国家制度学习能力不断衰落的典型。

　　国家制度调适和学习能力的培育需要具备一定的条件。

　　第一,从学习的主体来看,国家主导性的政治力量或精英集团需要具备极强的制度学习欲望,这种学习的欲望既可能来自这一群体的认知模式,即认识到制度调适和学习对于提高一国发展与竞争能力的战略意义,也可能来自内部竞争和外部竞争给国家执政集团带来的压力,迫使执政者采取一种更为开放和包容的心态来积极学习先进制度经验,以提升自身的执政能力。总之,国家的主导性政治力量和精英集团需要对原有的制度缺陷保持一种高度的敏感性,并随时准备适应性地调整自身的目标偏好、认知模式和决策集合,以便及时对不适应环境的旧制度做出修正。除了国家主导力量具备强烈的制度学习欲望外,国家还需要具备更为广泛的全民学习基础,也就是给社会营造一种鼓励社会成员学习、允许试错的社会环境和文化氛围,形成一种促进学习的激励机制,从而使国家的制度学习集合不断得到扩展。

　　第二,国家学习能力的培育需要具备一种意识形态偏好的灵活调整机制。从新制度经济学的角度出发,意识形态可以被理解为关于世界的一套信念,其功能在于从道德上判定劳动分工、收入分配和现有的社会制度结构。根据诺斯的概括,意识形态具有如下特性:一是它成为一种节约意识形态的工具,可以塑造社会主体的"世界观"从而简化决策过程;二是通常与个人对关于公平与正义的道德伦理判断纠结在一起;三是当个人经验与原有意识形态不一致时,它会试图发展一套新的、能更好适应其经验的合理解释。但是,意识形态也可能会具有一种刚性,阻碍社会经济主体调整和学习制度的能力。林毅夫认为,意识形态刚性是导致政府公共政策失灵的原因之一,特别是当改变现有意识形态并推行新制度安排会损害统治权威的合法性时,执政者也可能选择固守原有意识形态和相应的无效制度安排,因此,意识形态的灵活调整在某种场合可能成为制度变迁的前提。中国改革开放初期的思想解放运动就是意识形态调整引发制度调适与学习的典范。

第三,国家需要具备一种积累制度知识的有效机制。如前所述,有关制度变迁的社会科学知识对于国家制度形成能力具有重要意义。但更为关键的是国家如何形成一种获取制度知识的机制。从知识的分类来看,一种是"明示"的知识,即明显的、标准化的知识;另一种是"默示"的知识,即不明显的、非标准化的知识。对于第一种知识往往可以从书本上习得,或采取移植的方式从外界直接引入;但对于后一种知识则只能通过一种"干中学"的方式在实践探索中逐渐积累,而且可能伴随着屡次失误和试错的调整才能获得。制度知识则兼具上述二者的特性。一方面,某些先进的制度经验是公开的和开放的,特别是一些正式制度安排可以采取制度移植的方式加以引进,但如何使先进的制度适应本国的国情,能够有效运转,则需要一个长期实践、摸索、试错和积累的过程,也就是需要一个长期的本土化的过程。另一方面,更为重要的是,还有许多制度知识并非可以从外部完全移植,而是内生于本国特定的环境,在实践的摸索中创造出来的。因此,在国家制度学习的过程中需要充分考虑到制度知识的这种双重特性,避免单纯制度移植带来的非效率性问题。王绍光认为,中国改革进程中所形成的制度学习机制的显著特点之一就是注重通过实践和试验的途径来积累和学习知识,而不是单纯照搬西方的经验或时髦理论。

第三节　国家制度能力形成的博弈分析与演化路径

国家制度能力的形成与特定的国家治理形态相关。从博弈论的角度看,国家治理形态可以看作国家与社会在重复博弈过程中形成的多重均衡。而国家制度能力的演化往往伴随着国家治理形态的转换。有鉴于此,本节首先基于一个静态博弈模型,理解国家治理形态与国家制度能力的关系,然后对该模型进行动态化的扩展,以分析国家制度能力的两条基本演化路径。

一、国家治理形态与制度能力:静态分析

在研究转型国家公共部门改革时,人们比较注重研究转型国家政府职能的转变,即哪些职能应当由政府承担,哪些职能应该交由市场和私人部门来完成,从而寻找政府与市场的合理边界。然而这种研究方法有两点不足:一是在不同国家以及转型的不同阶段,政府职能会有很大的差异,因此对转型国家的政府职能而言,可能不存在一种唯一的最优模式;二是这种研究方法过于偏重政府一面,而忽视了公民的行为对政府行为模式的影响。因此,我们并不笼统地从规范的角度去探讨转型国家的政府职能应当是什么,而是遵循比较制度分析的思路,从政府与公民的

博弈这一视角来实证性地探讨国家治理形态多样性的特征。在转型国家多样性的国家治理形态中,不同的政府与公民的行为模式将影响其他领域的制度构建(如产权制度变革和市场竞争体制构建),并与这些制度构建相互配合、相互支持,从而最终促成转型国家市场经济模式的分化。

我们的模型分析是建立在巴里·温格斯特和青木昌彦关于三种"元国家"治理形态界定的基础之上的。该模型假定有三个行为主体:政府、社会集团 A 和社会集团 B。其中,政府被视为一个追求自身目标最大化的理性经济主体,为了实现自身效用的最大化可以采取两种策略:一是为社会全体成员提供法律和秩序,严格保障产权,促进经济繁荣,在此基础上收取适度的税收(以下简称保障性策略);二是破坏博弈规则,对某些社会成员或整个社会采取掠夺策略(如没收私人财产、征收高额税赋等),以满足统治者的个人私利(以下简称掠夺性策略)。假定如果政府采取保障性策略,A、B 两个社会集团可以各自获得数量为 U 的财富,政府可以分别向 A、B 两个集团分别征收数量为 T 的税收。如果在长期的重复博弈中形成一种均衡状态,那么这种类型的国家治理形态可以称为"民主型国家"治理形态。

政府也可以采取掠夺性策略,即不仅向两大集团征税,而且还额外从某个集团(如 A)掠夺数量为 S 的财富。给定政府的掠夺性策略,A 和 B 有以下几种策略选择(如表 2−3 所示):一是如果 A 和 B 可以合作联合抵制政府的掠夺行为,那么政府将面临高昂的成本 E,如政府倒台,当然 A 和 B 也需要分别支付数量为 F 的反抗成本,这时政府、社会集团 A 和 B 的收益分别为 2T−E,U−F,U−F;二是如果 A 和 B 不能合作一致抵制政府的掠夺行为,B 选择默认政府的行为而只有受到掠夺的 A 独自抵制,那么 A 的抵制不会成功,这时三者的收益分别为 2T+S,U−S−F−V,U−V,其中 V 为政府的掠夺行为给社会带来的效率损失(如正常的交易秩序被破坏);三是 A 和 B 面对政府的掠夺均选择默认,这时政府获得的收益为 2T+S;A 不仅被政府掠夺而且承担掠夺带来的效率损失,即 U−S−V;B 则承担政府掠夺带来的效率损失,即 U−V。给定上述策略选择,如果在一次博弈中 V≤F,即对 B 而言,与 A 合作抵制政府的成本大于等于政府掠夺带来的效率损失,那么 B 的理性选择是默认而非抵制,如果 A 预期到这种情况,那么他的最优选择也是默认政府的行为,这样至少可以节省一个抵制成本。如果上述情况在长期重复博弈中成为一种稳定的均衡,那么我们就称之为"掠夺型国家"治理形态。

表 2−3　国家治理形态的博弈模型

A ＼ B	抵制	默认
抵制	2T−E,U−F,U−F	2T+S,U−S−F−V,U−V
默认		2T+S,U−S−V,U−V

但对 B 而言可能存在这样一种情形,即 V＞F,这意味着政府掠夺带来的效率

损失大于抵制成本,那么 B 存在着与 A 合作抵制政府的可能。然而,政府却可以采取一种策略分化瓦解 A 和 B 的同盟,即它从掠夺自 A 的财富中拿出一部分财富(W)给 B,以换取 B 的默认,只要这个支付的份额大于 B 采取抵制行为所获得的净收益,即 $V - F < W < S$,那么 B 的最优选择也是不与 A 合作,而默认政府的掠夺。同样,当这样一种均衡状态持续下去,那么就形成了一种"勾结型国家"的治理形态。换言之,在这种国家治理形态中,政府实际上与社会集团 B 结成了一种持久的利益同盟,共同瓜分 A 的财富。

那么究竟在什么情形中 B 才可能与 A 合作共同抵制政府掠夺行为呢?即政府在寻找掠夺对象时具有不确定性和随机性,而这种掠夺行为对任何一个社会集团而言,采取默认策略未来损失的贴现值大于抵制行为带来的现期净成本。假设政府以 1/2 的概率随机掠夺任何一个集团的财富,那么当 $[1/2V + 1/2(S + V)] \times (\delta + \delta^2 + \delta^3 + \cdots) > F - V$,其中 δ 为贴现因子(大于 0 且小于 1)。不等式左边取极限值后化简为 $1/2(2V + S) \times [\delta/(1 - \delta)] > F - V$,即 $\delta > 2(F - V)/(2F + S)$。这个条件意味着相对同质的社会集团 A 和 B 都具有足够长远的视野(足够大的贴现因子),愿意和政府玩一场无限期的重复博弈,这种长期互动不仅将协调社会的行为,也会规约政府的行为。

由上述模型我们可以发现,从国家治理形态与国家制度能力的关系来看,"民主型国家"显然具有最强的国家制度能力。它能够通过有效的制度供给(如保障产权)促进社会成员的财富创造活动(不存在效率损失),同时,政府在得到社会普遍认同的基础上汲取足够的资源(税收)支撑自身的治理活动。而"掠夺型国家"和"勾结型国家"的制度能力均较弱,在这两种国家治理形态中,政府均不能为社会提供有效的制度供给,从而给社会带来效率损失(2V)。而且,从长期来看,过度掠夺社会势必使政府自身丧失雄厚的财富基础与合法性基础,导致权力丧失和社会动荡。当然,以上的博弈模型仅仅是一种简化的静态分析,它为理解国家治理形态与国家制度能力的形成提供了一个基本的分类参照系,我们将以此为基础对模型进行动态的扩展,以更加深入地分析国家制度能力的动态演化路径和内在机制。

二、国家制度能力的基本演化路径:动态分析

无论是"掠夺型国家"、"勾结型国家"还是"民主型国家",其中都隐含着一个重要的悖论,即国家权力与制度能力的悖论:国家既可能运用自身的权力资源去提供有效的制度安排,促进社会经济的持续繁荣,也可能滥用权力导致削弱自身的有效制度供给能力,最终导致社会的分裂与经济的凋敝。从这一悖论出发,我们可以建立起一个分析国家制度能力动态演化路径的分析框架。

图 2 - 6 显示了一个国家制度能力动态演化轨迹的模型。图中的纵轴代表国家权力,而且离原点越远意味着国家的权力集中程度越高;横轴则代表国家制度能力,同样,离原点越远,国家的制度能力也越强。由此,我们可以在图 2 - 6 中划分

出四个象限,它们将现实中的不同国家治理形态区分为四种类型。位于第Ⅰ象限的国家治理形态具有如下特征,即国家的权力很集中,但国家提供有效制度的能力却比较弱;位于第Ⅱ象限的国家治理形态意味着国家集权程度和国家制度能力都较弱;位于第Ⅲ象限的国家治理形态具备的主要特征是国家集权程度相对较弱,但国家的制度能力却很强;而位于第Ⅳ象限的国家治理形态的集权程度和制度能力都很强。

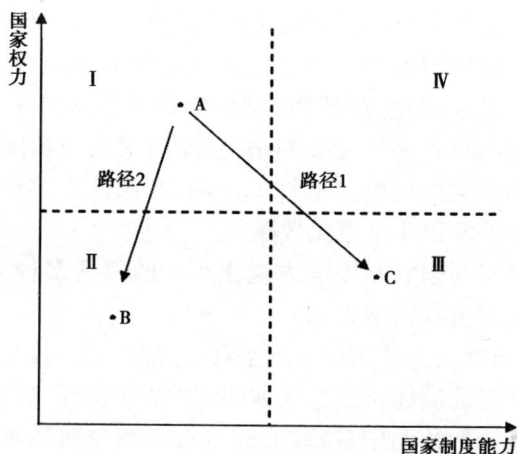

图 2-6 国家制度能力的动态演化路径

我们在图 2-6 中的三个象限中标识出三个点,分别代表了三种不同的国家治理形态与三种元国家形态相对应。位于第Ⅰ象限的 A 点近似于"掠夺型国家",在这种治理形态中,国家统治者利用其掌握的强大而集中的权力资源对经济和社会实施严格的控制,国家还常常滥用权力破坏博弈规则,侵犯私人产权。这种类型的国家在历史和现实中并不陌生,如欧洲近代历史上的"绝对主义国家"、20 世纪出现的各种"极权主义国家"。位于第Ⅱ象限的 B 点则近似于"勾结型国家"。在这种国家治理形态中,存在一个或几个势力异常强大的社会集团,任何统治者要想维系统治都必须与这些集团结盟,甚至不惜牺牲其他社会成员的利益,赎买强势利益集团。在最极端的情形中,国家面临着"重新封建化"的危险,即中央政府权力涣散,必要的制度能力彻底耗散。这种国家形态存在于广大欠发达国家,如海地、索马里以及美军入侵后的阿富汗和伊拉克。位于第Ⅲ象限的 C 点则近似于"民主型国家",在这种治理形态中,国家保持了最低限度但却是必要的集权,国家利用其合法权利为社会成员提供有保障的法律秩序和私人产权,推动交易、合作、创新等生产性活动,促进了社会经济的繁荣。英、美等自由民主国家则相对符合这种国家治理形态。

根据历史经验,位于 A 点的"掠夺型国家"并非一种长期稳定的均衡状态。一方面,国家权力和机构的过度扩张可能带来严重的寻租、腐败、官僚主义等"政府病",由此削弱国家自身的制度能力;另一方面,国家对社会的过度侵犯也会导致社会成员的不满,社会成员可能采取各种方式抵制国家的掠夺,从消极怠工到抱怨抗议,直至采取极端方式推翻政府、重构政权。此后,国家治理形态进入转型期,国家的制度能力也将进行动态调整。一种可能出现的转型路径是顺利过渡到"民主型国家"这种理想的治理形态,即路径 1。在欧洲近代历史上,资产阶级革命推动了国家脱离君主专制而迈向宪政民主国家的进程就代表了这种理想路径;而 20 世纪七八十年代身处亨廷顿所谓的"民主化第三波"浪潮中的南欧(如葡萄牙、西班牙)和东欧地区国家(如波兰、捷克、匈牙利等)也比较符合路径 1。然而,处于转型中的国家也可能滑落到路径 2 这条无效的路径,即国家权力和国家制度能力均急速下降,因而成为典型的"失败的国家",拉丁美洲、非洲的许多国家以及叶利钦时代的俄罗斯则在转型后不幸落入这条无效路径。

影响国家治理形态与国家制度能力演化路径的因素多种多样,而我们从历史和现实的经验出发可以将其归纳为如下几个方面:

第一,目标选择与修正。从历史经验来观察,成功的制度转型通常起始于国家目标偏好的合理选择与适应性调整。这种调整首先依赖于政治精英集团和领袖人物的制度预期。在具体的行动中,执政的政治集团和少数的领袖人物作为最后的决策者,他们有很大的自由权衡的空间。这种制度预期通常以主要决策者的主观偏好和有限理性为基础,它可能包括多种形式的利益考虑。一是新的制度要在战略上有利于执政地位的巩固和合法性的增进;二是新的制度有利于促进社会的管理效率和总体福利水平的提升;三是新的制度能够维护权势集团的经济利益;四是新的制度本身能够体现执政者的政治成就和作为;如此等等。总之,那些能够及时修正不适宜的目标偏好,将执政者的核心目标转向与社会经济持续发展和民众福利水平不断提高相一致的国家,往往能够在制度转型期凝聚社会共识,做出有效决策,培育起适宜的制度能力,推动国家政治经济的平稳过渡。

第二,制度选择与实施。在国家对其目标偏好、国家战略做出调整后,最重要的是选择适宜的制度安排,并持续深入地加以推行,从而替代无效的旧制度,走向更为有效的制度均衡。这就要求国家主导性政治力量能够务实而理性地选择改革战略,既不拘泥于原有意识形态和制度结构的束缚,同时也不盲目照搬外界所谓的"最优制度实践",而是基于本国特定的历史和现实约束,创造性地制定出符合本国国情的转型战略,探索出最适宜的制度安排。与此同时,应当关注转型的速度、顺序和节奏,避免过于激进的制度变革导致的国家制度解构、组织瓦解和制度实施能力衰竭,确保国家权力的适度配置,使国家具备充足的行为能力。国家制度的有效实施,还需要国家与社会之间形成一种良性互动的格局。一方面,国家需要对制度变革引发的社会利益格局重组给予高度重视,采取积极的政治、经济和社会政策,协调不同利益集团的行为,使其形成支持改革的动力结构;另一方面,国家需要对社会中的新生集团和力量加以必要的规范和引导,确保转型期的社会秩序稳定,确保国家对社会足够的渗透和协调能力。

第三,制度学习与调整。国家应当保持一种灵活、开放的制度学习和调整能力,能够根据社会经济结构的变化以及国际政治经济格局的变迁,及时调整原有的制度结构,学习和吸纳新的制度知识,创造更加有效的制度安排,以便国家成功应对各种挑战,从而对社会实施有效治理并推动社会经济持续发展。首先,这就需要国家具备一种灵活的意识形态偏好调整机制,破除阻碍制度变迁的思想障碍;其次,国家不仅要从常态化的治理过程中学习,而且从危机的治理中学习,以积累更多的制度知识和经验;再次,国家不仅要善于从外部世界的先进经验中学习,也要善于从本国内部的实践经验中学习,以探索更适应本国国情的制度安排;最后,国家不仅要从现实中学习,更要善于从历史中学习,从而确保制度变迁的历史关联性,防止制度断裂所造成的混乱和无序。

就转型国家而言,中国与俄罗斯代表了两种典型的经济转型和国家制度能力演化路径。两国在处理转型期国家制度能力构建方面,也采取了不同的策略。来自国家制度能力演化路径的差异也成为两国转型绩效差异的一个关键影响因素。在以下的章节中,我们将利用国家制度能力的理论研究框架,进一步详细分析中俄转型期国家制度能力演化的内在机理和逻辑。

第三章　国家制度能力与经济转型

在人类社会演进的历史长河中,总会有一些重大的变革进程激起阵阵波澜。它们不仅剧烈地改变着既有的政治、经济和社会制度结构,而且也在深刻地重塑着社会成员的心理、认知和行为模式,从而标志着社会的整体跃迁。发端于 20 世纪末的大转型是其中颇为壮观的一幕。对于这场大转型的动因、过程、路径和绩效的解读已经成为转型经济研究领域争论不休的焦点,本章立足制度主义的视角对经济转型的特征与事实进行系统的梳理和整体的概括,进而推演出国家及其制度能力在其中扮演的独特角色。

第一节　制度变迁与经济转型

新自由主义理论与制度主义理论是分析经济转型的两种不同视角,本节在对二者进行比较的基础上,对制度主义的经济转型观做出归纳和总结。在转型实践中,俄罗斯成为遵循新自由主义理论的典型代表,而中国的经济转型则呈现出浓厚的制度主义色彩。

一、理解经济转型的制度主义视角

在理解经济转型方面,有两种近乎截然对立的理论视角,即新自由主义视角与制度主义视角。在经济转型初期,前一种视角不仅成为转型经济学的主流,而且衍生成为俄罗斯和东欧地区大多数国家的转型战略——"华盛顿共识"。这一共识由供职于华盛顿国际经济研究所的经济学家约翰·威廉姆森归纳而成,它主要以拉美国家采取的新自由主义改革经验为蓝本,并体现了美国财政部、国际货币基金组织和世界银行等机构对经济发展的核心观点。

经典版本的"华盛顿共识"主要包括以下十条改革纲领:保持严格的财经纪律;缩减政府补贴与公共开支;实施税制改革,降低税率、扩大税基;实现利率自由化,确保正的真实利率;实现汇率自由化和市场决定;采取出口导向型的贸易自由化;取消对外资流入的限制;将国有企业私有化;放松对经济的规制;严格保障私人产权①。

按照比利时著名转型经济学家热若尔·罗兰的观点,"华盛顿共识"的背后有如下学理的支撑。一是新古典经济学的一般均衡理论,强调一次性、全面的价格自由化,以防止局部改革产生的扭曲;二是弗里德曼的货币主义理论,即货币供应量过剩必然引发通货膨胀,必须采取稳定化政策,并管住政府滥发货币之手;三是传统比较经济体制理论,即强调体制各部分之间的整体性与互补性,衍生出激进变革的合理性;四是以詹姆斯·布坎南为代表的公共选择理论,即政府是万恶的"利维坦",应严格限制政府权力,使其放弃对经济的干预,为此必须采取大规模私有化。

"华盛顿共识"尽管理论完美、逻辑严密,但当遭遇经济转型的现实时,其功效却大打折扣,由此引发了来自理论界和政策实践领域的质疑和批评。正是基于新自由主义战略不佳的表现,研究经济发展问题的美国经济学家丹尼·罗德里克指出:"尽管改革的支持者和怀疑者还有些不同的体会,但平心而论再也没有人相信华盛顿共识了。问题现在已经不再是华盛顿共识要不要存续,而是有什么可以用来替代它。"②而这种替代性的重要理论之一就是研究经济转型的制度主义视角。

在经济学说史上,将制度及其变迁作为核心研究内容,并提出较为系统的理论框架的经济学流派主要包括:马克思的唯物史观和政治经济学;以凡勃伦及康芒斯为代表的美国旧制度经济学;以科斯及诺斯为代表的美国新制度经济学;以哈耶克等为代表的奥地利学派的演进经济学。尽管这些制度主义分析学派在哲学观点、方法论基础方面存在很大差异,但在以下观点方面基本上存在着共识:一是制度是重要的,它是维系人类社会秩序和推动经济发展的核心性内生变量;二是人类社会的制度是多种多样而且并非一成不变的,制度变迁总体上表现为从"制度均衡"到"制度非均衡"再到"制度均衡"的持续不断的动态演化过程;三是推动制度变迁的动力机制在于个体或集体的利益选择和互动博弈;四是制度变迁在各种内生因素和外生因素的综合作用下呈现出渐进演化和激进突变相互交织的历史过程。

以制度主义视角来观察,"华盛顿共识"的重大缺陷在于忽视了经济转型这一大规模制度变迁的复杂性。具体而言,"华盛顿共识"存在如下谬误:

第一,理性的自负。"华盛顿共识"秉持了新古典经济学完全理性的假定,认为改革者具有完全理性和完备的信息,能够实现准确无误地设计一个完美的改革蓝图,而后采取一种社会工程学的方式,按图索骥,一步到位地实施全方位的改革,从而实现从计划到市场的一步跨越。但是恰如哈耶克批判的那样,对于社会制度变迁,这样一种完全理性的假定只能是一种"致命的自负",因为社会转型期复杂的环境变化已经远远超越了改革者的有限理性,预先设计的改革方案也往往会与

①贝拉·格雷什科维奇. 抗议与忍耐的政治经济分析:东欧与拉美转型之比较[M]. 桂林:广西师范大学出版社,2009:34-35.
②丹尼·罗德里克. 寻找可行的经济发展战略[J]. 经济社会体制比较,2008(2):2.

现实环境发生冲突而归于失败。

第二,目标的错置与对过程的忽视。尽管经济转型的目标是市场经济体制,但市场经济体制的具体形态却是多元化的,它往往因不同国家特定的政治、经济、社会、历史、文化背景而呈现出巨大差异。但"华盛顿共识"却将美、英自由放任的市场经济模式(盎格鲁—撒克逊模式)作为最优的经济体制强加于所有转型国家,必然出现"水土不服"和"淮橘北枳"问题。另外,即便是转型的目标明确,但从此岸达至彼岸却并非像"华盛顿共识"所认为的那样可以一步跨越,而是需要一个渐进的过程,这个过程也就是制度建设的过程。正如钱颖一所言:"如果忽视制度建设的重要性,目标与过程混淆是非常自然的。"①

第三,经济简约主义。新自由主义的推崇者往往是"天真的资本主义改革者",他们总是依据经典的主流经济学理论,从纯粹经济的视角来看待经济转型,而常常忽视经济转型进程中的经济与政治的互动。实际上,经济改革的成功离不开适宜的政治环境,离不开决策者审时度势地打破制约经济改革的政治约束。罗兰则特别强调了政治约束对于经济转型成功的重要性。他区分了转型中的两类重要政治约束即"事前的政治约束"与"事后的政治约束"。前者体现为阻碍改革实施的可行性约束,它意味着需要对改革方案采取一定的妥协并对失利者给予适当的补偿,否则改革就可能被拖延;后者则体现为改革效果显现后其出现逆转的可能,这意味着必须创造出某些措施防止改革的逆转。因此,成功的经济转型需要决策者在改革的可行性与改革的不可逆转性之间谋求一种有效的均衡,而这恰恰是单纯的激进转型无法完成的。

第四,意识形态陷阱。"华盛顿共识"带有一种浓厚的意识形态色彩,它先验地认为资本主义市场经济和民主政治优于中央计划经济和权威政体,并将经济转型作为鼓动民众推翻旧体制的热情的一种工具。新自由主义改革者事先向民众许诺建立一个理想而完善的新体制,但当这一进程遭遇挫折时,民众过高的期望便会一下子跌入低谷,进而转化为对改革的冷漠、抱怨乃至对政府推进改革能力的质疑。美好的承诺与严酷的现实之间的巨大反差实际上为"华盛顿共识"自身制造了一个"意识形态陷阱",不断削弱其实施的内在动力,破坏了改革的可持续性。

与"华盛顿共识"不同,制度主义对经济转型的理解更贴近现实。

第一,制度主义充分认识到改革者的有限理性和经济转型所具有的复杂性、不确定性特征,因此,并不刻意在事前谋划一个确定无疑的改革目标,也不赞同存在一套完美的改革方案,而是主张根据现实环境的变化不断修正改革的目标,并采取试验、试错的方法来调整制度改革措施,以使经济转型不偏离有效的路径。

第二,制度主义强调转型过程的重要性,而不赞同采取"大爆炸"、"大跃进"的方式推动制度变革。它充分认识到经济转型是一个复杂的、大规模的制度变迁过

---

① 钱颖一. 目标与过程[J]. 经济社会体制比较,1999(2):2—3.

程,由于经济体制演化过程中存在制度的互补性以及制度变迁的路径依赖性特征,不可能在短期实现经济体制的一步跨越。因此,要充分关注制度构建在转型过程中的重要性。转型进程中的制度构建未必是移植所谓的最优制度安排,而是可以发现、改进和创造出一系列虽然不是最优,但却是最适宜的过渡性、中间性制度安排,这些"最适宜"的制度往往更符合特定转型国家的需要,能够为经济体制的平稳转换架设桥梁。

第三,制度主义也极为关注转型进程中的政治约束,并采取有效的改革方式来协调转型带来的利益分化和改革阻力,将其塑造成一个可持续的过程。由于经济转型很难完全成为一个"帕累托改进"的过程,势必有人成为获利者,有人成为失利者,这就要求改革方案的设计充分考虑到伴随转型进程出现的利益动态变化,调动一切积极因素,形成支持市场化改革的"合力"。

第四,制度主义也充分认识到转型进程中不同层次、不同类型的制度安排之间的互补性效应,强调整个制度系统的适应性效率。例如,正式制度与非正式制度的互补性、外在制度与内在制度的互补性、制度环境与制度安排的互补性等。尽管某些制度可以作为"快速推进型制度"(如宪法、政治体制等)在一夜之间发生变化,但其他"慢速推进型制度"(如习俗、传统、文化等)却需要经历长期演化的过程,因此二者之间容易出现变迁速度的非协调性,从而影响整个制度系统的运行效率。这就需要关注改革的速度、节奏以及不同层次制度变迁的关联性,确保整个制度系统变迁的平稳推进。表3-1将新自由主义和制度主义的转型观进行了归纳总结。

表3-1 新自由主义与制度主义的转型观

	新自由主义的转型观	制度主义的转型观
改革者对理性的认知	改革者具有完全的理性,可以事先设计出完美的改革方案	改革者具备有限理性,无法事先设计出完美的改革方案
对转型速度、顺序的认知	快速、同步地实施所有领域的变革	相对缓慢地、分阶段地、有次序地实施改革
对转型目标与过程的认知	目标明确(自由市场经济体制),过程并不重要	转型目标的渐进调整,重视改革的过程
对转型过程中的政治经济关系的认知	经济简约主义、政治浪漫主义	对转型过程中的经济和政治关系进行相互协调,注重利益格局变化、塑造支持改革的动力机制
对转型过程中制度构建问题的认知	转型之初重视具体的政策设计,重视正式的、最优的制度,忽视非正式的制度	制度至关重要,既重视正式制度,又关注非正式制度,不刻意寻求最优制度,而重视最适宜的制度
代表性国家	俄罗斯、波兰、捷克等	中国、越南

二、制度变迁轨迹与经济转型的路径演化特征

上述内容对制度主义的经济转型观进行了总结,并将其与新自由主义的经济转型观进行了比较。在此基础上,本书将借助比较制度分析学派的制度演化模型,对经济转型的路径演化轨迹进行分析。

制度主义立足于转型国家的历史与现实约束,将经济转型看作一个历史的阶段性演化过程,这一过程在整体上符合比较制度分析学派的制度变迁模型,本部分内容将结合这一模型对经济转型的路径演化轨迹进行分析。以青木昌彦、格雷夫为代表的比较制度分析学派试图用博弈论的研究方法来统一各种制度分析流派,并在吸收了古典博弈论和进化博弈论的基础上构建了制度演化的主观博弈模型,在一定程度上将制度变迁的各种内生因素与外生因素整合其中。这一模型的核心内容可以简化为以下公式[①]:

$$s_i^* = \arg\max u_i(\phi_i(s_i, I_i(s_i, s_{-i}^*) : \Sigma^*, e)$$
$$s_i \in S_I$$

其中,s_i^*为参与者 i 的策略选择;$u_i(.)$为参与人的报酬预测函数;$\phi_i(., I_i(.) : \Sigma^*, e)$为参与人的主观后果函数;$I_i(.)$为私人剩余信息;$\Sigma^*$为所有博弈参与人的共有信念也就是制度;e 为博弈所在域的环境。

制度演化的主观博弈模型表明,制度在本质上可以被看作"关于博弈如何进行的共有信念的一个自我维系系统"。即制度是追求预期利益或效用最大化的博弈主体(既可以是个人也可以是组织)在特定的环境中与其他博弈参与者策略互动所形成的一种比较稳定的均衡状态。在这种状态下,当博弈主体预期他人不会改变策略选择时,自身也不会改变策略选择,否则会使自身的利益受损,因此制度必然是一种博弈的"纳什均衡"。当保持各自稳定策略的知识成为博弈参与者共有的信念后,制度就形成了。当然,在社会整体制度结构保持基本稳定的前提下,个人也会根据环境的微小变化搜寻新的知识和策略(主要体现为私人剩余信息$I_i(.)$和私人策略集合s_i的边际性扩展),从而推动制度的渐进演化,但是只要博弈环境不发生剧烈变化(e 不发生剧烈变化),那么人们就会保持原有的信念,从而使制度不断被再生产出来。

然而在实际的历史进程中,制度的渐进演化过程往往被激进的制度突变所打断,从而使整个制度结构发生转型。产生这种制度转型的根源在于,当博弈环境发生剧烈变化时,博弈参与主体现行的决策规则将不再能产生令他们满意的结果,这时国家和社会中的不同主体(如政府、个人、各种利益集团等)将会较大幅度地修改或重新设置决策规则,从而使作为共有信念的制度系统也发生颠覆性的修改。这样整个社会就处于一种制度变革和制度创新的时期,这一时期通常被称为"制度

[①]青木昌彦. 比较制度分析[M]. 上海:上海远东出版社,2001:242.

转型期"。制度转型一旦启动将依次经历两个阶段：一个阶段是相对短而混乱的制度危机阶段。在这一阶段，急速的环境变化（或内部危机）引发了超过临界规模的参与人的认知危机，各种变异性决策以一定规模进行着实验。另一个阶段是各种决策在"进化选择压力"的作用下接受进化考验的阶段。随着某些决策逐渐上升为主导地位，后一时期最终和制度稳定阶段会合在一起。由此可见，制度演化是一个渐进与激进相互交织的过程。

　　20 世纪 80 年代末 90 年代初发生在俄罗斯、东欧以及东亚部分国家的从计划经济向市场经济的转型显然是一场规模空前的制度变迁运动。在这一过程中，尽管各国的国情各不相同，所采取的转型战略各有差异，但是我们还是可以从整体上寻找到经济转型的一般规律，这个一般规律突出表现为转型国家的制度变迁过程大致呈现出相似的阶段性特征，而这一特征基本符合上述关于制度变迁的理论模型特别是制度变迁的主观博弈模型，如图 3－1 所示。

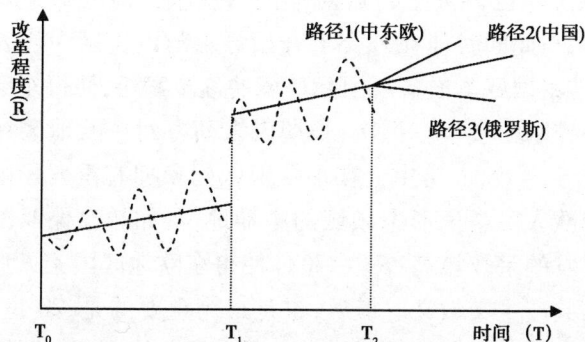

图 3－1　经济转型的阶段性路径演化轨迹

　　第一，转型国家在正式启动经济转型之前都大致经历了一个长短不一的经济改革阶段。在这一阶段各国尽管出于扭转经济效率下滑的考虑而对本国的计划体制进行了局部的修补，但并未从根本上改变计划体制的制度基础。这显然与主观博弈模型对制度演化机制的总结是相符合的，即只要博弈的环境因素没有发生巨大变化从而引发大多数人的认知危机，那么计划体制的基本框架就会作为一种"共有信念"而不断地被再生产出来，从而使计划经济体制保持整体的稳定性；然而，在保持原有信念系统基本稳定的同时，人们也会将自己的私人信息与客观世界以及原有的信念系统进行比较，并对自身的决策规则进行边际性的调整，这一方面表现为中央计划当局的统治者对计划体制进行的局部修补,另一方面表现为隐藏在普通民众中的对计划体制的质疑不断加深,并且促使他们开始进行零星的、秘密的实验并搜寻新的决策集合的活动,如在俄罗斯出现的一些小型非国有经济甚至"地下经济"显然就是这一搜寻过程的体现。

第二,上述对计划体制信念的质疑以及主动的改革实验在逐步累积的过程中不断修改着人们的主观认知模式,从而使他们的行为模式逐渐偏离计划体制所要求的标准模式,当这种偏离达到一定临界规模之后,就有可能触发大规模的制度改革实验。当然,真正的制度转型要想发生还必须满足这样的条件,即博弈环境发生巨大变化从而引发人们的认知危机。这一条件在俄罗斯集中表现在 20 世纪 80 年代后期所发生的一系列事件中。首先,伴随着 20 世纪 80 年代后期科技革命和经济全球化的加速,世界范围内的政治、经济、技术、信息交流不断扩展,生活在封闭的计划经济状态下的各国人民可以通过一些正式和非正式的渠道了解世界正在发生的巨大变革,特别是市场经济体制所创造的空前繁荣与计划体制自身的短缺、低效形成的巨大反差,促使人们对计划体制合法性的认知大大发生了动摇。其次,1985 年苏联领导人戈尔巴乔夫上台后对本国乃至东欧地区国家的改革保持了一种比较宽容的态度,与此同时他在外交上开始寻求与以美国为代表的西方国家妥协,从而为冷战的结束做好了准备。国际环境的逐步宽松,使得东欧地区国家加快了改革和摆脱苏联控制的步伐。再次,长期以来西方对东欧地区社会主义国家的"人权外交"开始逐步奏效,而历史上在东欧地区国家拥有重要影响的罗马天主教也开始恢复了对东欧人民意识形态领域的主导地位,如教皇保罗二世三次访问自己的祖国波兰所引发的宗教热潮。这些事件使得东欧地区国家人民的信仰系统进一步偏离了正统的共产主义教义。最后,也是最为重要的是,20 世纪 80 年代后期苏联和东欧地区社会主义国家的经济增长基本上趋于停滞,而短缺现象异常严重,经济上的危机又进一步引发了政治和社会危机,形形色色的反对派不断出现,并开始了与执政党或明或暗的斗争,从而使社会制度转型处于一触即发的状态。结果,当波兰率先实现和平的制度变革后,东欧地区国家纷纷加以仿效,从而揭开了大规模制度变迁的序幕。

根据制度变迁的主观博弈模型,当制度危机揭开大规模制度变迁的序幕之后,制度变迁的过程将大致经历两个阶段。第一个阶段是一个短暂而又混乱的制度实验期。在这一时期,由于原有的认知模式和主观博弈模型被彻底放弃,人们开始了对新的主观决策规则集合进行集中搜寻,从而引发大规模的制度改革实验。这一过程不仅导致制度结构和利益结构的剧烈重构,而且引发传统信仰和意识形态体系的瓦解,从而造成社会秩序崩溃和经济剧烈波动。这在俄罗斯和东欧地区等转型国家表现为全面实施"休克疗法"和伴随期间的产出大幅下降、严重的通货膨胀以及不断高涨的失业率,而经济领域的危机进而传导至政治层面,表现为执政者的屡次更迭以及各种利益集团的激烈政治博弈。在经历了异常混乱的转型危机阶段后,新的制度安排、博弈规则以及信念体系,将接收社会竞争的检验。在进化选择的压力下,那些有效的制度安排、规则和信念体系将会脱颖而出,进而在社会成员的学习、模仿过程中得以传播,并不断与相关领域的制度加以协调。最终,当新的认知模式和制度安排得以稳固并开始发挥作用之时,整个制度变迁过程将进入第二个阶段。在这一阶段由于新的共有信念系统得以确立,新的制度安排协调运行,因而社会经济发展将进入一个平稳运行时期,整个制度转型过程将趋于完成。这在苏联和东欧地区国家表现为自 20 世纪 90 年代中后期以来,主要转型国家相继摆脱严重的转型性衰退并实现了经济的持续增长,与之相应,政治动荡的格局也逐步改观。尽管社会不同阶层、利益集团在具体问题上仍存在分歧,但在关于转型的大方向方面(如经济市场化、政治民主化以及融入世界经济)基本保持一致倾向,这表明在经历了剧烈的制度变革后,社会整体的主观博弈模型和新的共有信念系统已经得以确立,市场经济整体的制度结构已经初步建立并开始协调运转和发挥自身的效力。

　　除了对制度演化的阶段进行划分外,主观博弈模型中的另一个重要理论观点就是在制度演化的进程中存在着一些具有"转折点"意义的关键时刻,在这些转折点上的选择影响未来制度发展的机会集合,从而使制度演化呈现出路径依赖的特征。这一点在经济转型过程中也得到明显体现,尤其是在转型开始时的策略选择的差异造成了俄罗斯与中国两种转型路径的差异。在俄罗斯转型的初始阶段,苏联共产党在内外压力的综合作用下被迫选择了放弃政权的策略,结果致使了社会主义基本的宪法制度被取缔,而西方资本主义的政治经济体制则被激进的自由派改革者树立为政治经济转型的目标模式。如果用新制度经济学的语言来描述,这就意味着决定一个社会生产、分配和交换基本规则的制度环境发生了巨变,结果使得整个计划体制在瞬间被拆除,从而留下了巨大的"制度荒原地带"。受此影响,改革者只能通过迅速而全面的改革来重建新的制度结构和维系社会团结的信念系统,否则社会势必陷入冲突、分裂甚至战争的恶性陷阱之中。正因为如此,以快速实施自由化、私有化和宏观经济稳定为特征的"休克疗法"受到俄罗斯的青睐,并得以大行其道。而经由"休克疗法"改造的经济体制也必然朝向资本主义市场经济模式发展。相反,在中国改革进程中,共产党对国家实施着强有力的领导,因而确保了社会主义宪法制度和政治信仰的稳定性,这为中国的改革与转型设定了基本的轨迹,并且为各项改革试验的开展提供了稳定而适宜的制度空间。正是这样一种根本性的策略选择,使中国共产党领导的政府能够始终对改革方向、顺序和节奏实施有效调控,从而将市场化进程稳健地深入推进,并取得了经济发展和社会稳定的双重良好绩效。政治体制和社会主义宪法制度的稳定性,使得中国经济转型必然沿着社会主义与市场经济有机结合的道路演进,这与俄罗斯朝向西方资本主义市场经济模式的转型道路形成了本质性的差异。

通过上述分析可以发现,作为制度变迁的经济转型从总体上符合制度变迁的一般规律。这一规律表明,尽管各国的转型进程存在差异,但整体而言转型将经历大致相似的发展阶段,在每一个阶段上的制度变迁与经济发展也具有很多相似之处。在整个转型过程中存在着某些被称为转折点的关键时刻,一方面,这些转折点是经济转型从一个阶段向另一个阶段过渡的标志;另一方面,在这些转折点上做出的策略选择将会影响未来的经济转型路径,这就使得各国的转型进程呈现出路径依赖的特征,也形成了不同国家转型路径的差异性。

第二节　国家制度能力差异与经济转型绩效分化

在二十多年的经济转型过程中,转型国家的经济绩效出现了明显的大分化。尽管有诸多因素成为转型经济绩效分化的原因,但国家制度能力的差异无疑是其中最为关键的因素。

一、经济转型的绩效分化

转型初期,经济学家们对转型国家的经济发展前景普遍持有一种乐观的态度。他们认为,计划体制的解体将改变政治牵制经济活动的痼疾,这将意味着中长期的繁荣。特别是在苏联和东欧地区国家,经济起飞的条件早已具备:工业化已经完成;拥有数量众多的受过良好教育的健康劳动力;较少的人口基数等。虽然转型国家在传统体制下技术老化、产业结构失衡,但是在西方资本流入和扶持下,资源重新配置和结构的重大调整将迅速实现。

经济学家们还进一步从理论上描绘了转型国家产出变化将经历的轨迹,这一轨迹将跨越两个主要阶段。在第一阶段中,实施自由化、私有化和稳定化政策,将会借助市场力量淘汰一批技术落后、缺乏竞争力的企业和产业,结果产出可能会下降,但却可以将长期低效配置的资本和劳动力释放出来。与此同时,改革也为更加深入的经济结构调整(包括经济资源的重新配置、部门结构的调整以及企业治理结构、生产结构的调整与重组)打开突破口。在跨越第一阶段之后,经济将进入更为积极的结构调整阶段。一方面,企业开始增加投资,并着手重组企业和开发新的商品;另一方面,企业也开始盈利,雇员的收入也逐步增加,这种积极的重组过程将推动经济走出低谷,实现复苏与持续增长①。上述两个阶段的前后叠加,将使转型国家的经济增长呈现出一个 J 型曲线轨迹,即经历短暂而轻微的衰退后将迎来长期的、强劲的增长,如图 3 - 2 所示。

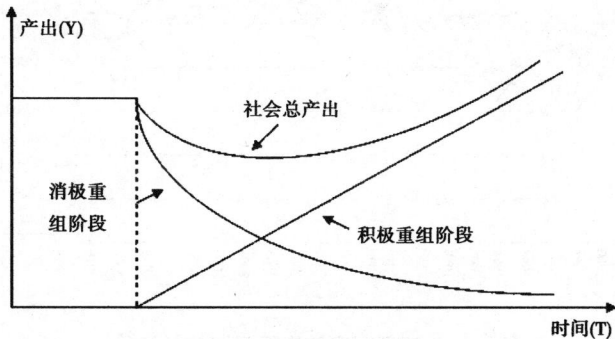

图 3 - 2　转型国家经济增长的 J 型轨迹

然而,现实却出乎意料,转型国家的经济绩效并非收敛于 J 型曲线所规划的最优路径,而是出现了明显的大分化。在 20 世纪 90 年代,中东欧国家虽然产出下降的时间较短,下降幅度较小,但也经历了平均 3.8 年的衰退期,产出的平均缩减规模也达到 22.6%。而在苏联国家,产出下降幅度更大,各国平均的衰退期长达 6.5 年,俄罗斯更是长达 8 年,与转型前相比,各国 GDP 累积减少了一半以上。总体而言,苏联和东欧地区转型期的产出下降幅度超过了西方国家在 20 世纪 30 年代"大萧条"时期的产出下降幅度。在某些独联体国家(如格鲁吉亚、乌克兰和摩尔多瓦),实际 GDP 至今尚未恢复到转型前的水平。产出的巨大缩减与严重的通货膨胀和失业问题相互叠加,大大缩减了社会的福利水平。根据世界银行提供的数据,苏联和东欧地区的极端贫困人口的数量急剧上升,日均收入不足 1 美元的人口比例从转型前的不足 1/60,上升到 20 世纪 90 年代末的 1/20。苏联和东欧地区出现的这种经济衰退被科尔奈称为"转型性衰退"(Transformational Decline)。

①叶夫尼根·雅辛.俄罗斯走向市场经济之路.载冯绍雷,相蓝欣主编.俄罗斯经济转型[M].上海:上海人民出版社,2005:18 - 23.

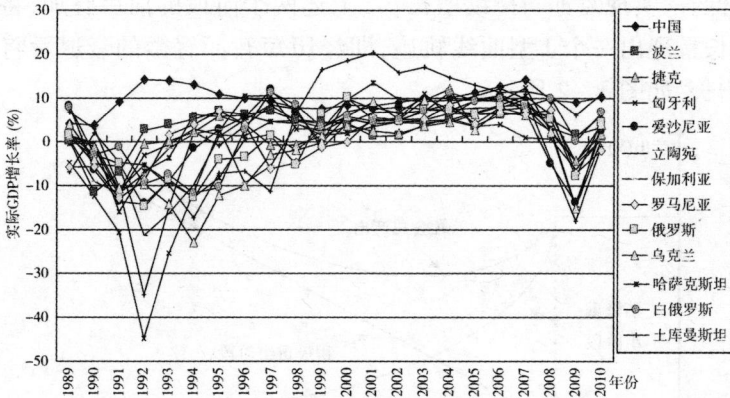

图 3 - 3　转型国家的实际经济增长路径

资料来源:根据欧洲复兴与开发银行提供的数据绘制。

从 20 世纪 90 年代后期开始,苏联和东欧地区的经济增长轨迹出现转机,经济增长止跌回升(见图 3 - 3),一些国家的增长速度还表现得十分强劲。根据欧洲复兴与开发银行提供的数据,2008 年中东欧国家平均的实际 GDP 已经超过 1989 年实际 GDP 56 个百分点,东南欧超过 1989 年实际 GDP 14 个百分点,中亚地区的 GDP 也超过 1989 年实际 GDP 49 个百分点。其中,波兰 2008 年的实际 GDP 达到 1989 年的 178%,斯洛伐克为 164%,匈牙利为 136%;俄罗斯 2008 年的经济增长也恢复并略微超过转型前的水平,为 108%(见图 3 - 4)。不过,经济复苏的原因仍然是一个争议颇多的话题。一些学者认为这种增长趋势并不意味着转型国家已经具备了持续增长的内生动力,而主要是一种对前一时期过度衰退的"补偿性增长",甚至可能是仅仅由于世界能源价格上涨带来的短期效应(如俄罗斯和中亚地区)。而当 2007 ~ 2009 年国际金融危机席卷全球之时,苏联和东欧地区的大多数国家均受到严重影响,出现了明显的负增长(见图 3 - 3),一些国家似乎一夜间又重新退回到转型前十年的经济凋敝之中,这些都给转型国家的经济增长前景蒙上一层阴影。

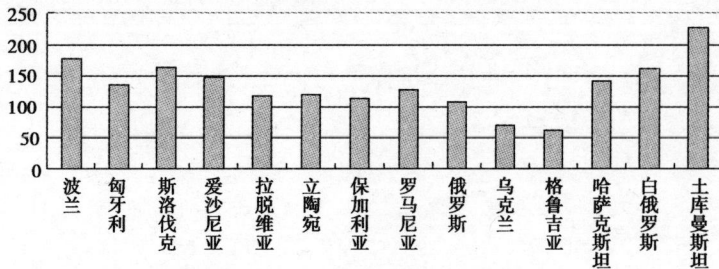

图 3 - 4　2008 年实际 GDP 与 1989 年实际 GDP 的比较

资料来源:根据欧洲复兴与开发银行提供的数据绘制。

不过,在转型国家中也有例外。中国从 1978 年实施改革开放以来,保持了三十多年的经济持续快速增长,平均的 GDP 增长率接近 10%,到 2009 年,中国的实际 GDP 已经达到 1978 年的 18.63 倍[①]。有学者预测,如果中国的经济增长速度能够保持在 7.5% 的水平(美国经济增长保持 4.3% 的水平),那么中国到 2020 年的实际 GDP 或 GNP 将可能赶上美国的水平[②]。从经济增长质量和经济结构的变化来看,转型期中国经济增长的波动幅度较小。这些波动并没有从根本上损害经济长期增长的潜力,因此,中国没有出现像苏联和东欧地区那样的经济负增长(即便在当前的金融危机冲击下也是如此)。伴随着经济总量的增大和经济增长质量与结构的改善,社会民众的总体福利水平也不断得到提高。

经济转型的绩效分化不仅体现在经济增长领域,而且体现在制度改革层面。表 3 - 2 是由欧洲复兴与开发银行编制的一套测度转型国家制度改革进展程度的转型指数。该指数涵盖了大规模私有化、小规模私有化、企业重组、价格自由化、贸易和外汇体制改革、竞争政策、银行和汇率自由化、证券市场和非银行金融机构改革、基础设施建设 9 个领域的市场化改革程度。取值为 1～4.33,其中 1 代表在计划经济体制下的状态,4.33 代表在完全市场经济体制下的状态。从表中数据可以发现,尽管所有转型国家都已经不同程度地偏离计划经济体制原点,但在迈向市场经济体制道路上所处的位置仍存在很大差异。在波兰、匈牙利、斯洛伐克、斯洛文尼亚、爱沙尼亚、拉脱维亚、立陶宛等中东欧和波罗的海国家,制度改革取得大幅推进,经济整体的市场化程度较高,在私有化、价格自由化、贸易和外汇体制等方面,市场化程度已经与发达国家相差无几。但在俄罗斯、乌克兰、格鲁吉亚等苏联国家,市场化的整体进展慢于中东欧地区,而在另一些国家(如白俄罗斯)市场化改革尚处于初级阶段。

综合经济增长和制度改革两方面的现实,我们不难发现转型国家之间的转型绩效分化现象日趋明显。恰如欧洲复兴与开发银行的经济学家埃里克·伯格洛夫和帕特里克·伯尔顿指出的那样,在转型国家面前,横亘着一条越来越大、越来越深的鸿沟。在鸿沟的一端,一些国家实现了经济的复苏和起飞;而在鸿沟的另一端,一些国家则仍旧陷于制度落后、宏观经济不稳定的恶性循环之中。经济转型大分化的事实从经济绩效的方方面面都反映出来,例如,GDP 增长率和总体经济复苏程度的差异,投资、消费比例的差异,政府融资能力的差异,收入分配和贫富差距的扩大以及各种制度基础设施和制度质量的巨大反差。而且,大分化还比较明显地体现在不同国家在不同时期所采取的转型与发展的策略选择层面,如金融改革策略和金融发展策略。

①国家统计局,http://www.stats.gov.cn.
②邹至庄.中国经济转型[M].北京:中国人民大学出版社,2005:104 - 105.

表 3 - 2　欧洲复兴与开发银行的转型指数(2009 年)

领域 / 国家	大规模私有化	小规模私有化	企业重组	价格自由化	贸易和外汇体制	竞争政策	银行和汇率自由化	证券市场和非银行金融机构	基础设施
波兰	3.33	4.33	3.67	4.33	4.33	3.33	3.67	3.67	3.33
匈牙利	4.00	4.33	3.67	4.33	4.33	3.33	4.00	4.00	3.67
斯洛伐克	4.00	4.33	3.67	4.33	4.33	3.33	3.67	3.00	3.33
斯洛文尼亚	3.00	4.33	3.00	4.00	4.33	2.67	3.33	3.00	3.00
爱沙尼亚	4.00	4.33	3.67	4.33	4.33	3.67	4.00	3.67	3.33
拉脱维亚	3.67	4.33	3.00	4.33	4.33	3.33	3.67	3.00	3.00
立陶宛	4.00	4.33	3.00	4.33	4.33	3.33	3.67	3.33	3.00
保加利亚	4.00	4.00	2.67	4.33	4.33	3.00	3.67	3.00	3.00
罗马尼亚	3.67	3.67	2.67	4.33	4.33	2.67	3.33	3.00	3.33
俄罗斯	3.00	4.00	2.33	4.00	3.33	2.33	2.67	3.00	2.67
格鲁吉亚	4.00	4.00	2.33	4.33	4.33	2.00	2.67	1.67	2.67
乌克兰	3.00	4.00	2.33	4.00	4.00	2.33	3.00	2.67	2.33
哈萨克斯坦	3.00	4.00	2.00	4.00	3.67	2.00	2.67	2.67	2.67
白俄罗斯	1.67	2.33	1.67	3.00	2.33	2.00	2.33	2.00	1.33

注:取值范围为 1 ~ 4.33,其中 4.33 表示与发达市场经济的平均水平不相上下,1 表示处于计划经济体制下的水平。

资料来源:欧洲复兴与开发银行网站(http://www.ebrd.com)。

二、国家制度能力:影响经济转型绩效的关键变量

转型国家经济增长与制度改革绩效分化的现实,引发了国际转型经济研究领域的激烈争论,与之相关的理论和经验研究文献的数量也不断增长,其中,出现了三派最具代表性的观点。

第一,转型国家的经济绩效差异主要是由不同的初始条件决定的,这些初始条件主要是指转型前各国所具备的经济、政治、社会结构乃至历史文化因素。"休克疗法"的创始人美国经济学家杰弗里·萨克斯就是持有这种观点的代表人物。他和其他几位学者在《中国、东欧和前苏联经济改革的结构要素》一文中指出,中国、苏联和东欧地区改革绩效的差异主要是由改革前的经济结构差异造成的。中国在改革之前是一个"小农社会",而苏联和东欧地区则是城市化水平很高且过度工业化的国家。在中国,劳动力从低生产率的农业部门转移到高生产率的工业部门,促进了经济发展;而苏联和东欧地区为了削减无效率的工业部门中的就业和补贴,必须在更有效的工业和服务业部门增加新的工作岗位,这种调整比劳动力从农业部门转移到工业部门更困难。除了将经济发展水平和经济结构差异作为解释变量外,其他初始条件还包括:一是高度集中、僵化的计划管理体制不利于国民接受市场化改革的建议,不利于灵活地开展改革试验;二是转型面临着经济互助委员会解体的不利局面,使苏联和东欧地区国家的经济发展空间受到挤压;三是转型前累积了严重的宏观经济失衡,如短缺和受抑制的通货膨胀、大量的财政赤字和外债负担,转型使这些隐患突然爆发,引起宏观经济的动荡;四是文化传统差异的影响等。

对于初始条件对转型绩效的影响,经济学家们进行了许多计量经济检验。其中,世界银行的研究比较具有代表性。在 2002 年的《转型的第一个十年》研究报告

中,世界银行的经济学家们从转型前的经济结构、经济扭曲和制度三个角度出发,对初始条件与经济绩效的关系进行了计量经济学检验。结果显示,初始条件在转型的最初阶段(1990~1994年)比整个十年阶段(1990~1999年)更有助于解释产出的变化;上述三个因素能够解释1990~1994年转型国家平均增长率的51%,但从整个十年期间来看,则仅能解释平均增长率的41%[1]。这一研究表明,传统体制下的经济结构扭曲和制度结构制约,对转型初期的严重经济衰退负有很大责任。然而初始条件并非决定整个转型时期经济绩效的关键因素。从历史经验来看,初始条件对转型绩效的影响只具有相对意义。有利的初始条件并不必然导致转型成功,而不利的初始条件也不必然导致转型失败,初始条件与转型结果和绩效之间不存在一一对应的简单线性关系。重要的是要立足于初始条件做出可行而有效的策略选择。过度夸大初始条件的效应显然会犯"历史决定论"、"文化决定论"的谬误,同时也会成为某些改革者、政客为其错误的决策开脱责任的借口。

第二,转型国家经济绩效的差异主要是由于采取了不同的转型战略所导致的。美国著名经济学家奥列弗·布兰查德和迈克尔·克莱默的研究表明,社会主义体制中的国有企业通常与单一的生产要素供应商形成了长期的合作关系。但转型期间的激进自由化改革使得这种合作关系破裂。原有的供需双方要在完全不确定的环境中来签订新的供货合同。在信息极度不对称的条件下,违约风险激增,因而交易双方面临着高昂的交易成本,新的契约难以达成。最终,原有的专业化生产体系崩溃,导致产出急速下降。而且,在市场体系极不完备的条件下,"声誉机制"也无法发挥促成契约实施的作用。经验研究表明,在更为复杂的生产过程中,供应链条断裂造成的产出下降更加严重,因此,非组织化问题在计划分工更为庞大、严格的苏联地区造成的负面冲击要比中欧国家更大[2]。与此相似的解释还包括罗兰(Roland)和沃蒂尔(Verdier)的价格自由化导致的投资衰减论;阿特克森(Atkeson)和柯赫(Kehoe)的劳动力再配置导致的失业保险支出和税收增长压低产出论等。

法国学者乌拉德米尔·安德罗夫在近期的研究中进一步从三个方面概括了"休克疗法"的冲击:一是过度严厉的紧缩性财政货币政策不仅降低了新的自由化价格,而且导致了总需求的崩溃,产出必然大幅缩减;二是由于资源流动和再配置的困难增加了供给调整的刚性,厂商不能根据市场需求的迅速变化来调整供给,紧缩性货币政策又导致了过高的利率和企业信贷资源的枯竭,影响了它们对投入品的购买力,相应也进一步减少了生产和供给数量;三是激进的市场化改革彻底瓦解了计划经济体制下建立起的生产体系,原有的结构性矛盾和经济不平衡迅速爆发,加重了需求和供给的逆向冲击。

与"大爆炸"式的激进转型相比,渐进的市场化改革(如双轨制、增量改革)能

---

[1] World Bank, Transition: The First Ten Years: Analysis and Lessons for Eastern Europe and the Former Soviet Union., Washington, D. C., 2002:11-20.

[2] Oliver Blanchard and Michael Kremer, Disorganization, The Quarterly Journal of Economics, Vol. 112, No. 4, 1997: 1091-1126.

够在确保原有生产体系不出现全面瓦解的条件下发展新生的市场力量,从而保持产出的稳定增长。在政治经济互动层面,渐进改革也能够缓和抵制改革的阻力,同时也为改革试验和事后纠错提供了充足的机会。伴随着中国经济的崛起,越来越多的学者表示出对渐进式改革的赞同。斯蒂格利茨指出,中国的渐进式改革不仅可以克服信息"过载"问题以及制度断裂造成的信息损耗,而且能够提高社会经济主体的适应性和学习能力,从而确保转型过程更加平稳有效。

尽管从转型策略角度来解释转型经济绩效比初始条件论更贴近现实,但这一视角并不能完全解释整个转型时期的经济绩效变动,特别是 20 世纪 90 年代后期的经济恢复。而且,推崇激进转型的学者和支持渐进转型的学者分别以波兰和中国的转型实践为例,来论证两种转型方式的有效性,这就使得人们在转型政策领域无所适从。例如,激进主义者建议以波兰为榜样,迅速而全面地推进市场化,以迅速跨越转型鸿沟,而渐进主义者则坚决反对激进变革,主张稳健和有序的改革。

第三,转型经济绩效的差异与转型国家不同的制度构建路径密切相关。当代经济学发展的最重要进展当属发现了制度对于经济绩效的重要作用。恰如诺斯所言:"制度在社会中具有更为基础性的作用,它们是决定长期经济绩效的根本因素。"[①]一套有效的制度安排能够为经济主体提供必要的机会、信息和强有力的激励—约束机制,促使它们将自身的技能和资源禀赋投入到生产、分工、合作、交易、创新等创造财富和增进社会福利的活动中去。反之,一套无效的制度安排则可能导致经济主体大量涉足欺诈、寻租、腐败等再分配活动,损害经济发展的基础。主流的经济增长与发展理论也已经开始吸收制度研究的最新成果,将制度作为控制专制与无序、决定经济长期繁荣的一个重要的基础性变量。

在对转型经济研究领域,制度分析视角的重要性日益凸显。在这些研究中,理解转型初期经济严重下滑的一个重要原因就是所谓的"制度崩溃论"。俄罗斯经济学家弗拉基米尔·波波夫在近期发表的一篇经验研究文献中明确验证了这种观点。通过对 28 个转型国家(包括亚洲的 3 个国家:中国、越南和蒙古)在 1989 ~ 2005 年的经济增长绩效进行计量检验,波波夫得出这样的结论:制度崩溃是导致长期的、深度的经济衰退的关键原因。特别是政府无力维系一个财产安全和法治完备的制度环境,必然导致经济秩序紊乱和产出缩减。而制度崩溃程度的差异也导致了转型后期的经济绩效分化。另一些学者的研究也证明了这一点。他们指出,转型起始于严格控制的政治经济体系的"大爆炸",这产生了制度真空,导致了经济的严重下滑;而制度构建则是支撑现代市场体制和经济增长的重要基础。

然而,学者们对于转型国家应建立何种经济制度,也存在不小的争议。一些学者较为关注那些支持市场经济有效运转的正式规则和制度。保罗·黑尔将市场经济的典型制度安排归纳为六个方面:私有产权和契约;规制银行和其他金融市场的

---

①道格拉斯·C.诺斯.制度、制度变迁与经济绩效[M].上海:格致出版社,上海三联书店,上海人民出版社,2008:147.

规则和机构;劳动力市场的制度;公正的可预期的财政环境;与竞争政策、工业政策和贸易政策有关的制度安排;良好的公共管理制度。另一些学者则十分重视各种非正式制度对经济发展的作用,特别是习俗、传统、文化、心理这些非正式制度与正式制度协调与否对转型经济绩效的影响。还有相当一批学者关注一些非标准的、过渡性制度安排在经济转型中起到的积极作用。钱颖一在《中国市场转型的制度基础》一文中总结出中国改革中一些特有的制度安排:财政联邦制;非国有企业(特别是地方政府组建的乡镇企业);通过双轨制进行的市场自由化等。虽然这些制度安排并不符合主流经济学的标准原则,但却是行之有效的。德国学者乔奇姆·阿仁斯等在近期的研究中也充分肯定了中国各种特有的制度创新的重要性,并将其作为支撑中国模式的“市场增进型治理结构”的重要组成部分。在很大程度上基于中国经验的启发,研究经济发展问题的著名学者丹尼·罗德里克最近提出了“次优制度”论。他认为,尽管经济发展的理论和政策已经从要求发展中国家“搞对价格”转向“搞对制度”,但是世界银行、国际货币基金组织等援助机构却推崇一种“最优制度”论。它们认为存在着一套唯一的、适用于所有国家的最优制度。但是考虑到制度演化的多样性以及发展中国家的特定情形,那些适用于发达国家的制度往往丧失了效力。因此,应当具有一种“次优制度”的视角,发现、培育和提升那些适应发展中国家的特定制度安排。

应当说,制度分析视角在很大程度上提高了对转型绩效差异的解释力以及政策建议的有效性。由于对制度崩溃的研究已经考虑到传统体制的影响以及不同转型方式对制度体系的破坏程度,因此,它已经将初始条件和转型方式选择的因素整合其中。正因为如此,制度分析也逐渐成为主导转型经济研究的一种范式。现今,转型经济研究的文献如果不与制度沾边,似乎都会被斥责为“不靠谱”的理论。尽管如此,制度分析视角也存在不足之处。虽然日益丰富的理论和实证研究使我们基本明确了支撑现代市场经济体制运行的制度框架,但对于这些制度的具体生产路径,我们并不十分清楚。伴随博弈论的引入以及将制度看作博弈均衡,人们似乎更愿意相信有效制度的形成需要经历漫长的自发演化过程,然而,仅仅依靠制度的自发演化,无法满足转型国家的迫切需求。进一步地,即使不存在现成有效的制度安排,转型国家仍然需要一种维系基本经济和社会秩序的结构与力量。这便需要我们提出第四种更为有效的理解转型绩效的观点,即国家制度能力论。

历史经验表明,在成功的社会经济转型中,国家都发挥着不可或缺的作用。在19世纪的工业革命中,英国利用强大的国家力量在内政和外贸领域都在着力提升英国的国家利益。处于同一时期的美国,国家也通过完善国内交通基础设施建设、对外设置关税壁垒和开拓海外市场等方式将美国由一个落后的农业国改造为一个处于领先地位的工业国。然而,当新自由主义成为一种意识形态在转型国家推广之时,却罔顾这些真实的历史,认为国家的退出会自然而然地增进效率。尽管转向市场经济需要改变国家过度干预经济的局面,但并不意味着转型的最优路径是依赖非国家参与者的实施。如果国家仅仅以旁观者的姿态等待个体行为和非国家力量来推动转型、建立有效的市场经济,那么这一切将以失败告终,俄罗斯就是其中的典型案例。经济转型依靠国家力量才能成功的原因主要有两个:一是私人经济主体的自利行为并不能自发形成有效的市场经济体制,而必须仰赖国家创造出的一系列条件;二是经济转型将经历长期的过程,只有在创造新体制的同时保留部分旧体制的存量才能确保必要的产出来满足人们的需要①。

华盛顿大学的 K. 波兹南斯基教授也曾指出,经济转型应当被塑造为一个积极的制度构建过程,但它也可能蜕变为一个消极的制度退化过程。而这两种结果的出现并非取决于市场与私人财产制度,而是取决于国家机构与公民社会秩序的重建。在国家制度构建中存在两种路径:一种是有序退出的路径,即国家并未丧失对转型的控制能力而仅仅对自身进行了必要的自我限制;另一种是国家无序退出的路径,即国家混乱无序地退出,丧失了连贯性,限于"自我毁灭"的境地,国家的制度能力急剧下降到转型必需的合理水平以下。因此,转型国家经济绩效的差异可以归结为与国家制度能力衰退程度相关的体制衰退②。

俄罗斯经济学家弗拉基米尔·波波夫则进一步将经济转型中的国家形态划分为三种形式:一是强力权威政体,如中国、越南、白俄罗斯和乌兹别克斯坦;二是强力民主政体,如中东欧国家;三是弱势民主政体,如苏联和巴尔干地区国家。在这三种国家形态中,国家的制度能力不同,因而导致其转型经济绩效也不相同。在前两种形态中,虽然国家政治体制和权力结构均不相同,但产权、契约权利等个人权利都能得到保障,法律与行政框架也都得以创立,因而为经济发展提供了稳定的制度基础;而在第三种国家形态中,尽管它是民主的,但由于缺乏强有力的制度体系和执行法律、维护秩序的能力,实质上缺少自由,因而成为一种非自由的民主政体。由于缺乏稳固的制度基础,因此,非自由的、弱民主国家无法保持经济的持续稳定发展③。

综上所述,本书认为经济转型的成功不仅需要民间自发演化的诱致性制度变迁力量,更有赖于国家对制度的理性建构。在这一过程中,国家不仅是制度变迁的推进者,更是维系社会秩序稳定的主导力量。许多转型经济研究的文献表明,导致制度崩溃论的根源在于国家制度能力的耗竭,从而进一步影响了不同国家的转型经济绩效。实际上,在对初始条件的把握以及转型策略选择方面,国家的能力和作用都是至关重要的。换言之,转型进程中,国家意识形态和目标偏好的灵活调整、国家角色与行为的适应性转换、国家对改革策略的明智选择以及国家对社会秩序的有效掌控等因素的综合作用,都是促进经济转型平稳进行、经济持续快速增长的

①大卫·科茨.国家在经济转型中的作用——俄中经济转型经验比较(上、下)[J].国外理论动态,2005(1 - 2).

②K.波兹南斯基.共产主义制度瓦解的转轨是导致东欧地区经济衰退的原因[J].经济社会体制比较,2001 (6).

③弗拉基米尔·波波夫.俄罗斯转型为一个发展中国家的根源[J].国外理论动态,2011(2).

关键因素①。这也成为中国与其他转型国家相比取得良好转型绩效的根本原因。国家制度能力的来源和构建取决于多方面的因素,国家不仅需要保持内部制度结构的统一和完整、集权与分权的有效配置,更需要国家与经济和社会的协调互动。在这一过程中,国家既发挥了必要的社会控制与整合功能,同时也改进了信息交流和治理手段,因而自身能力也得到了提高。因此,一种"强国家"("强国家"既不意味着大政府,也不意味着无限政府,实际上这两种政府都不免会出现政府能力衰竭的问题)主导下的政治、经济及社会相互增进、互惠共生的现代国家治理结构必然成为跨越"转型陷阱",走向成熟完善的现代市场经济的制度基础。从国家制度能力的视角来理解经济转型,实际上体现出一种"新国家中心主义"的理念,那就是立足国家,但却不将市场和社会踢出去②。对于国家制度能力对转型经济绩效的影响,我们可以通过一个简单的模型加以分析,如图3-5所示③。

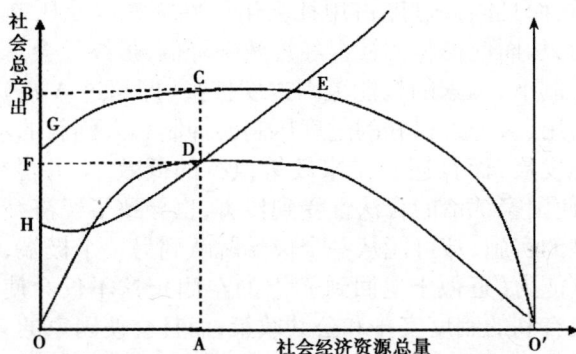

图3-5 国家制度能力对转型经济绩效的影响

在图3-5中,横轴代表社会总体的经济资源数量,从左到右代表国家占有的社会经济资源总量,纵轴代表社会总产出。根据胡鞍钢等人的观点,国家对社会的资源汲取能力是国家作用及其能力的最重要体现。因为国家提供有效制度必须要具备一定的物质基础,才能承担必要的治理成本。同时,国家占有社会经济资源的比例越大,意味着国家权力向社会扩张的幅度越大。曲线GCE代表社会总产出的数量,曲线ODO'代表国家扩张所带来的社会产出的边际增量,这一增量大致由两部分组成:一是国家直接介入生产过程所增加的社会边际产出(如国有企业净产值的边际增量);二是国家因提供制度供给和秩序治理而促进社会生产扩张所引起的

①张慧君,景维民.从经济转型到国家治理模式重构——转型深化与完善市场经济体制的新议题[J].天津社会科学,2010(2).
②琳达·维斯,约翰·M.霍布森.国家与经济发展——一个比较及历史性的分析[M].长春:吉林出版集团有限责任公司,2009:9-13.
③曾峻.公共秩序的制度安排——国家与社会关系的框架及其运用[M].上海:学林出版社,2005:121-124.

社会总产出的边际增量。曲线 HD 代表国家制度能力扩张所引发的制度成本的边际增量,这一成本近似等于广义的"政治交易成本"①。根据上述假定,在理论上存在一个最优的国家制度能力作用范围,即国家发挥功能的边际收益等于边际成本之点 A。当国家汲取的社会经济资源(即国家的扩张程度)的数量低于 A 点所代表的数值时,社会总产出低于最优值 B 点所代表的水平。这是由两个原因引起的:一是国家缺乏必要的资源来开办一些虽然投资巨大且具有明显外部性效应、但对社会经济发展必不可少的公共企业(如基础设施),结果对社会整体的经济增长造成"瓶颈"制约;二是国家缺乏足够的财政收入来支付行政成本,结果导致国家必要的制度供给和秩序治理不足,从而恶化了经济发展的环境,使社会产出缩减。相反,当国家汲取的社会资源数量超过 A 点时,国家治理产生的边际成本超过边际收益,社会总产出也会低于其最优水平 B。这是由于国家的过度扩张不仅使得自身的运行成本急剧增加(包括各种信息搜集费用、代理费用等交易成本的增加)以至于超过其边际收益,而且因为过度占用社会生产性资源以及压制社会主体从事各种创新活动的动力,从而使得整体社会经济效率降低,最终社会总产出减少。

在计划经济体制下,国家的权能范围过度扩张(即超过 A 点)不仅会因对社会经济资源的过度占用、对个人权利的过度压制而抑制私人创新的动力,从而最终损害社会经济的长期发展,而且还会带来政策执行的低效率,并滋生大量的"寻租"和腐败现象,从而使国家统治的合法性受到侵害,也导致了经济绩效的下滑和产出下降。但激进转型的实施,却可能从一个极端跳跃到另一个极端,即过度削弱国家的权能范围和制度能力(近似于退回到 A 点的左侧),这不仅会使国家无力推行一些对社会经济发展有利的制度安排和公共政策,而且会使国家的自主性大大降低,从而使某些社会强势利益集团为了自身的"狭隘利益"而利用各种渠道干预国家决策,最终导致严重的"国家被俘"现象。在俄罗斯和东欧地区国家转型进程中广泛存在的"国家衰弱"现象就是国家极度弱化的集中表现。国家的极度弱化不仅使国家无法有效履行制度供给和秩序治理的基本职能,而且削弱了国家推动和调控社会经济转型的能力,并为"精英集团"俘获政府、掠夺大众创造了可乘之机。最终的结果也会因无法维持一个正常的市场体制和经济交易秩序,从而干扰资源配置,最终导致产出下降。

从图 3 - 5 中我们还可以得出这样的结论,国家制度能力与社会能力的最优配置显然要根据共同体的特定发展环境加以确定。一般而言,社会资本存量较高、社会自治的历史传统悠久,那么依靠社会自发的制度供给和秩序治理所花费的成本越小,需要国家强制性介入的可能空间越小。反之,国家强制性制度供给和秩序治理就相对具有比较成本优势。转型的历史与现实显然为此提供了一个有力的例

①即建立、维持和改变一个体制中的正式和非正式政治制度和组织的费用,主要包括立法、国防、公正的管理、交通和教育(包括意识形态投资)方面的开支;与政党、利益集团打交道的费用;控制官僚代理系统的费用等。埃里克·弗鲁博顿,鲁道夫·芮切特. 新制度经济学——一个交易费用分析范式[M]. 上海:上海三联书店,上海人民出版社,2006:64 - 67.

证。例如,历史上的俄罗斯是一个具有浓厚东方专制主义和村社文化传统的东正教国家;国家在社会生活中发挥着巨大的作用,宗教隶属政权、"人治"胜于"法治";私有财产观念淡漠,私人财产常常遭受来自国家和腐败官僚的掠夺;缺少西方国家所特有的市民社会和商业文化传统①。因此,在转型进程中当国家过度退出之时,社会因缺乏有效的自组织机能而导致社会自治成本过高,导致社会经济秩序的紊乱,最终不得不调整转型战略,再次增强了国家对社会经济的干预和调控。

总之,在维护公共秩序、提供公共服务、促进经济发展方面,国家与社会各自具有自身的优势与不足。二者的作用范围也存在一个合理的区间,国家与社会的过度扩张或收缩,都会影响整个共同体的治理效果。因此,要根据特定的历史与现实约束,合理配置国家与社会的权能范围与治理格局,在二者的协调博弈中塑造最适宜的国家制度能力。

第三节 本章小结

在第二章建立国家制度能力的理论分析框架基础上,本章进入对转型国家的制度变迁、经济绩效及其与国家制度能力的关系的研究。本章首先从批判新自由主义转型战略入手,对制度主义的转型观进行了系统归纳总结。然后,运用比较制度分析学派的主观博弈模型,对转型国家整体的制度变迁轨迹进行研究。研究表明,转型国家整体的制度变迁轨迹呈现出阶段性演化特征,具有一定的相似性,即大致经历了改革传统计划经济体制的试验、大规模推进制度变迁以及制度调适和稳定时期三个主要阶段。在此过程中,社会博弈主体根据环境变化对自身策略集合以及共有信念系统的调整逐步累积起制度变迁的动力,而一系列偶然性事件的发生,成为促使上述因素超越"临界点"、推动制度剧变的触发因素。在转型过程中,存在着称为"转折点"的关键时点,国家在这些时点上的决策差异,导致了未来的转型路径出现巨大分化。中国和俄罗斯就是两个典型的案例。

在对转型国家制度变迁路径进行分析之后,本章进一步研究了转型经济绩效出现分化的原因。在对初始条件、转型策略以及制度构建三种最具代表性的解释转型绩效的观点进行分析和评述的基础上,提出理解转型绩效的一种崭新观点,即国家制度能力论。这一观点将国家的偏好调整、行为转换、策略选择和能力构建作为理解转型绩效的关键变量。最后,本章运用一个国家制度能力与社会能力最优配置的模型,建立起国家制度能力与经济绩效的内在关联,并以转型国家(如俄罗斯)为例进行了初步说明。

---

① A. 布兹加林,B. 拉达耶夫. 俄罗斯过渡时期经济学[M]. 北京:中国经济出版社,1999:41;金雁. 苏俄现代化与改革研究[M]. 广州:广东教育出版社,1999:139.

第四章 中俄国家制度能力的测度与评估

中国与俄罗斯代表了两种典型的经济转型模式,两国的转型绩效也存在明显的差异,这种差异与两国特定的国家制度能力演化路径具有密切的内在关联。本章立足于中俄两国的特定情形,运用一系列定性和定量的指标,分别对中俄两国的国家制度形成能力、制度实施能力以及制度调适和学习能力进行评估和比较,从而为后文对中俄两国国家制度能力演化的内在机理提供一个可供比较的参照系。

第一节 中俄国家制度能力测度的理论依据与基本原则

对国家制度能力进行测度和比较,必须具备必要的理论支持,本节对中俄两国的国家制度能力的评估与比较主要建立在制度主义理论、国家能力理论以及治理与善治理论的基础之上。在此基础上,对国家制度能力进行评估的指标选取需要坚持科学性原则、全面性原则、可比性原则、可操作性原则、发展性原则和典型性原则,这样才能对中俄两国的国家制度能力做出系统和准确的评估与比较。

一、国家制度能力测度的理论依据

本章对中国与俄罗斯国家制度能力的测度和比较,主要建立在制度主义理论、国家能力理论以及治理与善治理论的基础之上。

1. 制度主义理论

对于制度主义的理论内涵,前述章节已经做出了比较详尽的介绍和分析。这里需要加以说明的是,在制度主义的研究视野中,国家具有两重含义。一方面,国家本身就是由一系列相互联系的规则、组织和治理机制构成的制度系统,因此,这些制度的功能完备程度和相互协调性是影响国家发挥其治理职能的重要因素。另一方面,国家本身又是一个提供各种制度安排的"制度装置",因此,对国家治理功能的评估可以通过这些制度在现实社会经济生活中的运行状态加以客观地考察。

2. 国家能力理论

政治学界对国家能力问题已经进行过许多详尽的探讨,其主要的着眼点在于将国家看作是一个相对独立的政治实体,它具有自身特定的目标偏好,能够运用特定的制度手段和政策工具来实施自身的目标。这一点与本书对国家制度能力的考察是相同的。政治学对国家能力的研究也涉及国家制度能力的构成,例如,王绍光和胡鞍钢(1994)将国家基本的能力概括为四个方面:一是国家的财政汲取能力;二是国家调控社会经济发展的能力;三是国家的合法化能力;四是国家的强制能力。而且,他们将国家的财政汲取能力视为最重要的国家能力维度。实际上,本书对国家制度能力的界定及构成的划分在一定程度上汲取了上述研究的有益成分。与此同时,本书对国家制度能力的界定不仅基本涵盖了上述四种国家能力,而且并没有单一地将国家的财政汲取能力作为评价国家能力强弱的关键因素,而是通过对三种国家制度能力进行综合考察来判断国家能力的强弱。此外,政治学界后续的有关国家能力的研究虽然更加细致深入,但对于如何客观地评价国家能力的强弱仍然没有形成共识,而本书对中俄国家制度能力的测度与评估可以为其提供有益的借鉴。

3. 治理与善治理论

自20世纪八九十年代以来,对治理问题的关注已经成为政治经济发展理论中的一个重要研究议题,并形成了一种研究发展问题的重要理论范式。治理被视为在一个既定范围内维系秩序运转的所有公共部门、私人部门的正式和非正式制度安排,以及它们之间的互动过程。换言之,治理既关注政府的活动而又不仅仅局限于政府,而是在政府与市场及公民社会的协调互动过程中来理解政府的治理功能。治理所达成的一个理想目标就是实现"善治",这也被视为衡量政府治理能力大小的一个重要标准。综合国内外学者的研究,善治主要包含如下内容:合法性;透明度;责任性;法治;回应;有效性。从治理理论的角度看,一国经济发展取得良好绩效的制度根源就是实现善治;反之,陷入发展陷阱之中的欠发达国家,往往缺乏一种良好的治理模式,甚至陷入严重的"治理危机",20世纪七八十年代的非洲和拉美就是如此。

除了对治理问题进行理论探讨外,一些学者还致力于对国家的治理质量进行跨国比较研究。世界银行的经济学家丹尼尔·考夫曼等学者将治理界定为"一国权威得以实施的传统和制度"。治理包括三个方面的内容:一是政府被选举、监督和替换的过程;二是政府有效地制定和实施良好政策的能力;三是政府和公民对于治理它们之间的经济社会互动制度的尊重程度。在此基础上,考夫曼等学者编制了一套由六大指标构成的治理指数,即呼吁与责任、政治稳定性、政府有效性、规制质量、法治、腐败控制。从1996年起,他们每年利用这套指数对200多个国家的治理质量进行评估和比较。世界银行的治理指数已经成为公认的最具权威的治理评估体系之一。本书对中俄两国国家制度能力的测度和评估，将会在一定程度上利用这套指标。但是，为了更好地适应本书的分析框架和研究对象，我们将会对其进行重新分类和取舍，并结合其他相关指标加以准确评估。

二、国家制度能力测度与评估的基本原则

对国家制度能力的测度可以划分为主观评价和客观评价两大类。主观评价法主要是指对国家制度能力的实际运行状况进行"定性"分析，主要运用的是对客观事实进行系统的主观描述的方法，这种方法在处理某些不易量化的社会变化时具有优势，但容易受到价值判断等主观因素的干扰而影响其准确性。客观评价法主要是采取现代的统计技术对各种能够反映社会经济情况的通用指标进行处理，由于指标选取具有一致性和连续性，因而这种方法便于纵向和横向的比较，相对前者而言比较客观，但不便于处理一些无法量化的指标。有鉴于此，对国家制度能力的研究，应当将定性分析与定量测度有机结合起来，以综合发挥二者的"比较优势"。

通过前文的论述，我们对国家制度能力的确切含义有了比较清晰的认识，在此基础上我们可以选取相应的评价指标和方法对转型国家的国家制度能力状况进行量化评估。为了使对国家制度能力的评价指标客观可靠、符合学术规范和具有广泛的适用性，指标的选择必须依据一定的科学原则和标准来进行。参考一般社会经济指标设计的规则和转型国家的实际情况，我们认为对国家制度能力运行状况的评估应当遵循以下一些基本原则：

1. 科学性原则

国家制度能力评价的指标及其指标体系的设计和选择，要以现有的经济学理论为依据，这样才能捕捉到研究对象的本质，在逻辑体系上力求严谨和有针对性。在具体技术的处理上要符合统计学的有关理论，避免选择的随意性。此外，指标的选取在关注技术性要求的同时，也要尽可能地使其符合转型国家的实际情况，特别是要根据研究对象的真实现状选取那些最能反映其实际运行状况的指标。

2. 全面性原则

国家制度能力问题涉及政治、经济及社会等多方面的变革过程，外延很广。这就要求对国家制度能力评价指标的设计必须比较全面、系统地覆盖影响国家制度能力的主要方面，不能遗漏任何重要的指标，使之能够全面、完整地刻画国家制度能力的变化和问题。

3. 可比性原则

这一原则要求国家制度能力评价指标体系中的各项指标应当能够反映各国经济转型的共同特征和经济转型不同时期的规律性变化，能对不同国家的国家制度能力进行横向比较和同一国家不同阶段的国家制度能力进行纵向比较；它应该有明确、统一的评价标准和评价方法，使对不同国家和不同阶段的经济转型评价结果

具有可比性;通过运用评价指标体系得出的结果应该能够综合,使人们能对某一国家或某一时期的国家制度能力或水平有一个清晰、明确的量化概念,使指标体系和评价标准在转型国家之间具有一定的可比性。

4. 可操作性原则

这一原则要求国家制度能力评价指标体系中所设计运用的指标必须具有技术上的可行性,对于那些虽然能够反映国家制度能力水平但目前却没有好的量化处理标准的指标我们暂时不予考虑,或者通过间接的手段予以处理。此外,我们选取的评价指标必须具有良好的可得性,也就是应该能够从有关的公开出版物中持续地和稳定地获得相关数据,并且可以利用现有科研成果进行测算。具体而言就是要做到以下几点:一是指标数据便于收集整理;二是与现行统计方法相衔接;三是适宜在各个国家和地区之间进行比较;四是指标体系简单明了,指标不能太多,也不能过于烦琐。

5. 发展性原则

与"正常"经济形态相比,转型经济具有的鲜明特征之一就是它的动态性与不稳定性,各种制度安排始终处于一种非均衡状态。与传统新古典经济学以均衡为中心的研究不同,在经济转型进程中,所有的变化都使现行制度的不稳定性加强,同时在总体上使其逐步让位于另一种经济制度。由于这种特征的存在,我们在选取国家制度能力评价指标时,必须使这些指标与转型经济的发展特征相一致,数据的选取必须与经济转型的实践进程同步,从而在动态角度反映出国家制度能力的演化状况。

6. 典型性原则

国家制度能力评价指标的设置要力求简明、概括,具有代表性和独立性。在众多指标中应选取尽可能少的但却最具典型性的指标,尽量采用综合性指标,并避免指标之间的信息交叉。同时,要充分考虑到转型国家的特殊性,使指标体系具有较强的适用性。

三、国家制度能力评估指标的结构

基于上述理论和基本原则,本书对中俄两国国家制度能力评估的指标体系结构设计如图 4-1 所示。根据前文对国家制度能力构成的界定,本章将分别对中俄两国的国家制度形成能力、制度实施能力和制度学习能力进行评估和比较。其中,国家制度形成能力主要用三个指标加以测度,即政治稳定性、政府俘获程度和腐败控制程度;国家制度实施能力主要用四个指标加以测度,即政府有效性、犯罪率、法治程度和政府监管质量;国家制度学习能力则由一个指标加以测度,即国家制度学习能力效应指数。在从以上三个维度对国家制度能力进行分类评估的基础上,本章还进一步对国家制度能力进行综合评估,以全面反映转型期中俄两国的国家制度能力运行状况。

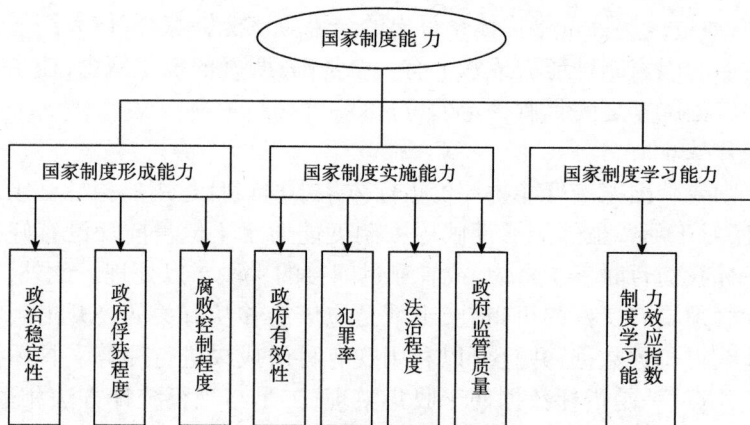

图 4 - 1　中、俄两国国家制度能力评估指标的结构

第二节　国家制度能力的测度与评估

国家制度能力由三个部分构成,即制度形成能力、制度实施能力和制度调适与学习能力。有鉴于此,本节首先从三个方面对中国和俄罗斯的国家制度能力进行评估和比较,在此基础上,对两国的国家制度能力进行综合评估和比较。

一、中俄国家制度形成能力的测度与评估

本书将国家制度形成能力界定为国家相对独立自主地界定自身的目标偏好,形成有效规则、政策的能力。对这一制度能力的测度和比较可以用政治稳定性、政府俘获程度和腐败控制程度三个指标加以评估。

1. 政治稳定性

根据考夫曼等学者的界定,所谓政治稳定性是指"执政的政府被使用非宪法的或暴力的方式(包括国内暴力和恐怖主义)动摇或颠覆的可能性"。政治稳定性是影响一国制度形成能力的重要因素。当一个国家的政权因内部因素或外部因素持续动荡不安时,政府的制度和政策将会缺乏稳定性和连续性,更为严重的是,政府无力整合社会不同集团的力量,无法形成统一而有效的政策目标。

表 4 - 1 和图 4 - 2 利用世界银行治理指标中的政治稳定性指数对中俄两国1996 ~ 2010 年的政治稳定性进行了测度。从图表中的数据和发展趋势中不难发现,在这 14 年的转型期中,俄罗斯的政治稳定性明显低于中国。特别是在 20 世纪90 年代中后期,俄罗斯的政治稳定性几乎处于最低谷。这主要源于如下原因:一是激进的政治转轨引发了不同政党、政治派别的激烈争斗,政府与议会摩擦不断,国家的制度改革政策成为政治斗争的"人质";二是漏洞百出的"休克疗法"导致经

济严重下滑,民众对政府的信任度、满意度大幅下降,不满情绪在整个社会蔓延;三是受地方分离主义、民族分离主义和宗教极端主义的影响,俄罗斯的国家安全遭受严重威胁。与之相比,中国在这一时期处于经济转型不断加速时期,虽然内外矛盾也不断凸显,但整体上保持了政治稳定势态,国家对社会的控制能力较强,能够持续有力地出台改革政策;经济的快速发展也提高了民众对政府的认同和支持。政治环境的稳定性也有助于中国政府凝聚社会利益,形成"经济发展的共识",从而能够将市场化改革持续深入地推进。

表4-1　中俄两国的政治稳定性指数

国家 \ 年份	1996	1998	2000	2002	2003	2004	2005	2006	2007	2008	2009	2010
中国	38.9	27.4	31.7	32.2	27.9	31.7	29.3	27.4	27.4	28.4	28.0	24.1
俄罗斯	11.1	13.5	13.9	22.1	15.4	7.7	13.9	19.7	19.2	19.7	19.4	18.4

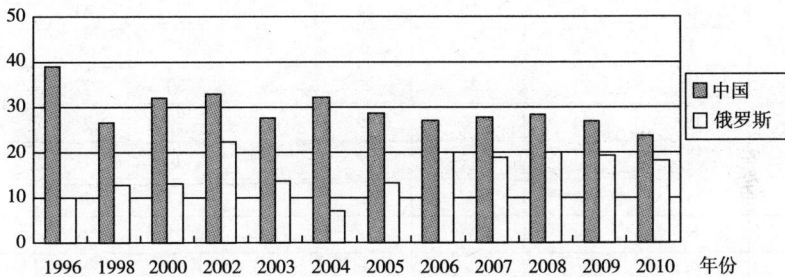

图4-2　中俄两国政治稳定性比较

注:取值0~100,分值越高政治稳定性越高。

资料来源:http://www.worldbank.org。

2.政府俘获程度

国家形成有效制度的一个必要条件就是具备一定的自主性,即能够超越不同利益集团的影响,相对独立地界定自身的偏好和政策目标。然而,在许多转型经济体中,国家维系自主性却并非一件易事,相反,国家可能被许多强势利益集团俘获。根据乔尔·赫尔曼和丹尼尔·考夫曼的定义,所谓政府俘获是指这样一种行为,即"寡头政治在制定政策,甚至在为自己制定游戏规则时所发挥的作用,它们在这方面具有巨大的优势"。政府俘获对于制度改革和经济发展都会带来严重的不利影响。当企业或大财团通过某种机制试图影响国家决策以获取垄断优势,其手段通常是设置阻碍竞争的壁垒,目的是以高昂的社会代价创造出高度集中的垄断租金。因此,政府俘获不应仅仅被视为一种病症,而应将其视为治理失效的根本原因。俘获型经济将会陷入一种恶性循环,在这个循环中,改善政府治理机制所必需的政策和制度改革被有权势的集团和因治理长期不利而获得巨额私人收益的政府官员暗中勾结所破坏。

赫尔曼和考夫曼通过对 22 个转型国家的企业进行实地调查,编制了一套转型国家的政府俘获指数,用以测度政府俘获的程度(见表 4-2),这套指数也经常被学界引用,具有很大的代表性和权威性。表 4-2 中前 6 列的数据表示在被调查国家的样本企业中,有多少比例的企业认为通过与国家机构(立法机构、执行机构、央行、法庭、政党)做交易(如购买政策和法令)会对企业的业务产生比较重要的影响。第 7 列为前 6 列简单平均后所得到的政府俘获指数。从表 4-2 中的数据不难发现,俄罗斯属于高俘获型政府的行列。

表 4-2 转型经济的政府俘获指数

国别＼指标	议会立法机构	总统行政命令	中央银行	刑事法庭	民事法庭	政党	俘获指数	分类
阿尔巴尼亚	12	7	8	22	20	25	16	低
亚美尼亚	10	7	14	5	6	1	7	低
阿塞拜疆	41	48	39	44	40	35	41	高
白俄罗斯	9	5	35	0	5	4	8	低
保加利亚	28	24	30	29	29	30	27	高
克罗地亚	18	24	30	29	29	30	27	高
捷克	18	11	12	9	9	6	11	低
爱沙尼亚	14	7	8	8	8	17	10	低
格鲁吉亚	29	24	32	18	20	21	24	高
匈牙利	12	7	8	5	5	4	7	低
哈萨克斯坦	13	10	19	14	14	6	12	低
吉尔吉斯斯坦	18	16	59	26	30	27	29	高
拉脱维亚	40	49	8	21	26	35	30	高
立陶宛	15	7	9	11	14	13	11	低
摩尔多瓦	43	30	40	33	34	42	37	高
波兰	13	10	6	12	18	10	12	低
罗马尼亚	22	20	26	14	17	27	21	高
俄罗斯	35	32	47	24	27	24	32	高
斯洛伐克	20	12	37	29	25	20	24	高
斯洛文尼亚	8	5	4	6	6	11	7	低
乌克兰	44	37	37	21	26	29	32	高
乌兹别克斯坦	5	4	8	5	9	4	6	低

资料来源:Joel S. Hellman, Geraint Jones, and Daniel Kaufmann. Seize the state, seize the day. World Bank Policy Research Working Paper, 2000, No. 2444。

令人遗憾的是,赫尔曼和考夫曼编制的国家俘获指数中没有涉及对中国的调查和测度,因此,我们无法对中国的国家被俘程度做出准确的定量评估。不过,一些学者指出,虽然伴随着中国市场化改革的推进,也出现了一些既得利益集团,如行政垄断集团,但是总体而言,中国并未出现像俄罗斯那样的国家被强势利益集团严重俘获的状况,政府在制定政策时仍保持了较高的自主性,而且国家已经意识到行政垄断带来的危害,正在采取措施在传统的垄断行业中引入更多竞争。中国经济学家姚洋通过对中国经济改革进程的理论研究和实证研究也指出,中国政府具备比较典型的"中性政府"特征,即它是一个既不偏向于任何一个社会利益集团、又不会被任何一个社会利益集团左右的政府,这确保了中国政府能够采纳正确的经济政策与改革路径[①]。从这一点看来,我们可以大致做出判断:中国的国家俘获程度低于俄罗斯。

3. 腐败控制程度

通常而言,腐败被看作是利用公共权力来满足私人利益的行为,从这个角度讲,国家俘获与腐败控制是两个相互对应的概念,前者侧重于强势利益集团对政府决策的影响,后者更侧重于政府内部官员出于私利而滥用权力对国家决策的不利影响。而且在很大程度上,国家俘获与腐败是密切相关的,国家俘获加速了政府的腐败,而政府腐败又为国家俘获留下更多可乘之机。

由于国家的基本经济职能是创造一个有利于商品交换和具有动态激励的良好制度环境,而腐败直接破坏了这种职能,它不仅降低了一个国家的诚信水平,还削弱了国家的法律威严。实际上,腐败的泛滥表明这样一种状况,即无论是受腐败侵蚀的官员,还是那些寻求腐败的私人主体(如大企业),都对于规制他们互动行为的各种规则丧失了信任。此外,为了谋取私利,腐败的政府官员可能通过在某些场合设置过多规制手段,或者在另一些场合有意不加规制的方式来为自身获取利益。这些情况都会影响国家出台有效制度供给的能力,即或者出现制度供给过度,或者出现制度供给不足。

在转型国家,由于缺乏完善的制度环境和约束机制,腐败问题更加普遍也更加严重。尽管在转型时期,俄罗斯和中国都出现了腐败滋生的问题,但从表4-3和图4-3所显示的数据来看,俄罗斯转型期的腐败程度明显比中国严重,换言之,中国在腐败控制领域要比俄罗斯做得更好。美国学者托马斯·拉尔松认为,俄罗斯腐败程度及其对经济的破坏性由于三个因素而更加严重。首先,"比较优势",即石油、天然气等资源能源部门成为俄罗斯经济的支柱。经验研究表明,被政府控制的庞大自然资源部门更可能产生巨大的垄断租金,助长寻租和腐败行为。其次,激进的政治变革导致中央的政治体系涣散,根本无法控制地方和私人部门日益泛滥的腐败。最后,由于经济缺乏竞争力,俄罗斯的政府官员更倾向于采取垄断方式来创设租金,而非通过创新来发展经济。

---

① 姚洋. 中国道路的世界意义[M]. 北京:北京大学出版社,2011:11.

表4－3　中俄两国的腐败控制指数

国家＼年份	1996	1998	2000	2002	2003	2004	2005	2006	2007	2008	2009	2010
中国	43.4	45.4	50.2	33.7	42.9	34.1	31.7	37.6	33.0	41.3	37.8	32.5
俄罗斯	15.6	17.6	15.6	22.4	28.8	24.9	23.9	21.0	15.5	11.7	10.5	12.9

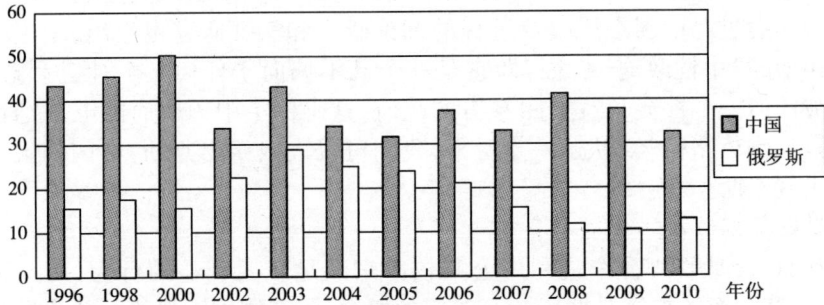

图4－3　中俄两国腐败控制程度比较

注：取值0～100，分值越高代表腐败程度越低。
资料来源：http://www.worldbank.org。

二、中俄国家制度实施能力的测度与评估

根据前文的界定，所谓国家的制度实施能力主要是指国家将已经形成的规则、政策加以有效推行，并以此影响微观经济主体行为和宏观社会经济运行绩效的能力。对于中俄两国的国家制度实施能力，我们可以用政府有效性、犯罪率、法治程度和政府监管质量四个指标加以测度。

1. 政府有效性

根据世界银行的界定，政府有效性是一个测度政府治理质量的综合性指标，它涵盖了公共服务提供的质量、官僚行政机构的运行质量、公务员的能力、行政机构排除政府压力的能力以及政府承诺实施政策的可信度。由此看来，政府有效性是综合测度国家制度实施能力的一个较为适宜的指标。从表4－4的数据以及图4－4展示的趋势来观察，经济转型时期，俄罗斯的政府有效性明显且持续地低于中国。特别是在20世纪90年代后期（1998年），俄罗斯这一指数跌至低谷。众所周知，这一时期正是俄罗斯政治斗争加剧、寡头俘获严重、政府腐败最为严重的时期。与俄罗斯不同，在转型伊始，中国就十分重视政府改革和能力建设，特别是采取了几乎五年一次的持续不断的行政体制改革。这些改革不仅导致政府治理结构的巨大变革，而且改进了政府的人力资本和激励结构，从而使政府有效性得以提高。对此，我们将在第六章进行详细分析。

表4－4　中俄两国的政府有效性指数

国家＼年份	1996	1998	2000	2002	2003	2004	2005	2006	2007	2008	2009	2010
中国	45.4	50.7	52.7	54.6	54.6	55.6	49.8	58.0	63.1	59.7	59.8	59.8
俄罗斯	32.7	22.0	26.3	42.9	41.0	44.9	38.0	38.5	42.2	43.2	44.0	41.6

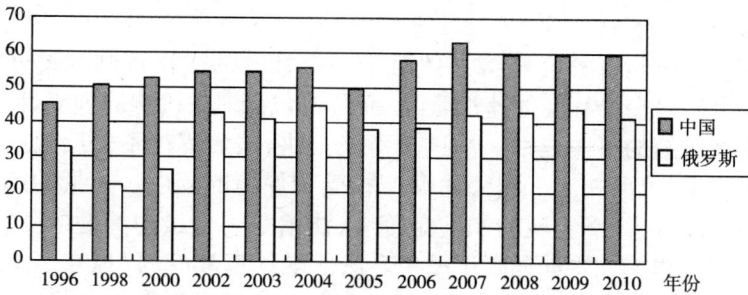

图4-4 中俄两国政府有效性比较

注:取值0~100,分值越高代表政府有效性高。

资料来源:http://www.worldbank.org。

如果说政府有效性是衡量中俄两国国家制度实施能力的一个综合指标的话,那么我们可以进一步使用以下三个指标从制度实施效果的客观层面对国家制度实施能力做出更为具体的衡量。这三个指标就是犯罪率、法治程度和政府监管质量。根据新制度经济学的理解,国家为社会提供的最为重要的制度性公共服务就是法律和秩序,而在现代社会,为了克服市场失灵、确保良好的市场运行环境,必要的政府规制和监管也是一种不可或缺的公共服务。因此,选择这三个指标从客观效果角度来衡量国家的制度实施能力是比较具有代表性的。

2. 犯罪率

图4-5显示的是中俄两国1999年、2004年和2009年的谋杀犯罪率,这一指标的数值表示每10万人中被谋杀者的数字。用谋杀犯罪率来测度一国的犯罪率高低,也是国际上通用的一种方法,这一指标也是反映一国合法暴力垄断和实施能力强弱的直接依据之一。从图中的数据和趋势中不难发现,转型期俄罗斯的谋杀犯罪率大大超过中国,特别是在1999年和2004年,每10万俄罗斯公民中就有近22人成为谋杀犯罪的牺牲品,而中国的这一数字不到2人。尽管2009年俄罗斯的犯罪形势有所改观,但谋杀犯罪率仍然比中国高出10倍。由此可见,俄罗斯国家维系社会公共秩序的能力十分薄弱。

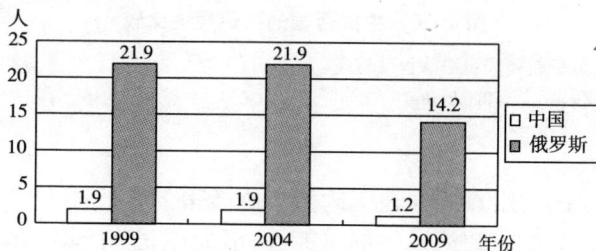

图4-5 中俄两国的谋杀犯罪率

资料来源:联合国毒品犯罪局。

3. 法治程度

法治程度用以测度社会经济主体对于一个社会的法律规则的遵守和信任程度。它不仅考察了一个社会的违法状况,而且也包括司法机构的独立性、有效性和可预期性以及契约的可实施性。从这个意义上讲,法治程度不仅反映一国的政治和社会稳定程度,也反映出一国公民财产权受到保障的程度。大量的跨国比较实证研究表明,在促进经济发展的制度矩阵中,法治是一个最为关键的变量,它与经济发展绩效的正相关性要远远高于民主。法治既约束政府的"掠夺之手",同时又约束私人主体的"机会主义"行为,从而为市场经济运行提供一个稳定、透明和可预期的博弈规则环境。在西方学者的视野中,转型国家是一个法治普遍缺失的地区,建立法治的任务十分艰巨。不过,从表4-5中的数据和图4-6显示的趋势来看,即便在转型国家,法治发展的程度也是具有明显差异的,俄罗斯在转型期的法治程度明显低于中国。由此看来,尽管俄罗斯名义上全盘引入了西方所谓的自由民主制度,但国家维系法治的能力却远低于中国这个被西方普遍认为的权威主义国家,其中的深意确实值得玩味。

表4-5　中俄两国的法治指数

年份 国家	1996	1998	2000	2002	2003	2004	2005	2006	2007	2008	2009	2010
中国	39.2	38.8	35.4	43.5	40.2	40.7	40.2	37.8	40.7	44.7	45.5	44.5
俄罗斯	23.9	18.7	16.3	23.0	18.7	19.6	19.6	16.3	16.3	20.2	24.2	26.1

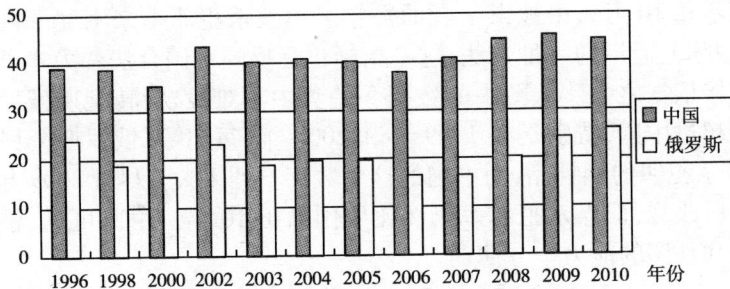

图4-6　中俄两国的法治程度比较

注:取值0~100,分值越高代表法治程度越高。
资料来源:http://www.worldbank.org。

4. 政府监管质量

政府监管质量的着眼点同样在于政府实施政策的有效性评价。这一指标主要测度对市场不友好的政府政策发生的可能性,诸如不完善的银行监管,在贸易和商业环境领域政府过度规制给企业带来的负担等。由此看来,政府监管质量指数包含两方面的评价:一是某些领域存在的监管不力;二是另一些领域存在的过度监管、过度规制。这实际上涉及"政府缺位"与"政府越位"并存的问题。总体而言，政府监管质量不高是经济转型国家普遍存在的一个通病，不过，从表4-6中的数据和图4-7的趋势来看，除个别年份俄罗斯的政府监管质量高于中国外，中国整体的政府监管质量高于俄罗斯。

表4-6　中俄两国的政府监管质量指数

年份 国家	1996	1998	2000	2002	2003	2004	2005	2006	2007	2008	2009	2010
中国	48.5	37.7	36.3	32.8	40.7	44.6	50.5	47.5	50.0	51.5	46.4	45.0
俄罗斯	38.7	29.9	29.9	42.2	47.1	50.0	50.0	36.8	40.3	37.9	38.8	38.3

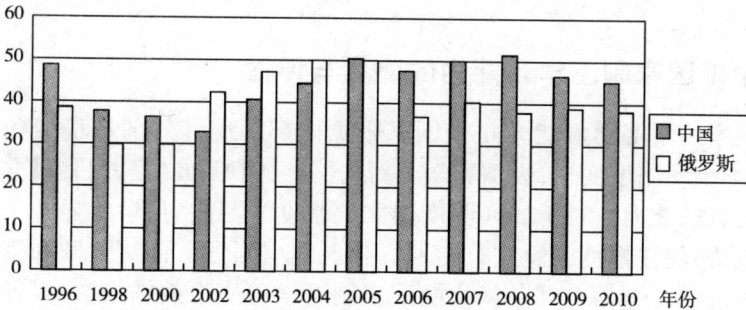

图4-7　中俄两国的政府监管质量比较

注：取值0～100，分值越高代表监管质量越高。

资料来源：http://www.worldbank.org。

俄罗斯政府监管质量低下的状况也从其他学者的一些调查中显示出来。一个经常被引用的例子是美国经济学家蒂莫西·弗赖伊（Timothy Frye）和安德烈·施莱弗（Andrei Shleifer）于1996年3月和4月在莫斯科和华沙进行的政府商业规制环境调查，调查结果如表4-7所示。其中，在华沙一家中小商店注册企业所需的平均时间为0.72个月，而在莫斯科则需要2.71个月；在华沙，一个商店在一年中平均要接受政府各部门的检查9次，而在莫斯科则高达18.56次；平均有46%的华沙商店容易受到检查者的处罚，而莫斯科则有平均83%的商店受到处罚；如果对法治脆弱程度按1～10排序（分数高表明法治更脆弱），那么华沙的法治脆弱程度平均为3.6，而莫斯科则平均为5.1；最后，如果将向政府官员行贿程度划分为5个等级（1表示从来没有、2表示很少、3表示有时行贿、4表示常常行贿、5表示几乎总是行贿），那么华沙商店经理回答的平均值为2.21，而莫斯科商店经理回答的平均值为2.9。通过上述简单的商业调查和比较，我们不难发现，俄罗斯转型期的政府监管质量是极度低下的，商业环境因而异常恶劣，中小企业发展举步维艰。

表4-7　莫斯科和华沙的规制环境

	华沙(n)	莫斯科(n)	T统计
注册企业的时间(月)	0.72(47)	2.71(51)	5.02
1995年检查的次数(次)	9(49)	18.56(55)	3.46
1995年被检查者处罚的商店的比例(%)	46(49)	83(53)	2.72
执行检查的不同机构的数目(个)	2.65(49)	3.58(55)	1.84
你感觉的法律脆弱程度:1~10	3.6(50)	5.1(55)	3.91
人们需要向官员行贿的程度:1~5	2.21(47)	2.9(53)	2.52

注:表中括号里的数字代表接受调查的商店经理人数,第1、第2列中的其他数字代表调查结果中的平均数,第6列是T统计量检验。

三、中俄国家制度学习能力的测度与评估

所谓国家的制度学习能力是指国家根据内部环境和外部环境变化形成的压力,适应性地推动制度变迁,吸纳和学习新的信息、知识和制度,以使其与经济发展的条件相契合的能力。对于如何测度国家的制度学习能力,学术界并无一个准确和统一的方法,往往根据经验进行定性评估。本书则尝试针对中国和俄罗斯这样的转型国家设计一个相对可以量化的国家制度学习能力效应指数,以便对国家的制度调适和学习能力进行一个客观的评估和比较。

对于中俄这样的转型国家而言,最宏观的国家制度学习行为就是实施制度改革、推进经济转型。这种制度学习行为是国家针对传统计划经济体制的低效率以及全球化条件下外部市场经济体制高效运转产生的竞争压力所进行的一种适应性学习和调整,最终的学习效果仍然要以制度变革后产生的经济效果加以衡量,从而在客观层面反映出国家制度学习能力的强弱。基于这一考虑,本书构造了一个国家制度学习能力效应指数,具体内容如公式(1)所示。

$$制度学习能力效应指数(I) = \frac{转型期经济规模扩张倍数}{经济转型的年份} \qquad (1)$$

该指数的分母部分为经济转型的年份数,这一时期可以看作是转型国家集中、大规模地开展以经济体制变革为核心的制度学习与调适时期。该指数的分子部分为整个转型期与转型初始年份(代表转型之前)相比的经济总量扩张倍数,这一数字一般用GDP扩张的规模表示。尽管GDP并不能全面衡量一个国家的经济发展绩效,但它却是最具代表性和最简单的一个指标,而且经济增长本身是经济发展的一个必要条件,如果一个转型国家连基本的GDP增长速度和规模都达不到计划经济体制下的水平,那么毫无疑问,国家的制度调适归于失败,国家的制度学习能力也必然低下。

为了便于计算,公式(2)将公式(1)的理论内涵做了进一步具体化的技术处理。由于本书所研究的对象是中俄两国,因此,基于数据的可获得性和可比性,我

们选择 1989 年为经济转型的起始点(实际上这一时期也是中国经济转型全面加速推进时期),选择 2010 年为制度学习效应的后向观测点,然后根据表 4 - 8 列出的 1989～2010 年中俄两国按不变价格计算的实际 GDP 增长率,对中国和俄罗斯的国家制度学习能力效应指数进行测算,结果显示中国的学习能力效应指数为 0.313,而俄罗斯的学习效应指数为 0.0026(见表 4 - 9)。由此可见,从制度学习能力的角度看,俄罗斯的国家制度能力也明显低于中国。国家制度学习能力效应指数实际上反映了转型国家在转型期内的年均经济总量扩张速度,从这个角度来观察,在从 1989～2010 年这 21 年间,中国的经济总量以年均 31% 的速度在扩张,可见其制度学习能力的强劲;而俄罗斯经济则仅以年均不到 0.3% 的速度在扩张,近似于在整个 21 年中处于停滞状态,可见其制度学习能力的微弱。如果我们进一步地将中国的转型初始点放在 1978 年,那么中国的国家制度学习能力效应指数将更高,而俄罗斯则更低。

$$I = \frac{\prod_{n=1990\cdots N}(1+r_n)-1}{N-1989} \tag{2}$$

表 4 - 8　中俄两国转型期经济增长率(%)

年份	1989	1990	1991	1992	1993	1994	1995	1996	1997	1998	1999
中国	4.1	3.8	9.2	14.2	14.0	13.1	10.0	10.0	9.3	7.8	7.6
俄罗斯	1.6	-3.0	-5.0	-14.2	-8.7	-12.7	-4.0	-3.6	1.4	-5.3	6.4
年份	2000	2001	2002	2003	2004	2005	2006	2007	2008	2009	2010
中国	8.4	8.3	9.1	10.0	10.1	11.3	12.7	14.2	9.6	9.1	10.3
俄罗斯	10.0	5.1	4.7	7.4	7.2	6.4	8.2	8.5	5.2	-7.9	4.4

资料来源:中华人民共和国国家统计局、欧洲复兴与开发银行。

四、中俄国家制度能力的综合比较

　　表 4 - 9 将中俄两国国家制度能力指标进行了综合比较,其中政治稳定性、腐败控制程度、政府有效性、犯罪率、法治程度、政府监管质量均为 1996～2010 年的平均值。从表中数据来看,俄罗斯整体的国家制度能力也明显弱于中国。

表 4 - 9　中俄两国国家制度能力的综合评估与比较

	国家制度形成能力			国家制度实施能力				国家制度学习能力	国家制度能力综合评级
	政治稳定性	政府俘获程度	腐败控制程度	政府有效性	犯罪率	法治程度	政府监管质量	制度学习能力效应	
中国	29.53	据估计较低	38.63	55.32	1.67	40.93	44.29	0.313	较高
俄罗斯	16.17	32(高)	18.37	38.11	19.33	20.24	39.99	0.0026	较低

从以上的评估和比较中我们可以发现,转型时期的俄罗斯国家治理形态具有如下特征:一是受政治环境动荡和利益集团俘获影响,国家的自主性严重削弱,国家无法独立自主地形成自身的目标偏好和公共政策,具有明显的"勾结型国家"治理形态特征。二是国家的制度实施能力严重不足,国家不仅无法提供必要的公共产品,也不能有效维持法律和秩序,与此同时,还出现了严重的"国家机会主义",即政府机构及其官员常常处于私利而随意破坏博弈规则,导致寻租和腐败泛滥,增大了市场运行的不确定性和交易成本,从而具有了"掠夺型国家"治理形态的特征。三是国家的制度调适和学习能力也十分微弱,一方面,国家落入"市场原教旨主义"的陷阱,采取激进转型方式瓦解了旧体制,但却没有建立起有效的新体制;另一方面,国家也无力对存在缺陷的制度进行及时调整,这就使得俄罗斯的国家治理形态呈现出很大的僵化性特征。基于上述特征,我们可以称转型期的俄罗斯是一个"失败的国家"。进一步地,如果我们从动态角度观察,俄罗斯国家制度能力的各项评估指标在 20 世纪 90 年代(叶利钦执政时期)最低,表明这一时期的国家制度能力最弱;而进入 21 世纪(特别是普京执政时期),国家制度能力的各项指标得到不同程度的改善,这表明这一时期的国家制度能力得到一定程度的提高。对于这一变化的内在机理,本书将在第五章进行详细分析。

与俄罗斯相比,中国转型期的国家制度能力呈现出另一种图景。一是政治体制和政治秩序比较稳定,几乎没有强势利益集团可以对政府实施强有力的俘获,因而国家保持了较高的自主性,可以相对自主地形成自己的目标偏好和改革政策。二是国家具有较强的制度实施能力,国家不仅能够维持市场运行所必需的法律和秩序,而且能够提供较为充足的公共产品,也能对市场提供必要的监管,尽管出现了一定程度的腐败,但政府并未丧失对腐败的控制能力。三是国家展现出极强的制度调适和学习能力,它既不受新自由主义意识形态的束缚,同时也能根据内外环境的变化对制度进行适应性调整或创造一些适宜本国的有效制度,因此促进了社会经济的持续发展。基于上述特征,从制度能力的角度出发,我们可以称中国的国家治理形态为"强国家"和"成功的国家"。

第三节　本章小结

本章旨在为研究中俄两国转型期的国家制度能力提供一个可以进行定量比较的实证基础。本章首先从制度主义理论、国家能力理论和治理与善治理论三个角度阐述了国家制度能力评估指标体系的理论基础,并确立了评估指标体系的基本原则,即科学性、全面性、可比性、可操作性、发展性和典型性六大原则。在此基础上,建立起由三个一级指标和八个二级指标构成的国家制度能力评估指标体系,并应用这一指标体系分别对中俄两国国家的制度形成能力、制度实施能力和制度调适与学习能力进行评估和比较,进而对中俄两国的综合国家制度能力进行比较。通过上述比较发现,中国转型期的国家制度能力在各个层面均高于俄罗斯。此外,两国国家制度能力的比较还显示出,俄罗斯转型期的国家治理形态呈现出"勾结型国家"、"掠夺型国家"和"失败型国家"的混合型制度特征,这就决定了俄罗斯的国家制度能力陷入一条不断衰败的路径。与俄罗斯相反,中国转型期的国家治理形态则将"自主型国家"、"发展型国家"和"强国家"的三大制度特征融为一体,因而比较成功地构建起国家制度能力。本章的定量评估和比较,也为后文具体分析中俄两国国家制度能力的演化机制及其与转型经济绩效的关系,提供了一个重要的参照系。

第五章　国家制度能力衰败
与俄罗斯的转型危机

在 20 世纪的社会经济发展史中,俄罗斯的大国兴衰是一个贯穿始终的重要历史事件。计划经济体制的形成与"强国家"的崛起,曾一度使苏联走上经济发展的快车道并使之成为唯一能与美国争雄世界的超级大国,但突如其来的国家解体与制度剧变,又使苏联的最大继承国——俄罗斯长期陷入经济衰退与社会动荡的严重转型危机。隐含在这一制度变革背后的历史和逻辑错综复杂,而本章则试图拨开笼罩在俄罗斯社会经济变迁之上的重重迷雾,着力分析其国家制度能力形成与演化的内在机理,并以此为关键变量,解析俄罗斯经济转型的路径演化轨迹和转型经济绩效。

第一节　俄罗斯传统计划经济体制下的
国家制度能力

20 世纪初,一场全新的革命彻底摧毁了封建沙皇专制,建立起计划经济体制,并迅速推进工业化,建立起社会主义"强国家"。俄罗斯在传统社会主义体制下形成的全能主义国家并非一种完美的国家。国家权力与职能的过度扩张带来了一系列严重的制度弊端,结果导致计划经济体制缺乏效率,无法维持社会经济的持续发展。20 世纪 50 年代中期开始的周期性改革非但没有发挥改进传统计划经济体制的作用,反而导致了国家的异化,加速了国家制度能力衰败的进程。

一、计划经济体制的形成与"强国家"的崛起

诺斯在《理解经济变迁过程》中,将苏联—俄罗斯的制度变迁过程描述为一个"可感知的现实→信念→制度→政策→改变了的可感知的现实"如此循环往复的故事①。苏联计划经济体制的形成以及全能主义国家的崛起则非常符合这一逻辑。对国家的制度选择而言,这实际上是一个外生因素产生的压力作用于政治主体,使其作出符合自身利益的策略选择的过程。对于这一逻辑,我们可以从外生因素和内生动力两个方面加以厘清。

1. 传统计划体制与全能主义国家兴起的外生因素

从经济学的角度看,外生因素构成了经济主体做出理性选择的约束条件。对于俄罗斯的制度变迁而言,这些外生条件可以从传统的经济社会结构和特定时期的国际政治经济格局的演变加以分析。

尽管俄罗斯在历史上一直有向西方学习的传统,但当西方世界崛起之时,它却明显地落伍了,不仅技术上落后,在经济上也是不发达的国家。特别是在1815～1880年,与欧洲其他强国的快速发展相比,俄罗斯在经济和技术层面却以惊人的速度在衰退。表5-1和表5-2中的数据记录了俄罗斯的这一衰退过程。虽然在19世纪大部分时间,俄罗斯伴随着人口增长和领土扩张,经济总量也在增长,但增长的速度却明显慢于欧洲其他强国,以至于在19世纪末俄罗斯已经丧失了其在19世纪初经济总量的领先地位。从人均水平来看(见表5-2),俄罗斯与欧洲其他强国的差距更加明显。例如,在1830年,俄罗斯的人均国民生产总值是英国的1/2,但60年后仅为英国的1/4。

表5-1　欧洲各大国的国民生产总值(1830～1890年)

(以1960年美国市场美元价格计算,单位10亿美元)

年份 国家	1830	1840	1850	1860	1870	1880	1890
俄国	10.5	11.2	12.7	14.4	22.9	23.2	21.1
法国	8.5	10.3	11.8	13.3	16.8	17.3	19.7
英国	8.2	10.4	12.5	16.0	19.6	23.5	29.4
德国	7.2	8.3	10.3	12.7	16.6	19.9	26.4
意大利	5.5	5.9	6.6	7.4	8.2	8.7	9.4

资料来源:保罗·肯尼迪:《大国的兴衰》,蒋葆英译,北京:中国经济出版社,1989年版,第215页。

———————————

① 道格拉斯·C.诺斯. 理解经济变迁过程[M]. 北京:中国人民大学出版社,2008:94.

表 5-2　欧洲各大国的人均国民生产总值(1830~1890 年)

(以 1960 年美国市场美元价格计算,单位:美元)

年份 国家	1830	1840	1850	1860	1870	1880	1890
英国	346	394	458	558	628	680	785
意大利	265	270	277	301	312	311	311
法国	264	302	333	365	437	464	515
德国	245	267	308	354	426	443	537
俄罗斯	170	170	175	178	250	224	182

资料来源:保罗·肯尼迪:《大国的兴衰》,蒋葆英译,北京:中国经济出版社,1989 年版,第 215 页。

俄罗斯经济落后的一个重要表现就是工业化水平明显落后于欧洲各大国。俄罗斯历史上就是一个典型的农业国家,堪称"农民王国"。直到 1897 年,农业人口占总人口的比例高达 83.2%,而当时的美国为 67%,德国为 40%,英国为 23%[①]。虽然 19 世纪的俄罗斯也多少受到欧洲工业革命的影响,近代工业得到一定程度的发展,但工业化水平却远远落后于其他资本主义国家。例如,俄罗斯的铁产量在 19 世纪初增长了 1 倍,但同一时期英国增长了 29 倍,俄罗斯工业化的速度远远低于英国;在两代人大约 60 年的时间里俄罗斯从欧洲最大的生铁生产国和出口国变成了日益依赖于进口的国家。在交通运输方面,俄国虽然取得一定进展,但仍落后于发达国家。例如,到 1850 年,俄罗斯的铁路仅仅比 500 英里多一点,而美国的铁路则有 8500 英里[②]。在国内工业品生产领域,新产品通常掌握在外国商人和企业家手中,因此俄罗斯沦为发达经济体的原料供应国。从生产的组织结构来看,当时俄罗斯的多数新"工厂"和"工业企业"雇佣的员工不到 16 人,而且生产也远未达到机械化水平。由于普遍缺乏资金,中产阶级弱小,因此对工业品的消费需求也很低。所有这些因素都使得俄罗斯比欧洲其他国家更难以出现工业"腾飞"的前景。从表 5-3 的数据来看,俄罗斯 19 世纪的人均工业化水平仅略高于第三世界水平,而大大落后于其他西方工业国家。

---

①伦纳德·夏皮罗.一个学者笔下的苏共党史[M].北京:东方出版社,1991:33.
②保罗·肯尼迪.大国的兴衰.[M].北京:中国经济出版社,1989:216.

表 5 – 3　人均工业化水平(1750 ~ 1900 年)
(以 1900 年联合王国为 100)

年份 国家	1750	1800	1830	1860	1880	1900
欧洲	8	8	11	16	24	35
联合王国	10	16	25	64	87	100
哈布斯堡帝国	7	7	8	11	15	23
法国	9	9	12	20	28	39
德国	8	8	9	15	25	52
意大利	8	8	8	10	12	17
俄国	6	6	7	8	10	15
美国	4	9	14	21	38	69
日本	7	7	7	7	9	12
第三世界	7	6	6	4	3	2
中国	8	6	6	4	4	3
印度	7	6	6	3	2	1

资料来源:保罗·肯尼迪:《大国的兴衰》,蒋葆英译,北京:中国经济出版社,1989 年版,第 186 页。

俄罗斯经济落后的状况固然与恶劣的气候和自然条件以及不利的地理位置和交通运输条件有关,但更为重要的是与其严重的社会制度弊端紧密相连。首先,农奴制和村社经济传统,削弱了社会经济发展前进的动力。从 16 世纪开始,俄罗斯借助贵族的力量削弱了封建领主的统治。为了赢得贵族的支持,沙皇利用强制性的力量迫使农民成为农奴,依附于贵族。农奴制是建立在地主庄园经济基础之上的一种社会经济制度,它借助国家的强制力量实现对农奴的管制,使农奴在土地、人身、司法甚至心态上服从贵族地主的统治,而强制性劳役则是地主剥削农奴的主要手段。俄罗斯农奴制的长期盛行使得其本国的现代化道路既不同于西欧的农村资本主义化的道路,也不同于美国带有资本主义色彩的黑奴制[①]。到 17、18 世纪,俄罗斯的商业依然十分不发达,很少存在欧洲中世纪式的以商业、手工业为中心的自治城市,许多城市基本上属于行政、军事和庄园的中心[②]。落后的农奴制、村社经济的传统以及不发达的资本主义经济,使得俄罗斯缺乏一系列支撑其实现现代化的制度安排,如市民社会、法治、分权与制衡以及市场导向的现代产业等。

与农奴制和村社经济并行的是高度集权的君主专制制度。俄罗斯具有悠久的君主专制主义传统。这一传统可以追溯至俄罗斯民族形成时期。公元 988 年,基辅罗斯大公接受了东正教洗礼,标志着俄罗斯开始融入世界文明,与此同时,基辅罗斯大公也获得了巩固统一政权的强大思想武器。12 ~ 15 世纪,俄罗斯处于蒙古

①马克垚.世界文明史[M].北京:北京大学出版社,2004.
②冯绍雷.20 世纪的俄罗斯[M].北京:生活·读书·新知三联书店,2007:17.

鞑靼统治时期。尽管这一时期被俄罗斯人视为"文明的中断",但蒙古人给俄罗斯留下的税收制度、征兵制度、驿站制度、户口制度等遗产都为俄罗斯确立大一统的中央集权体制奠定了基础。进入 16 世纪,俄罗斯揭开了从封建主义向绝对专制统治过渡的序幕。1547~1584 年,伊凡四世在位期间,以东正教之名为自己加冕为"沙皇",并宣称"君主的称号就意味着承认不受任何限制的沙皇特权。一切民众,包括大贵族在内都是朕的臣民"。到彼得大帝统治时期,俄罗斯最终完成了从封建主义到绝对君主专制的过渡,俄罗斯正式形成了集政权、军权和神权为一体的中央集权的专制国家。沙皇的军事专制主义、政教对教育的垄断、官吏们贪赃枉法和缺乏预见性的行为,不仅抑制了个人的自由发展,使社会缺乏内生的创新动力,而且使任何西方式的政治和社会现代化都受到顽强的抵制①。

经济社会落后的弊端使俄罗斯逐渐从 19 世纪初欧洲的一个"中等强国"蜕变为 20 世纪初叶一个典型的后发展中国家,并被进一步挤压到由英美主导的国际政治经济体系的边缘地带。1914~1917 年的第一次世界大战进一步将本已羸弱的俄罗斯拖至精疲力竭。战场中的失利转化为严重的国内社会危机,诱发了资产阶级的"二月革命",看似强大的沙皇政权一夜之间被戏剧性的推翻。而后的"十月革命"则进一步"用烈火焚烧腐旧",建立了崭新的社会主义政权,自此,俄罗斯走上一条加速工业化、赶超强国的道路。在传统的"中心—外围"体系的国际格局中,俄罗斯面临着极为恶劣的国际环境约束。一方面,严重的军事压力迫使俄罗斯必须建立强大的军事力量以巩固国防、维护统一、保卫国家安全;另一方面,建立强国的基础在于拥有一个强大的国家体制,积累雄厚的经济物质基础。这些因素进一步为俄罗斯现代的国家制度选择设置了一个比较严格的外生约束条件。

2. 传统计划体制与全能主义国家兴起的内生动力

在既定的传统社会经济结构和国际格局的制约下,主导国家的政治力量如何运用特定的政治经济政策改造社会制度结构、维护国家的政权稳定、实现国家富强的历史夙愿,就成为国家的一个主导性目标偏好。在这一目标偏好的诱导下,国家自然会内生出一系列特定的政治、经济和社会制度选择。就俄罗斯而言,传统计划经济体制与全能主义国家兴起的内生动力主要源于以下三个方面的因素。

(1)国家复兴与现代化的内在诉求。如前所述,传统的俄罗斯社会具有经济发展水平低、经济结构老化、社会贫困和经济自主性低的特点。这种特定的社会经济结构决定了俄罗斯社会缺乏一种自我积累的能力,难以单纯依靠经济和社会中的自发力量完成资本的原始积累、技术的创新突破、经济结构的迅速飞跃,而只能依靠一个具有强大权威和能力的政治组织(国家)克服市场和社会的缺陷,集中整合社会经济资源实现现代化的目标。与此同时,需要一套特殊的经济体制和机制,实现国民经济工业化、现代化的目标。经济学家林毅夫认为,在一种资本稀缺的资

①保罗·肯尼迪.大国的兴衰——1500~2000 年的经济变迁与军事冲突[M].北京:求实出版社,1988:19.

源禀赋约束结构下推动重工业化的赶超战略,需要降低工业(特别是重工业)的发展成本,提高汲取和调动资源的能力,以便为重工业发展提供廉价劳动力、资本、原材料以及必需的技术和设备。这就需要形成一种与工业化战略相匹配的宏观政策环境,其核心就是全面排斥市场机制的作用,人为扭曲生产要素的价格,包括压低利率和汇率,压低工资和能源、原材料价格,压低农产品和其他生活必需品及服务价格等。对要素价格的人为扭曲势必带来生产要素供给的普遍短缺,这就需要建立起一个高度集中的资源计划配置制度,以统一调配稀缺的资源。扭曲的要素价格和计划管理体制虽然能够营造推动工业化战略的宏观环境,但是却无法保证企业等微观经济主体的积累方向符合工业化的要求,为此,需要通过国有化和集体化的措施,将工业和农业中的微观生产主体完全控制在国家手中,使其整合为庞大工业化体系的一个必要组成部分。由此,在国家工业化目标的诱导下,便自然内生出一个扭曲的宏观环境、资源计划配置制度和国有工业企业与集体农业三位一体的传统计划经济体制[1]。

(2)巩固国家安全,维系社会秩序治理的必要前提。1917 年"十月革命"前后,俄罗斯面临着严峻的内外环境约束。一方面,布尔什维克政权面临着镇压国内叛乱和反动势力反抗的任务;另一方面,面临着外国敌对势力武装干涉的威胁。内外因素的相互交织,使俄罗斯的社会秩序分崩离析,陷于无政府的边缘地带。为了巩固国家安全,使俄罗斯摆脱混乱无序的状态,客观上要求一个强有力的国家发挥强制性的制度供给和秩序治理功能。著名美籍华裔历史学家黄仁宇先生的一段话对这种国家治理模式形成的内在机制进行了非技术性语言的最好说明:"俄国在1917 年,近于霍布斯所说,国体解散,全民恢复到初民之初绝对自由和无政府状态。虽说实际并无'所有人和所有人作战'的状态,但群众各行所是,不听约束。在很多情形下,群众之激,尚超过布尔什维克之意料。在这种情形之下,环境所需的不是宽大温和的政治家,而是'巨灵',一个带全能性且具有经济性格的现代政府。"[2]

(3)主导性政治力量的认知模式与意识形态偏好的影响,成为计划体制与全能主义国家兴起的重要主观推动力。以列宁为核心的布尔什维克政党成为主导国家运行的主导性政治力量。这一政治组织不仅继承了马克思和恩格斯的社会主义经典思想,而且根据俄罗斯特定的国情对其进行了进一步的发展。这种认识作为一种意识形态因素,强有力地影响着国家的政治经济决策。马克思和恩格斯对资本主义经济制度的罪恶进行了无情的批判,在此基础上提出了未来社会的制度设想:①未来社会将实行生产资料公有制,劳动者作为自由人联合体共同占有和使用生产资料。②在未来社会,商品货币关系将不复存在。③未来社会实行计划管理,

①林毅夫,蔡昉,李周.中国的奇迹:发展战略与经济改革(增订版)[M].上海:格致出版社,上海三联书店,上海人民出版社,1999:28 - 61.

②黄仁宇.资本主义与二十一世纪[M].北京:生活·读书·新知三联书店,1997:425.

无需市场机制发挥作用。④未来社会将像"一座工厂"那样组织起来,统一运行。⑤在未来共产主义社会的初级阶段实行各尽所能、按劳分配的分配形式,在其高级阶段实行各尽所能、按需分配的分配形式①。然而,受特定历史条件的约束,马克思和恩格斯不可能提出建设社会主义的具体方案,因此,以列宁为首的革命者只能根据俄罗斯的国情进行艰难的探索。根据1917年、1918年的特殊情况,列宁提出了不利用市场而直接通过产品交换来建设社会主义经济的构想。在实践中体现为从"十月革命"胜利到"战时共产主义"政策的实施,主要包括:废除土地私有制,禁止土地买卖、出租和抵押;实行银行国有化;实行大工业的国有化;实施严厉的粮食和农业政策,实行余粮征集制;在分配和流通领域采取经济关系实物化,禁止自由贸易,缩小货币流通范围;采取普遍的义务劳动制和强制性的劳动动员等。可以说,马克思和恩格斯对未来社会的设想,以及列宁的革命思想和实践成为苏联传统计划经济体制和全能主义国家兴起的有力推动。

3. 传统体制下的国家制度能力

美国著名政治学家贾恩弗朗哥·波齐认为,20世纪的苏联创造了一种与西方自由主义民主国家截然不同的国家体制。从国家、市场及社会之间的关系来观察,苏联的国家治理结构呈现出如下特征。首先,存在一个高度集权、集中的政府组织结构。在政治层面,一党制结束了"二月革命"后多重权力中心并存的局面,建立起党—国同构的政治体制。无产阶级政党以其先锋队的角色对制度变革发挥绝对的主导作用。在行政层面,政府的权力和活动范围高度扩张,政府通过自己的机构行使权力,但是要通过制定日常的、约束性的政策领导国家,利用国家资源展开活动②。其次,以国家所有制为基础的中央计划经济体制全面掌控国家的经济生活。在这种体制中,国家占有了包括土地、资源、资本和劳动力在内的几乎所有生产要素。政府还直接控制和管理生产、分配、流通等各个环节,不存在市场经济条件下作为独立经济实体的企业。政府通过严格的层级秩序和行政指令来搜集信息,制定庞大的经济计划,并借助强制性的行政手段确保经济计划得以实施。与此相应,经济发展呈现出高度的封闭性、强制性、粗放性以及工业优先(特别是重工业和军事工业的绝对优先地位)的特征。最后,在社会生活领域,形成了一种特殊的"社会保障型国家"体制。国家与社会缔结了一种隐性的社会契约。国家承诺在就业、社会保障等领域承担一系列广泛的责任,为公民提供一个安全、平等的生活环境。而社会则将自身所拥有的绝大部分自治权力转让给国家。在这种社会结构中,社会分化程度较低,社会的开放程度和流动性较弱,更不允许存在独立于政府管辖的公民社会组织。

在传统体制下,苏联的全能主义国家曾一度展现出极为强大的国家制度能力,

①孔田平.东欧经济改革之路:经济转轨与制度变迁[M].广州:广东人民出版社,2003:3.
②贾恩弗朗哥·波齐.国家:本质、发展与前景[M].上海:上海人民出版社,2007:148-175.

正如美国政治学家迈克尔·麦克福尔所言:"由斯大林巩固的苏联政权是20世纪最强大的国家之一。"这一"强国家"具有高度的国家自主性和强有力的制度实施能力。这一点可以通过苏联对传统社会制度的改造和工业化的迅速推进充分体现出来。"十月革命"胜利后,列宁领导的布尔什维克党迅速发表了《告工人、士兵和农民书》,宣布全部政权归工人、农民、士兵代表苏维埃。随后,通过了《和平法令》和《土地法令》。在《土地法令》中,苏维埃政府谴责一切帝国主义战争并建议一切交战国立即停战,签订不割地、不赔款的合约。《在土地法令》中,苏维埃政府宣布全国所有土地收归国有,由国家分配给劳动人民耕种。随后,通过"战时共产主义"政策,进一步扩大了国有化实施的范围和程度,并试图取消商品货币关系,实行统制型经济。在对俄罗斯进行经济改造的同时,新政权还通过强制手段对国家进行政治和社会整合。首先,对于那些直接威胁苏维埃政权的政治力量,布尔什维克党以国家政权的力量予以粉碎。1918年1月关闭了立宪会议,将立宪民主党和社会革命党(右派)驱逐出俄罗斯合法的政治舞台;对于那些非法的反苏与反共的活动,则通过1917年12月成立的全俄肃反委员会(契卡)进行严厉镇压。通过这些强力手段,整个社会范围内不再存在与新政权对立或竞争的合法的政治力量中心,这是国家对社会整合的第一步①。其次,强化布尔什维克党自身的组织与纪律。保持政权的集中与统一是列宁始终强调的问题之一。在国内战争时期,列宁就强调"共产党必须按照高度集中的方式组织起来,在党内实行像军事纪律那样的铁的纪律,党的中央机关必须拥有广泛的权力,得到全体党员的普遍信任,成为一个有权威的机构。只有这样,党才能履行自己的义务"②。革命胜利后,列宁在实施新经济政策的俄罗斯共产党(布尔什维克)十大上,又进一步通过了禁止党内派别活动的决议,以保证中央政权实现最大程度的统一。总之,通过上述措施,苏维埃政权的政治和社会整合达到相当高的水平,并被进一步制度化和法制化。在此过程中,国家也获得了高度的自主性,它几乎能够独立于一切社会集团和力量,独立自主地形成自身的政策目标。

国家自主性的确立,为苏联进一步推行各种崭新的社会经济制度奠定了一个强有力的政治基础。同时,高度自主性的国家也具备了强大的行动能力,能够有力地推动和实施包括工业化在内的一系列制度改造。完成工业化是俄罗斯壮大自身力量,实现与西方资本主义国家抗衡的夙愿。但是在如何实现工业化的问题上,苏联共产党内部曾经存在过严重的分歧。以叶·普列奥布拉任斯基为代表的"超工业化派"主张,为了实现迅速工业化的目标,所有经济政策都应当服务于国家的原始积累,而行政手段最有利于达到这一目的。国家应尽可能使用行政手段掌控国民经济,在对生产关系进行社会主义改造的基础上建立起全面、有力的计划经济体

①唐士其.国际与社会关系——社会主义国家的理论与实践比较研究[M].北京:北京大学出版社,1998:
　　136－139.
②唐士其.国际与社会关系——社会主义国家的理论与实践比较研究[M].北京:北京大学出版社,1998:142.

制。在国营经济实现正常积累之前,社会主义将经历一个原始积累的过程;国家必须使用超经济的强制手段来为工业化积累必要的资金。原始积累的主要方式包括工业品和农产品之间的不等价交换、对非社会主义经济成分征收高额税款以及实施通货膨胀等政策。以布哈林为首的"协调发展派"则提出了一条不同于"超工业化派"的工业化道路,即培育和发展农民经济,保持农业与工业的"动态平衡",当农民积累资金之后就会对工业产生新的需求,这将为工业发展开辟广大的国内市场。

苏联共产党内部的争论并未阻碍苏联工业化的历史进程,斯大林在列宁逝世后力排众议,进而利用国家的强大力量开展了一场狂飙突进的工业化运动。1926～1928年是工业化开始阶段,主要任务是改建和扩建原有工业企业,同时新增几千家企业;"一五"经济计划时期,大规模工业化加速推进,并将建立强大的重工业作为对整个国民经济进行社会主义改造和技术改造的基础;"二五"经济计划时期是对国民经济进行技术改造阶段,国家对工业、农业和运输业等各个经济部门进行技术改造,建立新的技术基础。伴随着工业化的全面展开,工业中的社会主义成分也不断得到扩大,到1932年已经把工业方面的资本主义成分消灭,社会主义经济成分在工业中占据统治地位。在实施工业化战略的同时,为了缓解农业发展缓慢、粮食供给不足的问题,苏联进一步实行了农业集体化措施,以确保为工业发展提供足够的经济剩余积累。

苏联工业化的迅猛发展,集中体现出国家强大的制度实施能力。苏联仅仅用了十几年的时间就完成了西方国家用百年时间完成的工业化。苏联官方统计数据显示,苏联工业化的速度超过了西方国家工业化最快时的速度:美国在1880～1885年期间的年增长速度为8.5%,西欧在1970～1900年为3.7%,日本在1907～1913年为8.6%,沙皇俄国在1895～1900年间的平均工业化速度为9.2%,而苏联工业在1929～1940年的年均增长速度高达16.8%,尤其在1929～1932年工业化最高潮时期,工业年均增长率更高达19.2%[①]。伴随着工业化的迅速推进,苏联工业生产规模和能力也不断扩张,表5-4中的数据显示,苏联工业产值占世界工业总产值的比重也从1929年的5%跃升至1938年的17.6%,成为仅次于美国的世界第二大工业国。

尽管苏联的工业化和农业集体化进程充满了强制性,也使苏联人民付出不小的牺牲,但不可否认的是,国家推动下的工业化在短期内医治了战乱带来的创伤,并建立起相对完整的国民经济体系,初步实现了国家现代化的目标。也正是工业化打下的雄厚基础,使得苏联在经历第二次世界大战初期的沉重打击后迅速反击,最终战胜了不可一世的法西斯"第三帝国"。苏联的国际地位也在第二次世界大战后空前提高,成为可与美国抗衡的唯一超级大国,苏联的政治经济发展模式也以

---

①王文奇.俄罗斯:悄然复苏的北极熊[M].长春:长春出版社,2010:83-84.

其强大的制度示范效应,在东欧国家和广大第三世界国家得到推广。

表5-4 诸大国在世界工业产值中的比重(1929~1938年)

国家 \ 年份	1929	1932	1937	1938
美国	43.3	31.8	35.1	28.7
苏联	5.0	11.5	14.1	17.6
德国	11.1	10.6	11.4	13.2
英国	9.4	10.9	9.4	9.2
法国	6.6	6.9	4.5	4.5
日本	2.5	3.5	3.5	3.8
意大利	3.3	3.1	2.7	2.9

资料:保罗·肯尼迪:《大国的兴衰》,蒋葆英译,北京:中国经济出版社,1989年版,第413页。

二、经济改革与国家制度能力演变

传统计划经济体制与全能主义国家在特定的历史环境中曾经发挥过积极的作用。首先,国家利用其强大的权力、权威将被战争和内乱"撕裂"的社会进行强有力的整合,从而使俄罗斯脱离了"霍布斯丛林地带",形成了一种相对稳定的国家秩序结构,并由此开启了民族构建、国家构建以及现代化的进程。其次,极大地集中和调动了俄罗斯极度稀缺的财力、物力和人力资源,在较短的时间内建立起比较完整的现代国民经济体系,国家整体的经济结构、产业结构、技术发展水平得到了前所未有的改善与提升。最后,在人类历史上第一次建立起社会主义经济制度。在这种制度框架下,以公有制、计划体制为核心的一系列制度安排消除了长期困扰资本主义市场经济的经济波动、失业问题,同时大大缩小了建立在私有财产基础之上的分配差距。从这个意义上讲,至少在传统社会主义体制建立初期,全能主义国家在实现经济效率与社会公平这两个方面还是凸显了其所具备的巨大优势。

但是,伴随着国家权力和干预范围的过度扩张以及计划体制的不断僵化,其促进社会经济持续高效发展的能力也在不断下降,从而降低了经济效率,影响了民众实际福利水平的不断提高(如经济结构畸形、普遍的短缺、产品质量低劣、创新动力衰竭以及经济增长速度下滑等)。造成这种状况的主要原因在于:

第一,国家决策所需的信息成本异常高昂,使经济政策的有效性大大降低。计划当局制定正确的计划必须要掌握完备和准确的信息,但是由于计划内容过于庞大且面临着巨大的不确定性因素,因而信息的获取和收集异常复杂。正如埃斯特林和温特所言,"中央计划者发现,要制定一个可行的计划很难,因为未来在本质上是不确定的。为做出一个相关的预测,计划者需要掌握足够的信息,这不但包括当前的经济条件,而且还涵括决定未来状况的各种关系。这是一项非常困难且花费浩大的工作"①。

第二,国家难以提供有效的激励机制,使得个人目标与国家目标相偏离。国家试图以集体决策、集体利益和国家的战略目标替代私人决策、个人利益与个人目标,并且主要依靠强制和意识形态等非经济手段来保证计划和政策得以实施,这在很大程度上抑制了经济利益对经济行为主体的激励功能,导致个人利益与集体利益相互冲突,私人主体的目标偏好与国家整体的目标偏好无法相互兼容。

第三,国家无法有效配置资源,使经济丧失持续发展的动力。在计划体制下,政府干预完全代替了市场调解,经济计划和实物指标替代了货币、价格和价值规律的作用,从而使资源配置建立在"社会理性"而非"市场理性"的基础上。奥地利学派的米塞斯和哈耶克认为,取消了市场、货币、商品和竞争性价格形成机制,社会主义体制无法完成真正的"经济核算",难以使资源配置达到"帕累托最优"状态,因此,社会主义计划经济体制必然走向效率衰减,经济也必将失去持续发展的动力。苏联计划经济体制后来的实际效果不幸被他们所言中。

第四,国家机构的过度膨胀占用了大量稀缺资源,并滋长了官僚主义,导致国家治理效能下降。国家在本质上不是一个生产和创造财富的经济实体,而是一个消耗经济资源的公共治理主体。一方面,计划体制下国家机构与职能的过度扩张更加提高了国家和政府的行政成本,使国家与社会争夺稀缺资源,并加剧了国家与社会的对立和冲突。另一方面,由于缺乏必要的监督约束机制,政府机构内部所固有的"委托—代理"问题、官僚主义问题大量滋生,结果不仅造成决策失误、导致资源的巨大浪费,而且产生了大量的寻租、腐败等"国家机会主义"行为,不仅削弱了社会对国家统治的合法性认同,而且加速了国家制度能力的衰落。

第五,国家经济发展战略变异,导致严重的宏观经济失衡。计划经济体制下,政府高度重视生产和积累,而对居民的消费需求严重忽视。将经济发展等同于重工业发展的指导思想,维持高储蓄率以满足工业发展积累需要的做法,导致产业结构畸形化,消费品生产发展缓慢,致使经济中出现普遍的消费品短缺问题②。

由于国家权能范围过度扩张所内生出的上述一系列严重危机,苏联的全能主义国家无法支持高度集中的中央计划经济体制的有效运行,社会经济系统内部也出现了大量的混乱与无序,从而导致体制效率衰减,经济增长速度放缓甚至停滞(见图5—1和表5—5)。这种状况在很大程度上使社会对国家治理的满意程度和信任程度降低,换言之,促进社会经济发展能力的弱化对国家实现自身统治目标的能力产生了"负反馈"效应,结果迫使统治者不得不对传统体制进行调整,从而使苏联从20世纪50年代中后期开始进入到一个周而复始且断断续续的改革进程之中。

---

①索尔·埃斯特林,尤里安·勒·格兰德. 市场社会主义[M]. 北京:经济日报出版社,1993:127.
②徐坡岭. 俄罗斯经济转型的路径、特征与问题. 载冯绍雷,相蓝欣主编. 俄罗斯经济转型[M]. 上海:上海人民出版社,2005:50.

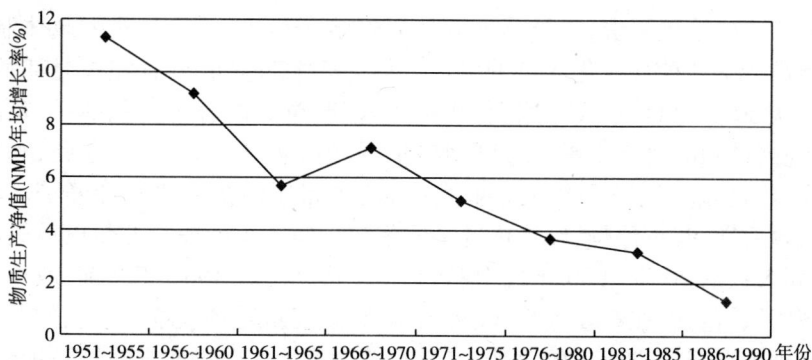

图 5 - 1　苏联经济增长的长期趋势(以五年为期)

资料来源：Marie Lavigne，The Economics of Transition：From Socialist Economy to Market Economy. 2nd ed. London：Macmillan Press Ltd. ，1999：58，59。

表 5 - 5　苏联的经济增长周期(1950 ~ 1989 年)

周期 NMP(物质产品净值) 增长率(%)								
1950 ~ 1951 年	1952 ~ 1953 年	1954 ~ 1956 年	1957 ~ 1963 年	1964 ~ 1968 年	1969 ~ 1973 年	1974 ~ 1978 年	1979 ~ 1988 年	1989 年
16-0	8.8	11.6	6.0	8.2	6.5	5.0	3.3	—

资料来源：格泽戈尔兹·W. 科勒德克：《从休克到治疗——后社会主义转轨的政治经济》，刘晓勇、应春子等译，上海：上海远东出版社，2000 年版，第 69 - 70 页。

　　学术界一般认为，苏联改革传统计划经济体制的先声始于 1921 年列宁推行的"新经济政策"。新经济政策的核心在于"把社会主义与市场经济直接相联系"。与之相应，在实践层面也对过于严厉的"战时共产主义"政策进行了必要的修正，例如，废除余粮征集制，改行粮食税；采取国家资本主义，以租让和租赁的形式在国家无力经营的企业中引入外资；部分恢复贸易和商品货币关系，允许个体企业、合作社的存在。尽管如此，"新经济政策"仅仅是迈向更为严酷的国家统治进程中的一种"暂时退却"。在列宁逝世后，斯大林则彻底抛弃了新经济政策，以国家的强制力量进行更为激进的改造，并最终确立起高度集权的斯大林模式。

　　1953 年斯大林逝世后，社会主义阵营普遍发起了一场"去斯大林化"的运动，也正是在这一背景下，苏联展开了其漫长而又曲折的改革历程。一般而言，学术界将苏联的改革划分为三个主要阶段：第一个阶段是赫鲁晓夫时期的改革，时间大致从 20 世纪 50 年代中期到 60 年代中期，改革的内容主要包括：一是在农业领域提高农产品收购价格，鼓励集体农庄个人从事副业，大规模垦荒扩大耕地，增加国家在农业方面的投资；二是在工业领域对传统的"条条式"的工业管理体制进行改革，变部门管理原则为地区管理，用各地方行政区的国民经济委员会代替了原中央各部委对工业的管理职责,以提高地方发展经济的积极性;三是对财政体制、企业管理体制进行了各种分权化改革的尝试。第二个阶段是勃列日涅夫时期的改革,时间大致从 20 世纪 60 年代中期到 70 年代末,改革的内容主要包括:一是改进计划工作,提高计划的科学水平;二是采取"加强经济刺激"这一改革思路,利用经济杠杆完成"经济核算";三是扩大企业自主权,主张用经济方法管理经济。在勃列日涅夫执政后期,改革停顿,经济再度走向集权。第三个阶段是戈尔巴乔夫时期的改革,时间大致从 20 世纪 80 年代中期到 90 年代初。在 1987 年之前,改革主要集中在经济领域,包括:在科技进步、经济结构改造、经济管理改革和有效的劳动刺激形式的基础上对经济进行质的改造,实现生产集约化;改变企业的经济地位,使其成为独立的商品生产者和经营者;改变集中管理的职能和方法,采用经济方法管理经济;改革经济管理机构,明确"责、权、利"关系;促进企业实行完全的经济核算和自筹资金制以及宏观领域的改革等。1987 年之后,改革转向政治领域,提出了"民主的、人道的社会主义"的概念,而且特别强调了政治体制改革是整个改革不可逆转的关键和保证,并将公开性、民主化和社会主义舆论的多元化作为改革成功的必要前提。总体而言,这三次改革的初衷都是为了通过局部分权或局部引入市场机制的方式来激活传统计划经济体制的活力,但其最终都以失败而告终。不过,这种局部改革还是多少触及全能主义国家治理模式的某些制度构成,并使其逐渐发生着演变。

第一,改革使政府对经济社会的控制有所松动。这主要体现为国家对经济与社会的控制不再像斯大林时代那样严酷,专政的程度有所缓和,极端残酷与恐怖的强制手段、镇压手段明显减少。在赫鲁晓夫时期,改革首先触及了传统的计划管理体制,并由此引发了中央与地方关系的调整。在 1957 年的改革中,传统的部门管理原则改变为地区管理原则,各地方行政区的国民经济委员会代替了原来的中央各部委履行对工业的管理职责。这是一次"分权"的尝试,弱化了中央的经济管理职能,相应地提高了地方的权利。勃列日涅夫时代虽然逆转了赫鲁晓夫时代的行政分权试验,但是却在政府与企业这一维度展开了经济分权,不仅借鉴了经济学家列别尔曼的建议,引入了利润、奖金等经济核算和激励手段,而且赋予了企业部分的自主经营权利。至于戈尔巴乔夫改革后期,政府放权的趋势更为明显,政府对经济、政治、社会、文化等领域的控制更为放松,甚至最终到达难以控制的境地。

第二,改革使得苏联逐步出现一个脆弱的、畸形的、不规范的市场经济萌芽。尽管在全能主义治理模式中,计划将市场排挤和压制到最小限度,但它并没有也不可能完全消失。伴随着改革时期国家控制的松动,在利益机制的驱使下,市场也再度萌生。特别是在戈尔巴乔夫改革时期,由于大大缩小了计划经济体制作用的范围,减少了政府对企业的行政干预,在一定程度上给予了企业、行业协会等社会经济主体经营的自主性,从而在不知不觉中催生了俄罗斯市场经济的"原生形态"。1987 年的《国营企业法》给予企业更大的自主权,迫使它们服从仍处于限制中的市场力量。1988年5月的《合作社法》进一步给予了合作社与国有企业平等的权利，使得这些企业得以经营社会所需要的各种消费品、生活品，从而使苏联的中小型非国有经济开始大量萌生。但是由于相关的法律和制度并不健全，也缺乏相关的约束监督机制，因此，给予国营企业和合作社企业的经营自由权往往便利了经理人员将国家财产转换为私人财产，这实际上开启了"自发私有化"的闸门，从而使苏联高度公有化、成分单一化的所有制与产权结构在静悄悄地发生着变化。此外，合作社企业合法化之后，使苏联在此之前就存在的大量"第二经济"进一步得到"繁荣"。而且这些非正式的经济成分还常常利用物资短缺、价格差价等体制性弊端产生的租金空间，通过倒买倒卖的方法赚取非法利润，并与腐败的官僚、黑社会组织"沆瀣一气"，从而编织了一张"地下经济之网"。实际上，无论是犯罪组织还是它们与官僚精英的勾结，在斯大林去世之后，特别是勃列日涅夫时代就有了增长和发展，不过，戈尔巴乔夫的改革无意中给它们的滋长创造了条件。总之，戈尔巴乔夫"四面出击"、缺乏协调性的经济改革尽管破坏了苏联经济体制的整体性，但是却打破了全能主义国家对经济系统的垄断与控制，给私有财产、市场创造了一个"自生自发"的空间。当然，也正是由于这种非系统的、不协调的、不规范的改革，使得这种市场经济从一出生就不免带有各种各样的先天不足。正如俄罗斯学者科萨尔斯和雷芙金娜指出的那样，戈尔巴乔夫时代不规范的经济改革成为俄罗斯"犯罪式"资本主义市场经济的一把主要的"开启钥匙"①。

第三，改革导致苏联出现了社会分化的趋势，一个不成熟的公民社会也在孕育之中。在改革与双轨并存（行政计划协调与市场协调并存）的过程中，伴随着政治与经济控制体系的松动，各种体制外的多元化的社会经济力量也开始出现。在改革期间，苏联共产党允许人们不必经它的同意和参与就可以建立非正式的团体，从20世纪80年代末到整个90年代，这些独立性社团在苏联和俄罗斯得以迅速发展。一些西方学者认为，这是在建立一个独立于"政党—国家"之外的公民社会上迈出的重要一步。这些非官方的团体、组织可能是文化的、职业的、民族的、慈善的，也可能是妇女团体，甚至是反对派建立的政治组织。它们有些是真正独立自治的，有些则是和中央、地方精英甚至国外组织有着密切的联系。诚如一些西方学者所言，这些组织是弱小的、"支离破碎的"，它还不足以成为构成政治舞台的相互作用和关系网络的一部分，因而也是一个"不成熟的公民社会"②。但是这一力量的出现，毕竟使得苏联出现了一个独立于全能主义国家的政治、经济与社会力量，因此从根本上改变了传统体制下国家与社会的基本博弈关系，从而为社会最终从全能主义国家的控制之下"逃逸"创造了条件。

从20世纪50年代中期开始的周期性改革虽然使苏联的社会经济结构发生了

---

① 张慧君. 俄罗斯转型进程中的国家治理模式演进[M]. 北京:经济管理出版社,2009:128-129.
② 卡瑟琳·丹克斯. 转型中的俄罗斯政治与社会[M]. 北京:华夏出版社,2003:174.

许多明显的变化,但它非但没有从根本上改进计划经济体制的效率,反而导致了国家的严重变异,从而使国家实现自身目标偏好的能力与推动社会经济发展的能力全面弱化。而这种"强国家"蜕变的过程显然和全能主义国家特有的制度障碍与局部改革内在的缺陷相互强化的过程具有密切关联。

第一,改革受到执政者意识形态刚性的制约,出现周期性波动,无法持续平稳推进,从而严重削弱了国家的制度调适和学习能力。改革的动力来自最高执政者改进计划体制效率、维护政权稳定性的诉求,然而一旦这种改革因触及意识形态"红线"、引发计划经济秩序紊乱之时,执政者就会采取保守策略,中断改革,使其向传统体制回归。一次次有始无终的周期性改革始终无法摆脱传统体制的束缚,一味地将国家所有制和中央计划经济体制等斯大林主义所确立的条规看作是社会主义的根本制度特征,而不敢更加稳健、有序和深入地引入市场机制来实现社会主义与市场经济的有机结合,结果错过了有效改革传统计划经济体制的最佳时机,从而使生产力与生产关系之间的矛盾不断加深,最终使计划经济体制的制度效率与收益消耗殆尽,社会经济陷入萧条甚至停滞的状态。此外,不稳定和非连续性的改革也导致了国家改革承诺的不可置信性,扰乱了个体的理性预期,并且导致了行政、计划协调机制与市场协调机制的持久摩擦和冲突,从而给计划经济体制的运行带来更大的混乱与无序。正因为如此,科尔奈得出了这样的结论,即社会主义计划协调(官僚行政协调)与市场协调不可兼容,二者的并存只能增加整个经济体制的非稳定性、非效率性,唯一的出路在于全面向自由市场经济体制过渡。

第二,改革期间出现的政治经济控制体系松动使得苏联出现了以官僚集团为核心的"分利性联盟",进一步弱化了国家的制度实施能力。革命领袖列宁曾对社会主义国家的"官僚化"问题有过深刻的洞见,认为"官僚主义"很可能是导致社会主义国家出现专制、腐败和效率低下等"异化"现象的根源,因此需要通过加强无产阶级政党的领导来克服社会主义国家官僚化的问题。但是实践证明,苏联并未找到一个有效克服国家"官僚化"问题的治理之道。俄罗斯高度集权的官僚体制不仅为个人专断、破坏社会主义法制提供了可能,并且造就了一支"无能、低效、僵化和保守的干部队伍"[①]。官僚集团成员虽然掌握着巨大的国家权力,享有普通民众所不具备的特权(如消费进口商品、拥有高级别墅、子女接受更好的教育和从事更体面的职业等),但是由于其具有相对狭隘的利益偏好,因此,与推动社会整体经济发展这一"共容利益"逐渐背离。奥尔森指出,在斯大林之后,以官僚、企业经理为代表的"狭隘利益集团"逐步形成了相互勾结的"分利性联盟",他们关注的不再是如何提高企业和国家整体的生产能力,而是致力于通过隐瞒真实信息、谋取国家补贴等各种"隐蔽的共谋"手段来实现自身的狭隘利益,从而给苏联整个计划经济

---

①常欣欣. 苏联的"制度僵化症"与苏联剧变——新制度主义的一个实证分析[J]. 中共中央党校学报,2002
　(6):116.

体制与秩序的平稳有效运行造成了巨大的障碍①。此外,由于官僚特权阶层的威望、福利甚至财富是依靠高度集权的政治经济体制所赋予的权力垄断租金,因此,任何有可能缩减这些垄断租金的经济市场化改革都自然会遭到这一既得利益集团的反对。官僚特权阶层所形成的保守势力对改革的抵制成为促使戈尔巴乔夫将改革重点转移到政治领域的一个重要诱因。

第三,改革策略选择失误加速了体制崩溃与国家制度能力的衰退。戈尔巴乔夫时代的俄罗斯经济改革颇具市场社会主义色彩。但是,当这种改革遭遇到阻力和困难之时,戈尔巴乔夫仓促发动了以"公开化"、"民主化"和"多元化"为核心的激进政治变革,以试图为经济改革的推进打开突破口。毫无疑问,苏联高度集权、僵化的政治体制是制约经济改革和社会发展的重要因素之一,对其进行改革也是必要之举。但是政治改革必须要充分考虑到本国的历史、政治、经济与社会环境的制约,不能使政治改革超越了国家和社会所能承受的范围;否则,过度激进的政治改革很容易使国家整体的制度环境发生断裂,导致国家制度能力的急速下降,从而引发更为严重的社会秩序动荡,经济改革也必然无法顺利推行。然而,戈尔巴乔夫发动的政治改革恰恰忽略了俄罗斯与社会的结构性约束(如专制主义的传统根深蒂固,在政治改革的方向、方式方面缺乏比较一致的社会共识等),将国家引向了全面崩溃的道路。戈尔巴乔夫发动的激进政治改革从三个层面导致了国家自我崩溃的过程,即公开化导致共产党合法性的丧失;民主化导致国家机构组织力量的瘫痪;多元化导致民族分离主义的滋生。上述三个层面的激进改革实际上已经将"政党—国家"的基本制度拆散,使得苏联实际上处于一种"无国家"状态,国家自然也丧失了对制度改革进程进行有效控制的能力,结果在不同政治力量与利益集团的激烈政治博弈中启动了国家解体与制度剧变的进程②。可以说激进政治改革的策略选择是导致苏联制度解构、国家制度能力耗竭的最为直接的因素之一。

第四,改革期间出现的一些体制外的经济与社会成分成为国家制度能力瓦解、体制崩溃的重要外部力量。在改革与双轨并存(行政计划协调与市场协调并存)的过程中,伴随着政治与经济控制体系的松动,各种体制外的多元化的社会经济力量也开始出现,从而使苏联逐渐萌生了所谓的"第二经济"、"第二社会"乃至"第二文化",也就是游离于官方控制之外的经济力量、社会力量以及文化环境。西方学者认为,这些体制外的、非官方的多元化趋势的出现在某种程度上意味着苏联和东欧地区国家正在逐步摆脱国家的束缚,从"全能主义"体制走向"早期后全能主义"

①曼瑟·奥尔森.权力与繁荣[M].上海:上海人民出版社,2005:105-120.
②杨光斌,郑伟铭.国家形态与国家治理——苏联—俄罗斯转型经验研究[J].中国社会科学,2007(4).

体制、"成熟的后全能主义"体制①。尽管多元化的社会经济成分的出现表明市场社会主义改革激活了长久被抑制的社会自组织能力,但是如果缺乏必要的约束和控制,这种体制外的社会经济成分很可能成为瓦解国家权力与能力的深层隐患,苏联国家改革后期的状况就是如此。在这些国家,不规范的"第二经济"常常成为滋生"影子经济"、自发私有化和有组织犯罪的温床,从而削弱了国家必要的财政汲取能力、合法暴力垄断能力以及秩序治理能力;而"第二社会"、"第二文化"则成为包容和孕育自由派、反对派力量,进而使之与国家进行对抗的场所。由于国家与社会长期的隔膜与非良性互动,因此俄罗斯的政府无法及时将这些体制外的经济与社会成分纳入体制内规范发展的轨道或者进行有效的控制,结果使得这些成分逐步滋长,改变了国家与社会的力量对比和基本博弈关系,从而最终导致了社会对国家的反抗,进一步使国家丧失了对改革进程的必要调控能力。

综上所述,在固有的制度弊病和失误的改革策略共同作用下,苏联的改革未能有效化解全能主义国家的内在矛盾、改善社会主义经济体制效率,并进一步导致了国家行为发生更为严重的异化,国家治理经济和社会的能力也处于一个全面削弱的状态之中。最终使得全能主义的"强国家"退化为"弱国家"、"失败的国家"。国家制度能力的严重下降,使得其无法控制改革进程,从而导致苏联最终走上激进变革之路。图5-2为苏联改革时期的国家制度能力演化路径,将苏联改革时期国家制度能力退化的轨迹进行了直观描述。

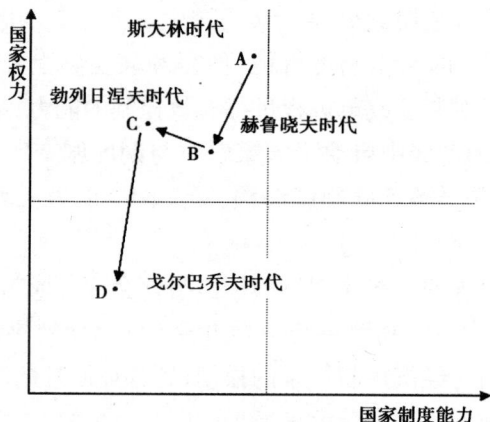

图5-2　苏联改革时期的国家制度能力演化路径

---

①胡安·J.林茨,阿尔弗莱德·斯泰潘.民主转型与巩固的问题:南欧、南美和后共产主义欧洲[M].杭州:浙江人民出版社,2008:45-54.

第二节 国家制度解构与能力衰败：
叶利钦时代俄罗斯的转型危机

1991年12月底,作为地缘政治大国的苏联彻底瓦解;1992年1月,俄罗斯宣布实施"休克疗法",正式踏上向市场经济转型的道路。自此,自由派改革者带着狂热与惊喜,开始对俄罗斯的政治、经济和社会制度展开大刀阔斧的改革。然而,不久人们就意识到剧烈的制度重构并未带来企及已久的繁荣和稳定;相反,国家与社会的秩序动荡、经济发展的日趋凋敝成为大变革时代的主题曲。导致俄罗斯转型危机的深刻根源在于激进转型导致的国家制度崩溃与制度能力衰败,它使得俄罗斯在叶利钦时代长期陷入秩序分裂与经济衰退的陷阱中。本节试图揭示俄罗斯转型期国家制度能力衰败的历史与内在逻辑。

一、激进转型战略的形成与国家制度形成能力的僵化

早在戈尔巴乔夫改革后期,苏联制度演进的"路标"就已经发生重大转向[1]。长久以来,以完善计划经济体制为目标的改革已经无法使苏联这架庞大而又严重老化的全能主义国家机器重新焕发活力,因此,政府与学术界的精英开始将目光转向更加全面的经济改革——走向市场。这一改革目标转向最为明显的标志之一就是各种各样的市场化改革方案陆续被提出。美国著名苏联、俄罗斯问题专家马歇尔·戈德曼将当时政府官员和学界精英们提出的比较典型的经济体制改革和过渡方案归纳为12种(见表5-6)。从这些方案的内容不难看出,在20世纪80年代末期,苏联从计划经济体制向市场经济体制转型的动向已经越来越明显了。

表5-6 苏联改革后期的经济体制改革与向市场经济过渡的计划与方案

方案和计划名称	经济学家和官员	时间
1.强化并加强改革	阿贝尔·阿甘别吉杨	1985年3月
2.全面经济计划	阿巴尔金和经济研究所	1988年末
3.全面改革经济并向市场转化	阿巴尔金和经济改革委员会	1989年10月
4.计划和市场	尼古拉·雷日科夫	1989年12月
5.支持市场	尼古拉·彼得拉科夫	1990年5月
6.5年计划	戈尔巴乔夫	1990年5月
7.400天计划	戈雷格里·亚夫林斯基、米哈伊尔·扎多尔诺夫、阿列克谢·米哈伊络夫	1990年2月

[1]胡键.俄罗斯转轨的制度经济学分析[M].上海:学林出版社,2004:38;刘文革.强制性制度变迁——"俄罗斯转轨之谜"的经济学解释[M].哈尔滨:黑龙江人民出版社,2003:105-109.

续表

方案和计划名称	经济学家和官员	时间
8. 500 天计划	斯坦尼斯拉夫·沙塔林	1990 年 8 月
9. 计划和市场	阿巴尔金和雷日科夫	1990 年秋
10. 合并沙塔林、阿尔巴金、雷日科夫的计划	阿甘别吉杨	1990 年 11 月
11. 就财产和市场改革问题举行公民投票	戈尔巴乔夫	1990 年 9 月
12. 折中方案	阿甘别吉杨	1990 年 10 月

资料来源：马歇尔·戈德曼：《失去的机会：俄罗斯的经济改革为什么失败》，上海：上海译文出版社，1997年版，第 76 页。

　　尽管市场化改革的征兆日趋明显，但是对于向市场过渡的目标模式、步骤和期限等问题，却远远没有形成共识。因此，在 1990 年，围绕着改革的方案、纲领，不同派别的政府官员、学界精英，及其所代表的社会利益集团开始了一场激烈的争论，并进而演变成一场政治较量。其中，最具代表性的就是由总理雷日科夫主持制定的"政府方案"①与时任俄罗斯最高苏维埃主席的叶利钦主持制定的"500 天计划"②这两个改革纲领之争。这两个改革纲领在向市场过渡的目标模式、改革内容以及过渡期限方面具有很大差异。前者主张建立一种可调节的市场经济，发展包括国有、集体、私有以及股份制在内的混合所有制经济，并分 3 个阶段大约 5 年的时间完成向市场的过渡；后者则将自由市场经济作为过渡的目标模式，主张尽可能分散国有财产，并通过一步到位的方式迅速完成向市场的过渡（500 天）。鉴于双方的建议和意见分歧严重，戈尔巴乔夫总统又在综合上述两个改革纲领内容的基础上提出了一个折中方案——"总统方案"。但最终遭到叶利钦的拒绝，并决定在俄罗斯联邦单独实行"500 天计划"。

　　改革纲领之争的背后反映出这样一个问题，即 20 世纪 80 年代后期激进的政治经济改革已经使得苏联的政府、社会精英的意识形态偏好发生了巨大的分化，这种分化使得意识形态市场、政治市场已经从全能主义体制下的绝对垄断状态，逐步走向一种准竞争状态（见图 5－3），这种准竞争状态并非意味所有社会成员（特别是普通民众）都能参与社会转型方案的公共选择过程，相反，只有少数权力精英、知识精英、经济精英主导了这种选择，因此，这时的政治市场、意识形态市场仍然是一种精英主导的"寡头垄断"型竞争模式。这种精英主导改革方案选择的模式在后来的俄罗斯转型进程中也同样突出。此外，精英们围绕改革纲领产生的分化还伴随着政治、经济权力与利益的斗争和博弈，这就增大了任何改革方案有效实施的"政治交易成本"，结果使得政府无法有效控制改革的进程，从而推动着国家整体的制度结构一步步走向剧变的临界点。随后发生的"8·19 事件"和苏联的大国解

①《关于国家经济状况和向可调节市场经济过渡的构想》，又称"政府方案"。
②以叶利钦的经济顾问、俄联邦内阁副总理亚夫林斯基制定的"400 天计划"为基础于 1990 年 7 月 30 日出台了向市场经济转轨的"500 天计划"。

体恰恰证明了这一点。

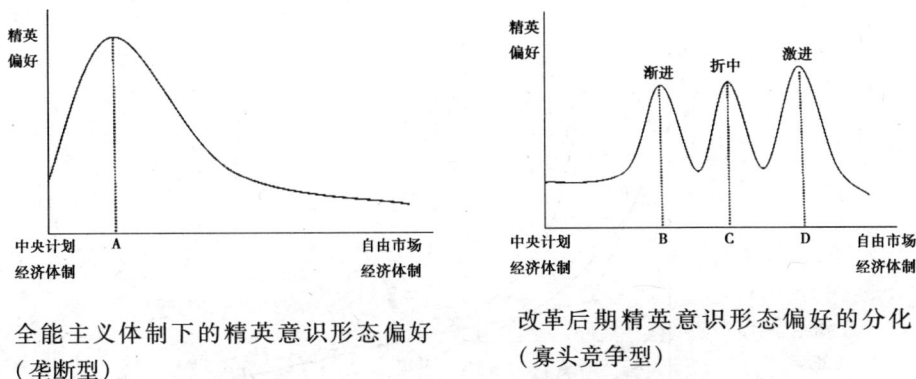

全能主义体制下的精英意识形态偏好
（垄断型）

改革后期精英意识形态偏好的分化
（寡头竞争型）

图 5 - 3　改革进程中的精英意识形态偏好转换

　　1992 年 1 月，以自由化、私有化和宏观经济稳定为核心的"休克疗法"全面实施，主要内容包括：一是一次性放开 90% 的零售商品价格和 85% 的批发工业产品价格。二是颁布《关于俄罗斯境内对外经济活动自由化》的总统令，废除对任何企业参与对外贸易的限制，允许其自由从事贸易活动。三是大幅削减政府的价格补贴以及对企业的各种补贴，严格压缩财政支出并削减赤字，同时，控制货币发行和信贷数量，并建立资金市场、外汇市场和证券市场。四是在鼓励中小企业自发私有化的同时，对大型国有企业实施大规模私有化政策。从 1992 年到 1997 年，先后通过"证券私有化"、"现金私有化"、"股份换贷款计划"等形式将 2/3 的国有企业转变为私人企业，到 1997 年，私营经济和私有化企业的产值达到 GDP 的 70%，私人企业从业人员的占比为 60%，投资额的占比为 74%[①]。

　　"休克疗法"的推行标志着俄罗斯的国家目标偏好发生重大转向，这种转向的内在机理可以运用第二章对国家目标偏好的分析框架加以解释（见图 5 - 4）。曲线 UU 代表了俄罗斯转型前国家主导性政治力量的无差异曲线，在既定的制度成本约束（CC）下，为实现效用最大化而确定的制度选择均衡点为 P 点，即高度集中的计划经济体制。伴随着转型的正式启动，国家的目标偏好发生了重大调整，相应地，制度选择的均衡点变为 M 点，即高度分权的自由市场经济体制。这种转变主要由两个动态调整过程构成。首先，以叶利钦、盖达尔等人为核心的激进自由派改革者登上俄罗斯的政治舞台，并成为国家的主导性政治力量。无论是出于对旧制度弊端的批判，还是出于纯粹的意识形态因素，他们都更加倾心于"盎格鲁—撒克逊"模式的自由市场经济体制。相应地，国家的目标函数也发生了变化，即由偏向坐标纵轴的无差异曲线 UU 转变为偏向横轴的 U′U′。其次，对自由派改革者而言，继续维持计划经济体制将面临高昂的制度成本，而选择建立市场经济体制则可以

①殷红. 俄罗斯转轨经济政策中政府诉求约束研究[M]. 北京：经济科学出版社，2009：91 - 93.

将这一成本大大降低,相应地,制度成本曲线也由 CC 变成 C'C'。新的无差异曲线与制度成本曲线相切的最优点变成了 M。

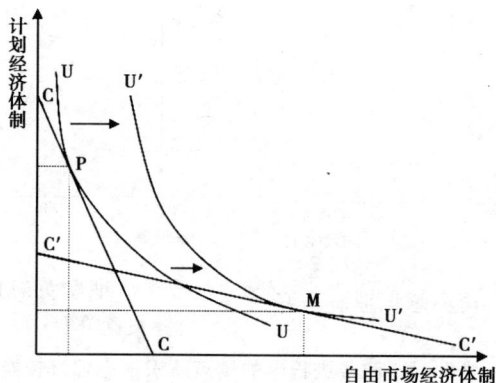

图 5 - 4　国家目标转换与激进转型实施

对俄罗斯而言,虽然选择激进的"休克疗法"具有一定的客观原因,例如,长期无效的渐进式改革使民众丧失了信心,迅速稳定极度严峻的宏观经济环境的需要,其他转型国家实施"休克疗法"形成的制度示范效应以及为了获得来自西方的经济援助等。但国家目标偏好的过度调整以及激进转型战略的实施,却在很大程度上削弱了国家有效的制度形成能力并使其不断走向僵化。

第一,"休克疗法"的实施,主要成为一种意识形态宣誓和政治斗争的手段,即试图通过激进的制度变革,迅速瓦解传统的计划经济体制乃至社会主义政治制度,迅速培育起支持转型的新生社会力量,以造就改革的不可逆转之势。哥伦比亚大学比较经济体制中心主任德塞在 2004 年对俄罗斯当年改革的最为重要的设计者、参与者(如盖达尔、丘拜斯、亚夫林斯基等)进行了深入的访谈。此后,她在《经济学展望》杂志上发表了"俄罗斯改革回顾:从叶利钦到普京"一文,其中明确归纳出叶利钦时代转型的四大特点:一是叶利钦及其改革团队蓄意避免与议会中的共产党等左派立法者进行任何协商;二是改革者大多不关心公众对改革计划的参与和接受程度,也不关心改革对失利群体所产生的分配性效应;三是叶利钦团队忽视了支持苏联计划经济体制向市场经济体制转型的不充分的制度基础;四是叶利钦成功地终结了旧的经济体制以及国家控制的政治模式。由此可见,当"休克疗法"的政治功能超越经济功能并进而固化为一种意识形态偏好之后,任何潜在的、更为稳健有效的制度改革方案都不可能进入国家主导性政治力量的决策集合,换言之,激进转型战略的政治化和意识形态化,阻断了有效制度供给的渠道。

第二,由于缺乏必要的变革准备以及缺少市场经济生成与运行的真实知识,"休克疗法"自身的设计也存在严重缺陷。从理论角度看,"休克疗法"主要以新古典主流经济学为蓝本来理解市场经济,这种理论将市场经济抽象和简化为一套在完全竞争条件下能够自动实现供求均衡的完美价格机制,而忽视了支持市场有效运转的各种正式和非正式的制度基础。从历史经验来看,任何成功的市场经济都并非一夜之间建立起来的,而是需要一个漫长的演化过程。在此过程中,传统与现代的传承、国家与市场的交融,是确保市场经济平稳有效发展的坚固"保护层",而"休克疗法"在以摧枯拉朽之势瓦解计划经济体制的同时,也将这一保护层完全破坏掉,市场经济也必然出现严重变异。从政策实践层面来看,一系列考虑不周的政策设计也削弱了"休克疗法"实施的效果。例如,全面放开价格与严格紧缩的宏观经济政策这一"完美组合",原本希望达到在矫正供求失衡的同时确保价格稳定的目标,但却忽视了微观主体行为转变及市场网络发育的滞后性所导致的"逆向冲击",结果出现了产出下降和通货膨胀长期并存的"滞胀"难题。大众私有化方案原本希望造就一个产权分散的广泛所有者阶层,但由于忽视了通货膨胀的宏观经济环境以及长久以来形成的势力强大的企业经理阶层的影响,结果出现了股权向内部人手中高度集中的问题。而罔顾本国企业竞争力薄弱的事实,一次性全面放开对外贸易,则带来大量贸易逆差,并沉重打击了本国的民族企业。

第三,国家在采取激进转型战略时患上了严重的"制度变迁短视症",加大了制度变迁过程的困难。俄罗斯的改革者奉行"深渊不能分两步跨越"的理念,认为制度变迁可以在瞬时完成,因而仅仅关注转型的目标,却严重忽视了转型的过程。在这一理念的指导下,改革者在设计制度变迁方案时仅仅考虑了市场经济体制的运行成本(见图5-4),而忽略了整个转型过程中耗费的其他成本,包括拆除计划经济体制的成本、实施制度改革方案的成本、改革失误带来的潜在损失的成本等。由于对转型成本缺乏通盘考虑,因此政府并没有为支付这些成本准备好充足的经济资源。当激进转型导致的制度断裂引发严重的社会经济危机之时,政府却手足无措,而只能由普罗大众独自承担巨大的社会成本。国家制度设计的失误,也必然导致社会民众对转型丧失信心,削弱了他们对改革的支持力度,使转型失去强大的动力。

二、制度结构的解体与国家制度实施能力的耗竭

比较制度分析学派认为,现实中的社会经济体制是由各种制度安排、组织结构和治理机制构成的制度系统,这些制度元素相互作用、相互协调,形成耦合与匹配的关系,使整个系统具有完备功能并能有效运行。构成经济体制的不同制度构成被划分为六大"域":共用资源域,即社会共同体拥有的各种资源;交易域,即从事交易的当事人拥有的私人物品;组织域,即多个参与者生产和分配的集合;组织场,即介于交易域和组织域之间的中间形态;政治域,即政府与私人参与者互动博弈形成的制度均衡;社会交换域,即社群规范和关系网络[①]。这六大制度域中的任何一

---

①青木昌彦.比较制度分析[M].上海:上海远东出版社,2001:24-27.

个要想有效运转都必须与其他域形成制度互补性关系。例如,"民主型国家"治理形态的生成就需要竞争性的市场交易域和多元的社会交换域的有力支撑。

同样,制度转型的历史经验也表明,成功的转型必须要有一套完整的制度结构加以支持。胡安·J.林茨和阿尔弗莱德·斯泰潘通过对南欧、南美和后共产主义国家民主转型的经验研究发现,成功的民主转型和民主政体的巩固需要五个相互作用的场域:一是必须存在一个自由和活跃的公民社会可以发展的条件;二是必须存在一个相对自主并受人尊重的政治社会;三是必须有法律可以确保公民合法的自由权利和独立的结社生活(法治);四是必须存在一个有效的国家官僚系统,支持新的民主政府运行;五是必须存在一个制度化的经济社会。其中,任何一个场域都与其他场域相互作用、相互强化[①]。而俄罗斯的政治经济转型则恰恰由于缺乏这样一个统一、完整而相互协调的制度结构,从而导致国家推动和实施有效制度的能力大为削弱。

1. 政治秩序动荡对国家改革实施能力的制约

俄罗斯的转型是一个多重制度变迁同时推进的过程,亦即政治、经济和社会变革并驾齐驱。其中,自由派改革者尤为推崇政治变革的重要性,在他们看来,由极权政治向民主政治的过渡将为经济改革与社会转型创造一个良好的制度环境。特别是通过确立以多党竞争、议会民主和三权分立为核心的制度安排,可以有效约束国家权力,控制政府的"掠夺之手",保障公民的自由选择和财产权利,这些都是培育一个富有生机的市场经济必不可少的制度基础。以波兰为代表的中东欧国家的实践似乎也印证了这一"转型铁律"。然而,与中东欧国家不同,俄罗斯的政治转轨则经历了一个相对曲折的过程,从而导致政治秩序的持续动荡,这一点在第四章对中俄两国国家制度能力评估的指标中体现的十分明显,即俄罗斯的政治稳定性指数在20世纪90年代始终处于较低水平,这一状况是由特定的历史与现实因素综合导致的。

俄罗斯社会主义政治制度的崩溃是在保守派与改革派的政治权力角逐中突然触发的,而没有经历一个像中东欧国家那样广泛的社会协商过程,因而社会各方实际上并没有就国家未来的政治经济走向达成共识。转型之初,以叶利钦为核心的民主派在夺取政权后并未获得政治上的绝对领导地位;相反,以俄罗斯联邦共产党为代表的左派政治力量仍然是潜在的有力政治对手。由于苏联解体后俄罗斯并未及时制定和颁布一部能够清晰界定国家权力结构的新宪法,因而出现了两个权力中心并立和对峙的局面。总统代表着自由派改革势力,而人民代表大会则由俄罗斯联邦共产党等左派势力把持,双方在关于俄罗斯未来走什么样的社会经济道路方面存在严重分歧。前者主张彻底瓦解旧体制,迅速向自由市场经济和民主制度转型,后者则反对向资本主义过渡,而主张恢复共产主义、社会主义意识形态和苏

[①]胡安·J.林茨,阿尔弗莱德·斯泰潘.民主的巩固:南美、南欧和后共产主义欧洲[M].杭州:浙江人民出版社,2007:7.

维埃制度,强调国家对经济的干预。围绕改革纲领以及相关政治权力和利益的斗争不断加剧,最终酿成宪法危机。面对严峻的形势,叶利钦于1993年19月动用武力,炮轰议会,逮捕了议长、副总统等反对派人士,暂时平息了"府院之争"。随后,又通过新宪法,确立了总体集权的政治体制。尽管如此,国家内部的政治分裂、利益纷争并未彻底消除,不同的利益集团和政治派别进一步选择了在合法的政治外衣下进行更加激烈的利益博弈,而这种博弈与俄罗斯的经济转型如影随形。

俄罗斯转型期的政治秩序动荡,使得政府的改革政策成为政治斗争的牺牲品,政府实施和调控经济改革进程的能力也遭到严重削弱。自1992年开始,总统和议会就围绕着"休克疗法"的实施与放弃展开了激烈的斗争。由于"休克疗法"的推行导致社会深陷严重的经济危机,议会对盖达尔政府及其改革政策取向越来越表现出严重的不满,并在1992年12月的第七次人民代表大会上,迫使叶利钦总统放弃对盖达尔的总理提名,"休克疗法"也似乎处于中断状态。此后代替盖达尔的切尔诺梅尔金政府、普利马科夫政府均试图放弃激进的"休克疗法",恢复国家的宏观经济调控,改变俄罗斯的经济现状,但又迫于总统的压力、自由派势力的阻挠以及寡头集团的俘获,最终没有取得成效。正是由于缺乏一种稳定的政治制度环境,俄罗斯政府始终无法推行一种一以贯之的改革路线,结果导致经济政策忽左忽右、朝令夕改,导致政府行为缺乏可信性承诺,进而影响经济主体的稳定性预期,加剧宏观经济形势的动荡。

除了中央层面的政治动荡外,俄罗斯不平衡的国家垂直权力体系也削弱了国家的推行改革的能力。这突出体现为俄罗斯的中央与地方关系的无效制度设计。俄罗斯在苏联解体后按照"民族—地区"特征建立起一种混合型的联邦体制①。联邦中央与地方政权机构依据宪法在立法、税收和社会管理等一系列领域划分权力边界。从宪政经济学的角度来看,一种集权与分权适度结合的竞争性联邦体制不仅可以有效约束中央政府滥用专制权力的行为,而且能够通过地方政府间的竞争来发现更加有效的经济制度安排并提供充足的公共产品和服务。但俄罗斯形成的联邦体制却远远没有发挥促进改革与发展的作用,相反,它导致了地方与中央的持久对抗,还使地方政府阻碍改革和经济发展的"掠夺之手"。造成这种状况的原因在于,随着苏联解体和国家制度的剧变,中央权威受到了严重的削弱,而地方拥有的自治权大大增加,中央政府无法有效约束地方政府的机会主义行为。特别是叶利钦出于对抗苏联共产党中央和戈尔巴乔夫的需要,不负责任地向地方领导人让渡了过多权力,导致中央政府对地方政府更加难以控制。在俄罗斯联邦制度下,地方议会、领导人由当地选举产生,大企业和寡头集团就可以轻易俘获地方政府,从而阻止新企业的进入并分割联邦统一的市场空间。此外,迫于财政危机,俄罗斯中央政府也时常修改与地方政府的税收分享比例,弱化了地方政府促进本地经济发

---

① 俄罗斯联邦共有89个主体,分为三种类型:共和国、边疆区、州和具有联邦意义的市。

展的激励机制①。不仅如此,过度分权的联邦制度还进一步引发了各种形式的地方分离主义、民族分离主义(如车臣问题)和恐怖主义,严重损害了俄罗斯的国家安全和稳定。总之,由于俄罗斯没有处理好集权与分权的关系,缺乏有效的激励约束机制,结果在中央与地方持久的权力争斗和利益博弈中,不断消耗国家的秩序治理和制度改革能力。

2. 政府治理结构改革缓慢与治理效能低下

政局不稳对国家制度实施能力的消极影响又因政府自身的低效、腐败和能力衰弱而加重。第四章中对俄罗斯政府效能、政府监管质量和腐败控制的评估也直观地证明了这一点。在转型过程中,苏联政府高度集权、僵化、腐败、无能的行政痼疾并未因高度集权的计划经济体制被市场经济体制的替代而消失,反而被大量延续下来。转型时期,俄罗斯行政系统的治理结构与职能转换仍然不能很好地适应现代市场经济发展的需要,许多部门仍然保持着计划经济时代僵化而陈旧的观念不放,经济管理带有明显的行政色彩,而且存在着行政系统构成不合理、机构臃肿、各级政府间的职权划分不科学、结构设置不合理等多种行政管理问题②。这些治理问题主要体现为:①行政权力机关纪律松懈,近一半的行政机构无法完成政府交付的任务。②政府官员不愿承担责任的风气在国家机关中盛行,各机构之间相互推脱责任,虚与委蛇。③行政机构中的协商程序过度复杂,延缓了政府决策的制定和实施。④政府内部存在着众多行政壁垒,政府官员可以通过企业注册、经营许可、草案文件协商、办理证明书、鉴定和办理商标、各种检查等方式获取大量行政垄断租金。⑤尚未建立起完善而有效的政府公务员制度,政府人员的专业化程度低,人力资本老化,严重制约政府行政效能的提高。

除了上述政府行政机构设置不合理、人力资本老化外,俄罗斯政府治理领域存在的最严重问题就是日益严重的职务犯罪和贪污腐败问题,这些形式多样的"政府病"不仅削弱了政府自身的治理能力,而且严重阻碍了社会经济发展,损害了国家和民族的整体利益。转型时期,俄罗斯的政府腐败呈现出前所未有的规模和严重程度,近乎成为一种制度化的"国家腐败",而且腐败形式也日趋多样:①私有化过程中,负责国有资产拍卖的官员与"内部人"相互勾结,抵制潜在竞争者,以低价将国有资产纳入"内部人"囊中。②政府官员"挑选"某些"精英"开办的商业银行负责管理政府给国有企业的预算拨款,并从中渔利。③在外贸领域,为非法进口商提供"保护伞",并为此收取"佣金"。④利用重要出口产品(如石油)的审批权"设租",由此获取巨额垄断租金。⑤在国家项目和订货采购中谋取私利。⑥给予某些与政府官员关系密切的企业以税收优惠。⑦帮助某些企业虚假纳税,从中收取回扣。

---

①Olivier Blanchard and Anderei Sleifer. federalism with and without political centralization:China versus Russia, NBER Working Paper,2000,No. 7616.

②关海庭,吴群芳. 渐进式的超越——中俄两国转型模式的调整与深化[M]. 北京:北京大学出版社,2006: 235 – 236.

⑧给予某些商业组织、社会团体以优惠政策。美国学者托马斯·拉尔森认为,导致转型期俄罗斯政府腐败的重要原因之一在于国家制度的解体使其丧失了对腐败的控制能力①,而腐败的加剧进一步使俄罗斯的政府蜕变为一种近似于南美、非洲等发展中国家的"盗窃型政府",从而使得政府的掠夺性特征大大超过其服务性特征。

俄罗斯的政府腐败给转型期的经济发展带来了多重负面影响:一是导致了市场信号扭曲、规则模糊,从而恶化了资源配置效率;二是腐败不仅使资本的回报率下降,社会储蓄倾向降低,而且导致大量非法收入采取隐蔽和外逃的方式流出社会生产领域,加重了转型国家的资本短缺现象;三是由于收入能够来自受贿等非法活动,因而削弱了人们依靠自己的努力和提高劳动生产率增加收入的积极性,降低了人力资本的积累;四是腐败使人们对统一稳定的政治秩序和市场行为规则的预期倾向悲观,进一步导致储蓄和投资的倾向下降,从而使经济的整体效率降低;五是腐败导致政治矛盾激化,社会动荡增加,进一步削弱政府推动经济转型顺利进行的能力。

3. 混乱无序的市场经济体制对国家制度能力的负面影响

导致俄罗斯国家制度实施能力弱化的另一个重要原因在于缺乏一个与之有效互补的"经济社会"。林茨和斯特潘将支持民主国家的"经济社会"界定为一种"制度化的市场",这种市场由政治社会制定合法的规章制度,受到公民社会的尊重,并得到国家机器的执行;同时,经济社会也提供必要的剩余产品,使国家可以履行其公共产品职能,为公民社会和政治社会的多元主义和自主性提供物质基础。然而,俄罗斯的激进转型并未造就出一个运转良好的制度化市场,相反,却呈现出许多变异性特征,成为一种混乱无序的畸形市场经济。一是分利性与掠夺性。许多微观经济主体(如企业)并非关注投资和创新等生产性行为,而是大量从事金融投机、外贸投机等行为,甚至是大肆瓜分国有资产、向国外转移资本等纯粹的分利行为,结果导致国内投资短缺和生产凋敝。有数据显示,1992～2000年,俄罗斯固定资产投资累计下降了74%,但与此同时,俄罗斯又出现了大规模的资本外逃,据俄罗斯专家统计,1991～1999年,俄罗斯的资本抽逃流出量在1000亿～1500亿美元之间②,2000年,净资本输出额竟然高达GDP的11.9%③。二是犯罪性与"影子社会"。转型期的俄罗斯陷入法律制度的真空地带,充斥市场领域的是各种形式的严重犯罪。根据经济学家弗拉基米尔·波波夫提供的数据,俄罗斯的谋杀率是所有转型国家中增长最快的,1987～2002年间翻了两番,由每10万居民8人增加到33人。除了人身安全受到威胁外,私人财产的安全性也大大降低,根据世界银行和欧洲复兴与开发银行2002年对转型国家进行的商业环境调查(BEEPS)显示,在俄罗斯,有多达65.2%的被调查企业认为现有的法律不能保障产权和契约得以有效实施(见表5-7);在中东欧地区国家,这一数字的比例在40%～50%。严重的犯罪

①托马斯·拉尔森.改革、腐败和增长:为什么俄罗斯的腐败更具破坏性[J].国外理论动态,2011(9).

②克里斯蒂亚·弗里兰.世纪大拍卖——俄罗斯转轨的内幕故事[M].北京:中信出版社,2004:14.

③殷红.俄罗斯转轨经济政策中政府诉求约束研究[M].北京:经济科学出版社,2008:169.

恶化了商业投资环境,并由此滋生出庞大的影子经济。在勃列日涅夫时代,"影子经济"占 GDP 的比重最高为 10% ~15%,而到 20 世纪 90 年代中期,这一比例竟高达 50%。根据波波夫的经验研究,犯罪率和"影子经济"比重的大幅升高,是俄罗斯国家制度能力崩溃的最直接写照。三是经济结构的畸形化。这一问题主要体现在两个方面:其一,市场结构呈现出高度的垄断化。"休克疗法"的实施虽然打破了国家对经济生活的垄断,但市场的垄断性结构特征并没有发生根本性的改变,只是表现形式发生了改变,即由国家垄断转变为私人垄断。私人垄断企业不是采取增加生产、开发新产品来赢得市场,而是通过限产提价来获得垄断利润。1995 年,俄罗斯仍有 2500 个垄断性企业和企业联合体,这些经济主体在商品市场上占有 35% 的比例,可见转型时期俄罗斯的市场结构仍保持高度的垄断,而经济中的垄断组织又大多集中在生产资料的生产部门①。此外,新生企业的进入成本异常高昂,进一步加剧了市场的垄断状况。率先发展垄断企业的经济改革战略,进一步抑制了中小企业的发育,从而损害经济创新与增长的潜力(见表 5 - 8)。其二,经济结构严重退化,原有的加工制造业严重萎缩,而能源资源性行业比重大大增加(主要是石油和天然气),出现了经济结构的"科威特化"严重弊端。上述三大特征表明,俄罗斯转型期的市场社会的资源配置效率低下,缺乏竞争活力和自生能力。这样一种"经济社会"对于国家制度实施能力降低的效应主要通过两条途径加以传导:一是经济的凋敝导致国家税收基础严重缩减,国家的财政汲取能力大幅下降,相应地必要财政支出的幅度也急剧下降,从而不仅影响了国家提供必要公共产品和服务的能力,也使国家缺乏对社会经济进行扶持与调控的必要物质基础。二是非竞争性的市场经济加剧了社会分化,滋生出非对称的强势利益集团,容易形成政府与权贵阶层相互勾结的局面,从而进一步加重腐败,恶化政府治理质量。

表 5 - 7　部分转型国家的产权保护状况

国家	被调查者认为产权不能得到有效保护的比例(%)	企业样本数(家)
俄罗斯	65.2	487
乌克兰	49.0	451
波兰	41.9	472
捷克	47.0	238
匈牙利	40.4	243
斯洛文尼亚	45.5	182
保加利亚	50.6	245
罗马尼亚	45.9	251

　　资料来源:http://info. worldbank. org/governance/beeps2002/,笔者选取了部分有代表型的转型国家的数据,并对其进行了简单的加总。

---

①刘文革. 强制性制度变迁——"俄罗斯转轨之谜"的经济学解释[M]. 哈尔滨:黑龙江人民出版社,2003:219.

表5-8　企业进入成本

国家	进入需通过的程序数(个)	进入所花费的时间(天)	进入成本占人均GDP的百分比(%)
保加利亚	11	20	16.5
克罗地亚	14	77	86.8
捷克共和国	11	97	25.1
格鲁吉亚	12	70	28.0
匈牙利	10	53	81.0
哈萨克斯坦	12	31	12.5
吉尔吉斯斯坦	9	23	20.0
拉脱维亚	7	20	27.7
立陶宛	13	66	42.4
波兰	10	26	28.0
罗马尼亚	11	68	11.4
俄罗斯	16	69	37.8
斯洛伐克	12	110.5	13.1
斯洛文尼亚	9	35	7.1
乌克兰	11	21	19.7
美国	4	7	9.6
德国	7	90	8.5
瑞典	4	17	2.5

资料来源：Djankov et al.（2000）. 转引自 Saul Eatrin（2002），"Competition and Corporate Governance in Transition"，Journal of Economic Perspectives - Volume 16，Number 1 - Winter 2002。

4. 社会分裂及国家与社会的非协调互动

俄罗斯传统的全能主义国家治理模式依靠政治强制、官方意识形态灌输以及严格的社会控制几乎排斥了一切体制外社会力量的存在，并由此造就了一个高度封闭、僵化和结构简单的"总体性社会"。但是伴随激进的制度变革，俄罗斯社会的分化程度出现不断加剧的趋势。社会分化主要是通过如下机制实现的：一是伴随市场竞争机制的引入，公平与不公平的竞争因素相互交织，将社会成员推向不同的社会层面，形成基于竞争的社会分化；二是在大规模私有化过程中，国有资产进一步向不同人群转移，形成了基于财产的社会分化；三是产业结构的剧烈调整，导致不同职业人群处于不同的地位，形成基于职业的社会分化；四是由于权力因素深入市场过程，使得拥有不同权力的人群在收入上和社会地位上的差异，形成基于权力的社会分化。上述因素的相互叠加和强化使得俄罗斯转型期的社会处于巨大的流变过程中。

社会分化的结果主要体现在两个层面上。首先，收入分配差距不断扩大，甚至处于极化状态。衡量收入分配总体差距的指标是基尼系数，世界银行的数据显示，转型期,俄罗斯的人均收入的基尼系数从 20 世纪 90 年代初的 0.26 迅速上升到 90 年代末的 0.47[①],已经超过 0.40 这一国际公认的警戒线。根据俄罗斯学者的测度,俄罗斯 10% 的收入最高人群与 10% 的收入最低人群的收入比例在 90 年为 4.5,到 1992 年则迅速扩大到 8,到 1995 年则进一步升高到 15。但这一数字仅仅是保守估计,实际差距远高于这一数字[②]。其次,俄罗斯社会出现了许多新的社会阶层,社会结构的分化也不断加剧。转型中出现的最引人注目的新社会阶层就是那些通过商业和金融投机一夜暴富的所谓"新俄罗斯人",他们是社会的"上层阶级"或"统治阶级"。与此同时,俄罗斯新生的"中间阶层"也在缓慢发育,这一阶层主要包括两类人群:一是中小企业主;二是由管理人员、专业技术人员和熟练工人构成的所谓"新白领阶层"。除了上述两大阶层外,俄罗斯还出现了一个广大社会下层人群,主要包括从事体力劳动和非技术工作的工人以及各种类型的雇员,甚至包括"贫困"和"赤贫"阶层。从数量上看,富裕阶层的比例不到 1.5%,中间阶层的比例大约为 25%,下层人群的比例大约为 70%[③]。由此可见,俄罗斯形成了一种典型的金字塔型的两极分化的社会结构,而缺乏一个强大的中间阶层。从上述两个层面看,俄罗斯转型期的社会分化状况异常严重,整个社会近于分裂状态。这种分裂进而传导至意识形态领域,导致思想、观念和信仰系统的分裂与冲突。

在俄罗斯社会分化加剧的同时,俄罗斯却缺乏一种有效的社会整合机制,结果导致国家对社会的控制能力严重削弱,进而影响到国家制度的实施能力。这主要出于如下原因:一是国家职能过度缩减,无力支持建立完善的社会保障体系,使那些无力参与竞争而只能依赖社会救助的人群被进一步推向社会边缘地带,使他们对国家改革的支持力度严重削弱。二是强势利益集团的崛起,使得国家成为被俘获的对象,不能形成"公民—国家"的伙伴关系。精英政治集团与寡头管理集团之间形成密切的"勾结关系",而俄罗斯普通民众的权益则被置于边缘。三是缺乏一个富有生机的公民社会,不仅使市场和民主缺乏社会根基的支撑,同时也不利于国家与社会的互动协调,从而进一步弱化国家的制度实施能力。总之,在经济、政治和社会弊端的交互作用下,权威与能力遭受严重削弱的国家无法及时有效地对新生的社会结构和社会力量实施必要的协调、规范与整合,公民社会往往被强势利益集团所裹挟,成为新旧政治经济精英联手剥夺社会的工具,结果进一步撕裂了本来就已经相当脆弱的社会结构,使社会也陷入一种无序的自由型构状态之中。这些因素的综合作用都加剧了转型期的社会失序,增加了社会结构断裂的潜在风险。

---

①World Bank. Transition——the first ten years: analysis and lessons for Eastern Europe and the Former Soviet Union. Washington D.C., 2002:9

②统计问题. 1996(5):80; И. В. 利波西茨. 公民收入的构成和社会支持[J]. 社会政治, 1996(2):125. 转引自李景阳. 基本经济制度转变中的社会冲突——对俄罗斯的实证分析. 北京:东方出版社, 2002:28

③В. А. 列别辛. 当代俄罗斯的分化与中间阶级[J]. 社会科学与当代, 1998(4):38.

三、利益集团的制约与国家制度调整能力的丧失

俄罗斯经济转型方向与路径的偏差并非没有被政治家所察觉。实际上,自 20 世纪 90 年代中期开始,一些持中间立场的政府领导人就试图通过采取措施对其加以矫正。继盖达尔之后于 1994 年 1 月组成的切尔诺梅尔金政府宣布,"浪漫主义的市场改革阶段已经结束","俄罗斯不再搞什么'休克疗法'式的改革",现在已是用"非货币主义方法解决经济问题的时候了"。1998 年普里马科夫就任总理后,也对前政府的激进自由化政策进行了严厉批评,并着手更加全面的改革措施,试图"把国家重新带回到俄罗斯社会中来"。然而,这些制度调整的诉求始终未能有效地将改革路径调整到适宜俄罗斯发展的轨道上来。除去意识形态僵化的阻力外,一个重要原因在于利益集团对国家的俘获行为阻滞了国家的制度调整能力。对此,我们可以借助一个"局部改革均衡陷阱"模型加以分析(见图 5 - 5)。

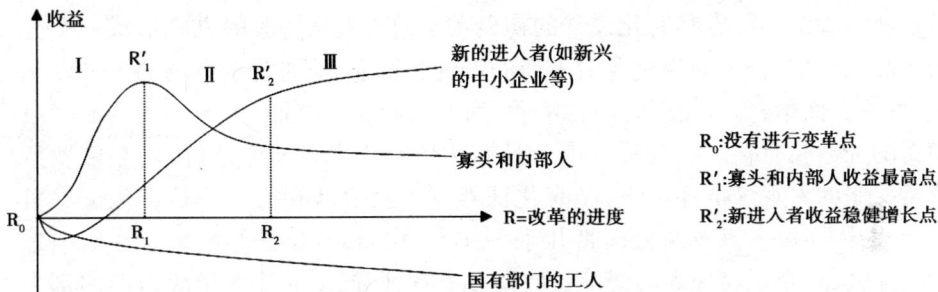

图 5 - 5　政府俘获与局部改革均衡陷阱

资料来源:The World Bank:Transition—The first ten years:analysis and lessons for Eastern Europe and the Former Soviet Union,Washington,D. C. ,2002:91 - 95。

依照财富、权力以及利益诉求等标准,转型期的俄罗斯社会可以划分为三大利益集团:一是以企业内部经理人、政府官员和金融寡头为核心的强势利益集团;二是以新生企业为代表的中间集团;三是以国有企业工人、社会贫困人群为代表的弱势利益集团。这三大利益集团的获益状况伴随市场化改革的推进而呈现出不同的变化轨迹。强势利益集团的收益先升后降,呈倒 U 型轨迹,因为在改革尚未到位、市场制度并不完备的条件下,内部人和寡头容易利用制度漏洞获取大量收益,而伴随改革推进,市场的竞争性和规范性不断提升,相应地,内部人和寡头利用机会主义行为获得的权力垄断租金会大幅缩减。新兴企业家集团的收益呈现出先降后升的 J 型轨迹,这是由于在市场不完备的条件下,新兴企业进入市场面临巨大成本和风险,而伴随市场化程度提高,进入壁垒降低,新兴企业适应竞争的比较优势便充分显现。弱势社会集团的收益状况则伴随着市场化的进程始终处于下降状态,这

是由于国有企业工人在计划经济体制时期所积累的人力资本很难适应市场经济的需要，并且面临较高的调整成本，而其他群体也在激烈的市场竞争中被抛向边缘地带。受上述利益结构的制约，强势利益集团既反对退回计划体制原点，也反对走向完全竞争的市场经济，而是希望改革停留在 R_1 点；新生企业家集团虽然希望深入推进市场化改革，但由于在转型初期实力弱小，无法抗衡强势集团对改革的阻力；而社会弱势集团在市场化中始终是一个失利集团，它们对改革自然抱有一种反对态度。在这样一种利益博弈的过程中，俄罗斯便陷入一个进退维谷的局部的低效的制度改革陷阱之中，而且这一陷阱具有高度的稳定性，如果无法打破现有的利益结构，俄罗斯社会将长期处于改革陷阱之中。

俄罗斯的私有化改革进程生动地诠释了利益集团制约导致国家制度调整能力削弱的内在机理。自 1992 年 4 月至 1994 年 6 月，俄罗斯启动了大规模的证券私有化进程。凡年满 18 周岁的俄罗斯公民均可以免费获得一张面值 1 万卢布的私有化证券，他们既可以用其直接投资于企业股份，也可以委托投资基金管理，甚至可以转让获得现金。证券私有化设计的初衷在于通过大众持股的方式形成一个分散型的所有权结构，一方面为企业引入新的投资和技术，增加资本市场的流动性和竞争性，另一方面培育一个支持改革的新兴所有者阶层。然而，考虑不周的制度设计却使得的证券私有化严重变形。由于私有化证券以卢布面值计价，而在俄罗斯严重通货膨胀的宏观经济环境下，私有化证券严重贬值；同时，由于私有化证券可以随意转让，因而许多俄罗斯公民将几乎一文不值的私有化证券出售。在这一过程中，原有的国有企业经理人趁势廉价收购私有化证券，从而使大量股份向内部人手中高度集中，并进而演化为内部人控制型公司治理结构。获得公司控制权的企业经理并没有增加投资、开发新产品、推动技术创新，而是致力于通过侵犯小股东权益、"掏空"公司资产等方式获取非法利益。同时，企业经理人已经结成了一个强有力的利益同盟，通过院外游说等方式抵制政府出台的宏观紧缩和增加市场竞争力的政策。在证券私有化中实力壮大起来的经理阶层为了保持对企业的控制权，主动寻求与大金融机构和政府接近，以建立新的同盟关系。一些企业甚至主动开办银行等金融机构，为企业转移资产提供便利。企业、金融机构和政府三者的互动博弈，最终催生了俄罗斯庞大的金融—工业集团，而它们的掌门人就是拥有雄厚经济实力并与政府关系紧密的"金融寡头"。在 20 世纪 90 年代中后期，俄罗斯著名的"七人集团"（别列佐夫斯基的罗卡瓦斯—西伯利亚石油集团，波塔宁的奥涅克西姆银行—诺里尔斯克镍业—辛丹卡集团，霍多尔科夫斯基的梅纳捷普—尤卡斯集团，古辛斯基的桥集团，阿文和弗里德曼的阿尔发集团，斯摩棱斯基的首都储蓄银行—农工银行，阿列克别罗夫的卢卡伊尔集团）控制了 50% 的俄罗斯经济和大多数传媒。

在商界成长壮大起来的寡头阶层并不仅仅满足于瓜分商业利益，而且抱有更大的政治野心,需求在政府中扶持代理人,甚至亲自进入政坛,以便左右国家决策为自身利益更好地服务。1996 年,俄罗斯总统叶利钦面临竞选连任的挑战。由于推行"休克疗法"弄得民不聊生,加上俄罗斯联邦共产党领导人久加诺夫的有力竞争,叶利钦连任面临重重困难。在这种情况下,总统与寡头开始接近并形成利益同盟。俄罗斯 13 个寡头联名宣布支持叶利钦连任,而叶利钦则在背地里承诺在现金私有化、税收政策以及内阁人选等方面给予寡头巨大优惠。在寡头们的鼎力相助下,叶利钦以微弱优势连任,作为回报,叶利钦也兑现承诺。一是在"股份换贷款"计划中,将大量国有企业股份抵押给寡头开办的银行,并在由寡头银行主持的国有企业拍卖中以极低的价格将大量优质资产转移给寡头。例如,寡头波塔宁仅以1.701亿美元(仅比起拍价多 10 万美元)的低价购得了诺里尔斯克镍业公司,而该公司的国际市值高达 40 亿美元。二是在税收方面给予寡头企业巨大优惠,不仅给予它们许多税收减免,而且对它们拖欠工资、税款等行为网开一面。三是直接邀请寡头进入政府,如波塔宁担任政府第一副总理、别列佐夫斯基进入国家杜马。

　　寡头集团对国家的俘获,导致俄罗斯许多有助于改进市场制度环境的改革措施得不到有效实施。例如,俄罗斯的一些金融工业集团曾联合中央银行和财政部的官员强烈反对实施《证券市场法》,也反对加强联邦证券市场委员会(FCSM)的权力,因为这样做很可能使寡头集团不能再像从前那样轻易地转移公司财产、掠夺投资者权益,结果联邦证券市场委员会不得不在政治上做出妥协,其对证券市场的监管力度受到了限制,这种状况延缓了俄罗斯资本市场的发育和公司治理的改善。此外,寡头俘获国家这一制度均衡的出现,不仅会影响制度改革的方向,而且会对社会经济效率的改进造成损失,这一点可以借助公共选择理论中的一个模型加以说明(见图 5 - 6)。

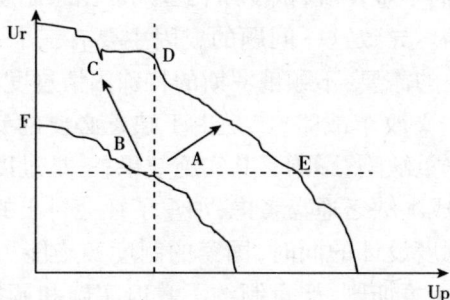

图 5 - 6　利益集团与国家的勾结型联盟对制度改革和社会福利水平的影响

　　在图 5 - 6 中,纵轴代表社会强势利益集团(如精英集团)的序数效用,横轴代表社会弱势利益集团的序数效用(可以用财产占有数量近似表示),曲线 CDE 和曲线 FBA 分别代表社会总体的福利水平,A 点代表制度改革的起点。现在假定政府准备出台一项旨在提高社会福利水平的改革措施(如产权改革),使整个社会的福利水平离开改革的起始点。比较理想的改革路径应当是从 A 点向曲线 DE 阶段演进,因为在这种情况下,不仅社会总体的福利水平会得到提高,而且社会不同利益群体自身实际的福利水平也会分别得到"帕累托改进"(至于制度改革的终点在DE 曲线上的具体位置将进一步取决于社会两大利益群体的力量对比和谈判过程)。然而,如果社会强势利益集团的实力十分强大,并且通过强有力的集体行动影响了政府的改革决策,那么制度改革就会向曲线 CD 阶段演进(如最终到达 C点),这时尽管社会总体的福利水平得到改进,但是由于不公平的改革政策(如财产分配不公正),那么只有社会强势利益集团的实际福利水平得到大幅度提高,而社会弱势集团的实际福利水平却相对下降,从而使这一集团的利益被强势集团剥夺。最无效的情况是政府在强势集团的俘获下出台了严重扭曲的改革措施,结果使得新制度沿着原来的社会福利曲线向 B 点移动,结果改革彻底失去了效率改进的意义而完全变成了一种社会财富的再分配。历史经验表明,强势利益集团与政府勾结剥夺大众的国家制度形态可能会进一步加剧社会分化,削弱社会整体的凝聚力和自发秩序治理能力,从而最终因利益冲突的激化引发社会周期性动荡,甚至是革命和暴乱(拉美勾结型民主国家是这种状况的典型案例)。因此,如何相对平稳地走出"勾结型国家"的博弈均衡,向一种更加民主的国家制度能力形态转化,不仅有助于一国的政治和社会稳定,而且会改善社会的经济效率,例如,跳出 B 点所表示的无效率的"勾结型国家"均衡,向更加民主且更具效率的社会福利曲线 DE阶段演进。这也是俄罗斯转型面临的重要抉择。

四、国家制度能力衰败下的俄罗斯转型危机

通过以上分析,我们不难发现,俄罗斯转型期的国家制度能力衰败首先源于国家制度形成能力的削弱。导致这一问题的成因主要有三个:一是自由派改革者出于意识形态和争夺政权的需要,不顾俄罗斯的特殊国情过度调整国家的目标偏好,推行过度激进的自由主义改革战略;二是由于缺乏必要的知识准备,"休克疗法"的改革方案设计存在严重缺陷,影响了其实施效果;三是过度关注目标而忽视转型过程,导致对制度变迁成本缺乏通盘考虑,加重了社会付出的转型代价。

在未能形成有效制度设计的同时,国家的制度实施能力也面临严峻挑战。一是政治环境动荡、政治斗争加剧,严重制约了政府实施和调控改革进程的能力;二是严重的腐败导致政府治理失效,并体现出明显的掠夺性特征;三是未能形成一个支持民主型"强国家"的制度化市场,不仅导致国家缺乏推行制度改革和实施宏观调控的经济资源,而且孕育了一种滋生"勾结型国家"的市场结构形态;四是社会的严重分化及其与国家的非协调互动,进一步削弱了国家的合法性与政策实施的有效性。

当制度转型方向和路径出现严重偏差之时,国家却出现了制度调整能力严重

阻滞的问题。除去意识形态僵化因素之外,最为重要的原因就是内部人和寡头形成了强势利益集团,对国家实施强有力的俘获,使改革政策违背社会整体福利提高的原则而沦为私人牟利的工具,进而国家陷入一个无效而僵滞的局部制度改革陷阱之中。图5-7将俄罗斯转型期国家制度能力衰败的内在机制进行了直观描述。

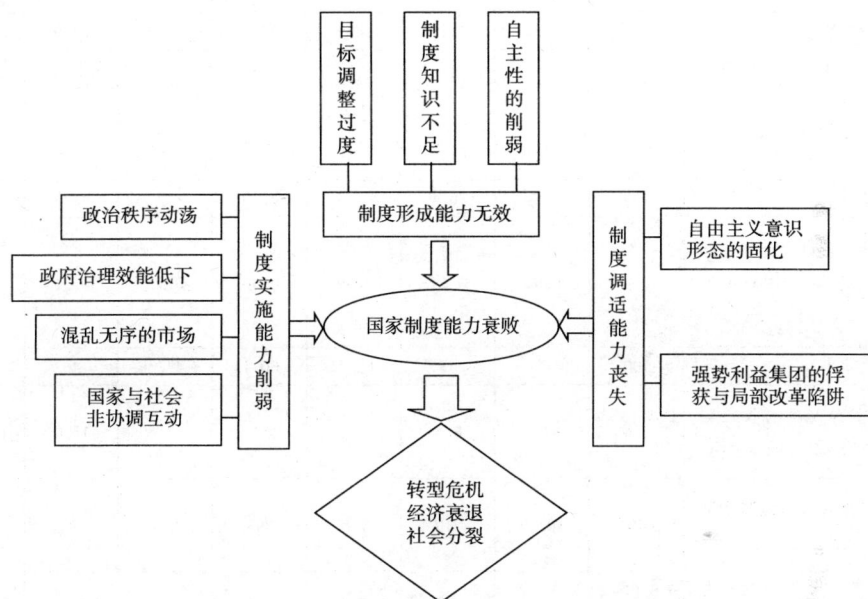

图5-7 国家制度能力衰败与俄罗斯转型危机

由于国家制度能力的衰竭,使得俄罗斯在转型期既无法营造一种适宜市场经济健康发育和有效运行的制度结构,又无法强化改革的可信性承诺,因而干扰了微观经济主体的理性预期,使其出现了严重的行为变异,即机会主义行为泛滥,生产性活动被分利性活动替代,最终无法形成信任与合作的秩序,导致资源配置效率低下,经济陷入严重衰退。表5-9列举了20世纪90年代俄罗斯激进转型高潮期的主要社会经济发展状况,从中可以发现几个显著特征:一是产出严重下滑,所有经济部门全面陷入萧条;二是企业亏损严重,工业部门的产出、投资全面下滑,生产能力严重削弱;三是政府和企业的研发收入急剧下降,技术水平严重退步;四是原本薄弱的农业和轻工业部门发展更为薄弱;五是实际收入水平下降,人口出现负增长,失业大幅增长,人力资本迅速恶化;六是社会财富经历剧烈分化重组,收入分配差距迅速拉大。这些现象表明,俄罗斯已深陷一种严重的转型危机之中,危机的深重程度不亚于历史上的屡次革命和战争给俄罗斯带来的严重破坏。

表5-9　俄罗斯联邦主要经济和社会发展指数

指标项目	1990 年	1991 年	1992 年	1993 年	1994 年	1995 年	1996 年	1997 年
国内生产指数	100	95	81.2	77.1	67.3	64.5	61.3	61.9
工业产值	100	92	75.4	64.8	51.1	—	—	—
机器制造和金属加工行业产值	100	90	76.5	64.2	44.3	40.3	38.2	38.7
固定资本投资	100	85	51	44.9	34.1	31.7	25.9	23.4
亏损企业在全部企业中所占的比重(%)	—	—	15.3	14.0	32.5	34.2	42.7	47.3
工业部门的年平均利润率(%)	12.0	27.1	38.3	32.0	19.5	20.1	9.2	5.2
农业产值	100	95	86.4	82.9	72.9	67	62.3	59.2
联邦预算中基础研究经费和支持科技经费用占 GDP 的比重(%)	—	0.96	0.54	0.49	0.46	0.32	0.31	0.10
实际工资水平	100	97	65	65.3	60.1	43.3	46	48
10% 最富有人口的收入与 10% 最贫穷人口的收入差距	4.4	4.5	8.3	11.2	15.1	13.5	13.0	13.0
人口自然增长或自然减少数目(1000 人)	332.9	103.9	-219.8	-750.3	-893.2	-840.2	-777.6	-756.5
有劳动能力人群中的失业率(%)	—	—	4.7	5.5	7.4	8.8	9.3	9.1

资料来源:谢·格拉济耶夫:《俄罗斯改革的悲剧与出路——俄罗斯与新世界秩序》,北京:经济管理出版社,2003 年版,第38-39 页。

第三节　国家治理方略调整与能力重塑:
后叶利钦时代俄罗斯转型的路径走向

叶利钦时代,国家制度能力的衰败导致俄罗斯长期处于深重的转型危机之中,但也孕育着国家变革方向调整的历史契机。普京执政后就试图通过国家治理方略的调整来重塑强大的国家制度能力,引领俄罗斯走出转型危机的泥淖。普京执政八年所采取的政策发挥出一定的效力,但对于俄罗斯一些根深蒂固的制度性和结构性弊端未能从根本上克服,也制约了国家制度能力的大幅提升。2008 年,梅德韦杰夫接任总统,俄罗斯进入"梅普共治"时代。自此,俄罗斯的转型也相应进入制度进一步调适磨合的时期,其中既存在着机遇也存在着巨大的风险和不确定性因素,因此,巩固和提升国家制度能力仍然是未来关键的一项改革等措施,这也意味着俄罗斯将经历一个全面的国家制度现代化进程。

一、后叶利钦时代的国家治理方略调整

"弱国家"主导下的制度改革与国家治理给叶利钦时代的俄罗斯经济转型带来了严重危机。因此,俄罗斯不得不在付出了巨大的转型成本之后开始反思原有的新自由主义激进转型战略的弊端,并着手采取各种政治、经济与社会改革等措施来整合国家权力资源,以重构国家制度能力。

2000 年,普京接替叶利钦就任俄罗斯总统,标志着俄罗斯的经济转型进入一个新的时代。普京政府在坚持叶利钦时代所确立的民主化与市场化的基本方向的基础上,对俄罗斯的转型战略进行了重大调整,更加注重从俄罗斯的历史与现实出发,探索出一条更加稳健、有效的制度转型之路。1999 年,普京接任政府总理后发表了《千年之交的俄罗斯》一文,初步勾画出俄罗斯的治国方略与未来的发展道路。在该文中,普京将"强国"与"富民"作为国家的核心目标偏好,作为检验社会经济体制转型成功与否的重要标准。为了实现这一目标,首先,需要以一种崭新的价值观"俄罗斯思想"整合四分五裂的社会,即"爱国主义"、"强国意识"、"国家观念"和"社会团结"。其次,矫正俄罗斯的制度偏差需要一个强大的国家作为有力的推手。20 世纪 90 年代改革的失误恰恰是"由于国家政权机关和管理机关软弱无力,即便是有正确的经济和社会政策,在贯彻实施的过程中也会出现乱了步调的现象"。因此,需要在俄罗斯建立一个强大的国家政权,"即是指建立一个民主、法治、有行为能力的联邦国家"。最后,俄罗斯实现国家振兴繁荣离不开一个"有效的经济"。有效的经济模式并非"只是将外国课本上的抽象模式和公式"照搬到俄罗斯的自由市场经济模式,符合俄罗斯自身国情的经济模式,是一种"可控的市场经济"模式,它更近似于德国的社会市场经济模式。而且,通往这种市场经济的道路必须是渐进的、稳健的,因为"政治和社会经济动荡、剧变和激进改革已使俄罗斯精疲力竭","国家和人民都经受不住再一次翻天覆地的变革"。由此可见,普京及其政府所倡导和实行的国家治理方略与叶利钦及其激进改革派团队的制度改革理念产生了明显的差异,或者说俄罗斯整体的国家治理方略发生了明显的转换。隐含在这一转变背后的政治经济逻辑可以用图 5-8 加以说明。

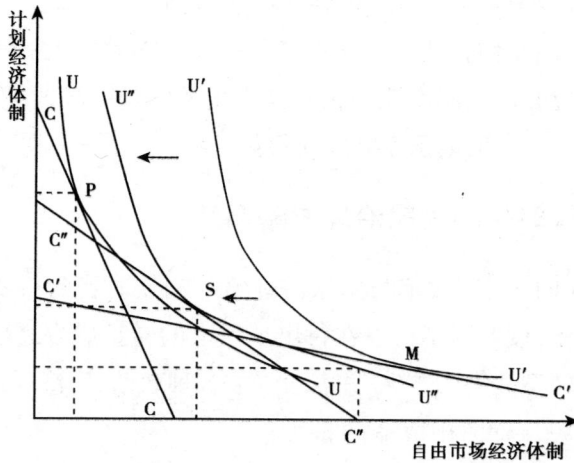

图5-8　后叶利钦时代俄罗斯国家目标偏好的调整

在图5-8中,普京时代的国家目标偏好已经从 U'U'向左调整为 U"U",相应地,国家面临的制度运行成本曲线也从 C'C'调整为 C"C"。这时,国家实现其效用最大化的最优制度选择也从 M 点调整为 S 点。与传统计划经济体制(P 点)和自由市场经济体制(M 点)相比,这种经济体制更具中间色彩和混合性色彩。从图5-8不难发现,国家治理方略的转换主要是由如下因素促成的。首先,政权更替为国家目标偏好的转变创造了一个契机,以普京为核心的主导性政治力量更加理性地看待市场经济和民主政治,即不受约束的、过度自由放任的市场和民主并不会带来持久的稳定和繁荣,只能使转型期的俄罗斯陷入秩序分裂的陷阱,相反,国家与市场、权威与民主、秩序与自由的有机结合才能将俄罗斯引向可持续发展的道路。显然,这种认知模式的变化必然意味着执政者的无差异曲线更加偏离自由放任的市场经济模式。其次,以普京为核心的政治力量更加全面地考虑经济转型带来的制度变迁成本,即充分认识到过度激进的改革方式会使社会承担巨大的转型成本。特别是经历了长期的秩序混乱与经济衰退,俄罗斯社会整体上从对市场与民主的浪漫主义激情中冷静下来,民众更加关心的是如何恢复国家的秩序治理并实现实实在在的经济增长与福利水平的提高,如果政府不能顺应民意及时对政策做出调整,对社会民众进行必要的补偿和扶持,那么政权的合法性将彻底丧失,20 世纪90年代的改革成果也将付之东流,这将增大国家维系政权稳定性的成本约束。上述国家目标偏好的调整反映在政策层面便体现为,普京政府从强化国家权威、增强国家的制度能力入手来对国家整体的治理模式(包括政府、市场与社会的关系)进行调整,以推动俄罗斯走出秩序混乱与经济萧条的陷阱。

在 2000~2007 年间,普京的治国方略调整及其相关政策对于俄罗斯走出转型危机发挥了一定的积极作用,经济开始复苏,社会也趋于稳定。自普京出任总统以来,俄罗斯经济年平均增长率超过 7%,到 2007 年底俄罗斯的 GDP 比普京上任前增长了 70%,俄罗斯从"面临沦为二三流国家的危险"重新跨入世界十强行列。经济增长也带动民生改善,根据世界银行提供的数据,普京执政时期,失业率始终保持在较低水平;1999~2010 年,俄罗斯的工资和人均收入增加了 500%,扣除通货膨胀后,人均收入的实际增长超过 200%;此外,地方财政也将支出的 2/3 用于社会保障,在普京第一任期结束时,俄罗斯国内的贫困人口减少了一半,平均月薪从 80 美元增加至 640 美元。

基于普京时代的优良治理绩效,社会民众对其治国方略大多表示了支持,因此,在 2008 年梅德韦杰夫继任总统后,基本延续了普京时代的治国方略。不过,在某些具体问题上,梅德韦杰夫的治国理念与普京也存在一些差异。在俄罗斯经济发展的现代化问题上,梅德韦杰夫主张大幅度削减国家控制的大型企业和国有独资企业,启动新一轮私有化,要求政企分开,普京主张只出售国有企业部分股权,保留国家控股;梅德韦杰夫主张增加高科技拨款,而普京领导的政府把"俄版硅谷"的拨款减少一半,资金首先满足增强国防、提高工资和退休金。在政治改革上,梅德韦杰夫偏好将政治民主化看作是实现经济现代化的前提;普京则主张要保持政局的稳定,提出政治改革要非常谨慎小心。在外交理念上,普京和梅德韦杰夫的差异主要体现在对欧盟和美国的态度上。梅德韦杰夫认为,现代化所需资金、技术、人才和新思想主要来自西方,要加强同西方国家的关系,首先是同欧美这种主流民主国家的关系,与欧盟建立"现代化联盟";普京虽然也想借助西方实现现代化,但对美国有清醒的认识,即美国野心勃勃,在欧洲继续推进建立导弹防御系统计划,目的是为了削弱俄罗斯的核威慑能力,那么俄罗斯就会以增加核导弹部署的强硬态度做出反应。

尽管普京和梅德韦杰夫的治国方式、方法不同,但是从普京和梅德韦杰夫不同的治国理念来看,并没有什么本质上的差异,只是不同领导人的领导风格和外交语言风格的不同而已。梅德韦杰夫在其四年的任期内也基本是在普京设定的制度框架内进行某些微小的调整,这在很大程度上是由俄罗斯面临的内部环境和外部环境约束以及实现俄罗斯大国崛起的既定目标所决定的。

二、重塑国家制度能力的战略举措

1."梅普共治"时代俄罗斯国家制度能力构建的战略举措

普京认为,在俄罗斯的历史传统中,一个强大的国家不是什么异己的怪物,不是要与之做斗争的东西,恰恰相反,它是秩序的源头和保障,是任何变革的倡导者和主要推动力。因此,俄罗斯复兴和蓬勃发展的关键就在于国家政治领域。俄罗斯需要一个强有力的国家政权体系,也应该拥有这样一个政权体系。当然,俄罗斯社会不会把强有力的和有效的国家与极权主义国家混为一谈。因为俄罗斯人已经学会了珍视民主、法治国家、个人自由和政治自由。与此同时,人们又在为国家权力在明显削弱而担忧。社会希望根据传统和社会现状恢复国家必要的指导和调节作用。基于上述认识,2000 年普京执政后,也正是从加强国家政权建设,强化国家制度能力构建这一核心问题入手,采取了一系列政治、经济与社会改革政策,对俄罗斯的转型战略和方向进行有力的调整。普京及其后的“梅普共治”时代,俄罗斯国家制度能力构建的战略举措主要体现为以下三个方面。

　　(1)稳定制度环境与强化国家政权建设。后社会主义多重制度转型引发了严重的政治、经济与社会动荡,在这一过程中,国家作为社会秩序的稳定器、制度改革的推进器发挥着关键性的作用。然而,叶利钦时代的“弱政府”却远远无法发挥上述功能。在多重权力中心、分利集团的联合侵蚀下,国家的政治经济权力实质上处于极度分散的状态,政府也自然处于一种软弱无能的状态之中。为了扭转上述局面,普京采取一系列政治改革措施来集中整合国家权力,构建具备充足制度能力的“强国家”,从而试图为经济转型与国家治理模式改进创造一个稳定的制度环境。

　　1)改革政党制度,整合分裂的政治秩序。叶利钦时代,俄罗斯政坛风云激荡。国家解体与激进的民主化转型揭开了俄罗斯政治秩序持续混乱的序幕。党派斗争、总统与议会之间的持久冲突始终是贯穿叶利钦时代政治斗争的一条主线,也是削弱政府改革政策实施效果的重要原因。针对政党发展的混乱局面,普京执政后提出应在俄罗斯组建有两三个主要政党构成的多党制,用法治的力量规范政党活动,目的在于培育支持政府的政治力量。为此,俄罗斯于 2001 年 7 月通过了《俄联邦政党法》,提高了组建全国性政党的门槛,即党员人数应在 1 万人以上,各政党在联邦分支机构中的成员不少于 100 人;2004 年修订的《政党法》进一步将组建政党的最少人数增加至 5 万人,联邦分支机构的最少人数为 500 人;2005 年的新《选举法》则规定,政党进入国家杜马的最低席位为 7%,而此前为 5%[①]。通过政党制度改革,普京初步使俄罗斯摆脱了叶利钦时代政治秩序混乱的局面,巩固了自身的执政地位,使得支持总统和政府的中间力量党派在议会中获得绝对优势,从而为政府调整转型战略,实现国家治理模式转变奠定了坚实的基础。

　　2)改革联邦体制,强化国家对地方政权的垂直领导。在俄罗斯转型之初,以总统叶利钦为首的激进自由派改革者为了对抗苏联的中央政权以及其他保守的反对派,因此授予了各地方政府极大的自主权。这种出于政治斗争和意识形态偏好而草率做出的制度安排使得俄罗斯的政治体制和国家结构从高度集权的一端立即跳跃到过度分权的另一端,即地方权力过大,中央与地方关系处于极度混乱无序的状态。由于中央政府丧失了对地方政府的必要控制,导致地方政府的各种机会主义

---

①徐向梅.普京的政治治理和俄罗斯政治走势分析[J].当代世界与社会主义,2007(1):131 – 133.

行为泛滥,严重削弱了中央政府的权威和法律、政策的执行效率。自普京执政后,俄罗斯就开始对其无效的联邦体制进行不断的改革和调整:①成立联邦区及任命总统驻联邦区的代表,巩固联邦体制,强化中央政府对地方的控制。②变更各联邦主体执行权力机关的组建方式,用总统提名、地方议会通过的方式替代地方最高行政长官的直接选举。③改变联邦委员会成员构成,联邦委员会成员不再由各联邦主体行政长官和立法机关的领导人兼任,改由各联邦行政机关和立法机关代表组成,以削弱地方行政长官的地位和权力,增强联邦委员会作为立法机关的独立性。④命令各级地方政府修改违反俄罗斯联邦宪法的地方法令,整合并统一俄罗斯国家整体的法律和秩序。⑤进一步改革和完善中央与地方的财政分权关系。⑥坚决打击以车臣为代表的民族分离主义、恐怖主义和极端主义势力,维护俄罗斯的领土完整和主权统一。

3)打击寡头干政,强化国家对政治经济资源的控制能力。在俄罗斯经济转型进程中,由于法律和制度的缺失,一批脱胎于苏联的精英阶层利用混乱的市场化和腐败的私有化大量攫取国家财产,并由此形成了可以左右国家政局和政府决策的寡头势力。普京执政后,决心改变寡头干政与俘获国家的局面。他要求寡头“平等地远离政治”,并明确表示要与敢于干政的寡头做无情的斗争。2000年,普京在执政不久就首先清除了寡头控制的媒体王国,改变寡头集团借助媒体裹挟社会舆论与政府对抗的局面,如寡头古辛斯基控制的主要媒体——独立电视台被政府收购。此后,政府又通过法律和经济的手段打击那些不听政府劝告,继续通过干预政治实现自己野心的寡头,这些措施先后迫使古辛斯基出逃以色列、别列佐夫斯基流亡英国。2003年10月,普京政府又将试图干政的俄罗斯第一大富豪、尤科斯石油公司总裁霍多尔科夫斯基进行拘捕和审判,并严厉追究该公司的违法行为,拍卖尤科斯公司的财产以清偿债务。普京用强硬手段瓦解了敢于向国家政权挑战的寡头阶层的经济基础,对他们进行经济剥夺,初步扭转了叶利钦时代寡头严重干政、政府被强势利益集团俘获而治理能力软弱的格局,从而为俄罗斯摆脱由于寡头对政府严重俘获所导致的“局部经济改革均衡陷阱”创造了条件。当年不可一世的“攫财大亨”别列佐夫斯基也不得不承认,寡头与政府建立的“良好关系”已经不复存在了,寡头与国家只能保持适度的距离并且服从政府的指令,而不再是通过总统来管理国家①。

4)改革行政体制、打击腐败,提高政府的廉洁与效能。在20世纪90年代的转型进程中,尽管俄罗斯通过实施激进的“休克疗法”使政府从大部分社会经济领域中退出,但政府治理结构和职能转变的缓慢,却不能适应市场经济发展的需要。针对政府职能涣散、行政效能低下的弊病,普京在其第二任期内开始将行政体制改革列入国家制度建设的日程。从2001年开始,俄罗斯相继展开了数次重要的政府改

①徐向梅.普京的政治治理与俄罗斯政治走势分析[J].当代世界与社会主义,2007(1):131-133.

革,通过裁减、合并政府部门机构,减少冗员,规范政府行为等措施来提高政府的效率。与此同时,俄罗斯也开始整治日益严重的腐败问题。其主要措施包括:明确法律法规,要求政府官员严格自律;积极推行政务公开,政务透明;设立对腐败问题进行社会监督和政府监督的机构;实行高薪养廉政策等。

通过上述举措,俄罗斯政府的自主性得到提高,政策和法令的执行能力明显增强,政府的行政成本有所降低,而治理效能却不断改善。基于上述原因,普京时代的俄罗斯逐步摆脱了叶利钦时代政府软弱无力的状态而朝向一种"强政府"治理模式演进,这就为其着手经济与社会其他领域的制度改革构筑起坚实而有力的政治基础。以上变化在第四章对俄罗斯国家制度能力的评估中也得到一定程度的体现,即除个别年份外,政治稳定性指数从 2000 年开始总体回升,政府有效性指数、监管质量指数也得到不同程度的提高。

(2)深化市场经济体制建设与调整经济发展模式。20 世纪 90 年代,叶利钦试图通过迅速的经济自由化为市场的自发扩展创造空间,然而却在过度缩减政府职能范围的同时破坏了政府必要的保护和培育市场秩序的能力,从而使俄罗斯的市场经济体制严重扭曲。普京对市场经济的制度特性及其与经济发展之间关系的理解要比叶利钦更为深刻、务实。这突出体现为普京在不断增强政府自身治理能力的基础上对俄罗斯畸形的市场体制进行改造,对支持市场经济有效运转和经济持续发展的制度安排进行更加细致的培育,从而将催生现代市场经济的两种力量——政府的理性构建与个体的自发演化——有机结合起来。

1)自普京执政后,俄罗斯政府就开始着手完善市场经济运行的制度环境建设,构建法治的市场经济。在叶利钦时代,尽管俄罗斯的政府和立法当局也曾试图通过大规模立法和采取移植西方国家先进法律制度的方式,迅速制定出一系列支持现代市场经济有效运转的法律和法规条文,但是相对于转型时期变动不居的社会经济环境而言,法律制度改革与现代法治建设的步伐依然是十分滞后的。为了扭转俄罗斯法治缺失和市场经济秩序严重紊乱的局面,普京政府将经济制度构建的突破口选在加强俄罗斯转型时期的法制建设,即通过加强立法、强化国家法律体系的统一性、打击犯罪、取缔"影子经济"等一系列措施努力为俄罗斯的市场经济发展营造一个以法治为基础的,稳定、有效的制度环境。

2)俄罗斯开始修正激进的私有化政策,强化国家对国有资产以及战略性行业的控制,深化公司治理建设。俄罗斯转型初期的大规模私有化不仅导致了国家财产的巨大流失,而且催生了势力强大的寡头阶层。普京执政后,虽然强调不会实施逆转早期私有化的大规模"重新国有化"措施,但也决心对混乱无序的私有化政策进行大幅度的修正。除了打击寡头,没收其非法所得外,俄罗斯进一步出台了更为完善的《俄罗斯联邦国有资产和市政资产私有化法》以规范产权改革的方式,同时在推进私有化的同时仍然在关系国计民生的行业和领域保持了一定的国有经济成分,以确保国家的经济控制力。在完善产权改革的基础上,俄罗斯更加重视现代公司治理制度的建设。特别强调要改变多数企业被"内部人控制的局面",大力发展开放型股份公司,以便吸引国内外战略投资者的进入,完善企业的治理机制,加快企业重组进程,提高企业的经营效率和竞争力。

3)强化宏观调控,制定长远经济发展战略。在经历了早期市场化导致的剧烈阵痛后,俄罗斯开始反思原有的经济转轨策略,试图放弃过度放任的"自由式"市场经济制度安排,是将市场运行和社会发展建立在国家调控体系基础之上,努力构建一种"可控的市场经济体制"。从普京时代开始,俄罗斯明确了国家干预经济的基本范围和职能:①保护产权。②保障平等的竞争条件。③精简企业注册程序。④减轻税负。⑤改革金融体系。⑥实行现实的社会政策。与此同时,开始制定切实可行的长远经济发展战略。如 2000 年出台的《俄罗斯至 2010 年发展战略》;2003 年提出的十年内 GDP 翻番的战略目标;2005 年出台的《俄罗斯 2005~2008 年社会经济发展中期纲要》等。这些经济发展计划提出了俄罗斯长期发展的战略目标,探讨了诸种可供选择的经济发展模式,并且针对俄罗斯特定的优势与劣势提出了促进经济发展的战略举措。

4)稳健推行对外开放,积极融入世界经济体系。在叶利钦时代,俄罗斯虽然也非常重视对外开放,并且试图通过开放来吸收外国投资以缓解国内投资不足、生产萎缩的局面。但是,俄罗斯动荡、腐败和法制不健全的投资环境严重削弱了外国投资者的信心,这就使得俄罗斯经济转型以来吸收的外资十分有限①。相反,过于激进的对外开放战略导致了外国商品的大量流入,这不仅给国家带来了巨大的贸易逆差,而且严重冲击了本国民族企业的生存和发展,进一步加重了转型时期的经济困境。从这个意义上讲,转型初期,俄罗斯处于一种被动地、消极地走向世界经济体系的状态。普京执政后在坚持俄罗斯经济对外开放的基本方针不变的基础上对开放战略进行了调整和深化。普京主张实行俄罗斯与世界经济的一体化,但是强调必须循序渐进地推行,必须吸收 20 世纪 90 年代盲目自由化的教训。除了保持对外开放势头不会逆转外,俄罗斯开始更加强调互惠共赢的开放模式,并且综合运用自身的政治、经济、资源、外交、军事优势,以便在融入全球经济过程中确保国家的核心利益。同时,俄罗斯也在通过深化法律和制度改革,改善本国自身的贸易投资环境,以便扭转资本外逃的局面,吸纳更多外国资本的进入。

(3)社会发展与公民社会建设。叶利钦时代的激进变革将社会拖入一种极度分裂的状态,从而孕育出一个畸形而脆弱的市场社会。激进的制度变革撕裂了传统的习俗、文化、信任等社会纽带,俄罗斯社会日益陷入贫弱、分裂、无序的状态。这种社会结构与社会形态更加剧俄罗斯政治经济转型的不可控性。为了避免社会陷入无政府的秩序混乱状态,自普京时代开始,俄罗斯从经济、政治、社会与思想文化等各个层面采取综合措施,以减缓日益加速的社会分化趋势,实现社会整合与国

---

①唐朱昌. 俄罗斯经济转轨透视[M]. 上海:上海社会科学院出版社,2001:55-56.

家秩序的和谐治理。

1) 俄罗斯开始实施积极的社会政策以扶持社会的发展,实现国家对社会的经济整合。这些积极的社会政策措施主要包括:采取超前增长居民实际货币收入的政策,以扭转人民生活水平持续下降的趋势;通过税收等手段调解收入分配,提高居民最低生活费标准,以消除日益严重的两极分化;加快社会保障制度改革,建立更为完善的社会安全网络,减少公民在市场经济中面临的不确定性和风险;解决拖欠工资和养老金问题等,提高人民的生活水平,以降低激进变革带来的社会成本。

2) 针对俄罗斯转型期各种社会思潮涌动、传统价值观分裂所造成的混乱,俄罗斯提出了促进价值观念整合与社会团结的主张。为此,普京执政时期提出了用已经存在于现实中的民族思想来整合全国各民族人民,共同朝向一个统一的目标迈进,这种民族思想就是"俄罗斯思想"。"俄罗斯思想"的主要内容包括:①"爱国主义":对自己民族历史和成就的自豪感和建设强大国家的心愿,一种为自己的祖国、自己的历史和成就而自豪的情感。②"强国意识":俄罗斯过去和将来都是伟大的国家,这是由俄罗斯的地缘政治、经济和文化的不可分割性所决定的,强国意识成为振奋俄罗斯人民精神的崇高目标。③"国家权威":具备强大政权的国家是秩序的源泉和保障,是改革的倡导者和主要推动力,拥有强大力量的国家是秩序与繁荣的源头。④"社会互助精神":借助国家和社会改善自己的状况,保持社会团结①。通过对"俄罗斯思想"的历史传统和现实意义的深刻挖掘和重新诠释,俄罗斯试图塑造一种强有力的民族思想体系,以振奋俄罗斯社会的民族精神,引领俄罗斯人民走上政治、经济与社会生活正常化、稳定化的发展道路。

3) 协调国家与公民社会的关系,构建有效的社会控制体系。在 20 世纪 90 年代的社会经济转型中,一个相对具有自治性、独立性的公民社会已经开始在俄罗斯得到萌发。然而,在历史传统的束缚以及漏洞百出的政治经济改革等多种因素的制约下,俄罗斯新生的公民社会依然是力量薄弱而且不成熟的社会组织形态。它不仅不具备整合功能,反而成为势力强大的精英阶层、既得利益集团上演街头政治、俘获政府决策,甚至与国家政权公开对抗的舞台。在普京执政后,俄罗斯开始注重对公民社会的发展进行规范和引导,使公民社会的发展处于一个国家"可控"的限度之内。为此,俄罗斯政府采取了一系列改革措施,试图在俄罗斯培育更加成熟和运行规范的现代公民社会制度。①建立成熟的政党体制,消除党派林立、政治纷争不断的混乱局面。②削弱地方分离主义势力,强化了国家的垂直权力体系,将政治与社会生活保持在国家有效控制的限度之内。③打击寡头干政,促使强大的既得利益集团与国家保持适度距离。④重新夺回被寡头控制的新闻媒体工具,取得国家对社会舆论的有效掌控。⑤在法律上和制度上强化了对俄罗斯国内非政府组织的管理和控制。

---

①张弛. 俄罗斯转轨绩效透视[M]. 北京:经济日报出版社,2003:179.

2.后叶利钦时代的国家制度能力演化轨迹

普京时代及"梅普共治"时代,俄罗斯采取的以构建"强国家"为核心,并扶持市场经济发展和整合社会的转型战略使得俄罗斯的国家制度能力得以重塑,这一点在图5-9中显示为从E点到F点的上升轨迹。也就是说,在适度集权的基础上,整合国家的政治经济资源,提高国家制度能力,从而使俄罗斯摆脱叶利钦时代国家权力过度分散、国家制度能力极度衰弱的局面。正如俄罗斯经济学家波波夫所言:2000~2008年,普京和梅德韦杰夫深受俄罗斯人民支持的重要原因在于,抛弃了叶利钦时代过度激进的新自由主义转型战略,而开启了整合内政的国家现代化进程,从而遏制了俄罗斯20世纪90年代的严重转型危机①。

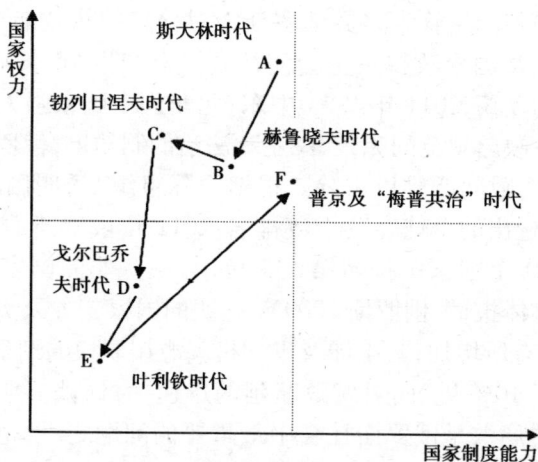

图5-9 普京时代及"梅普共治"时代的国家制度能力演化轨迹

三、强化国家制度能力与俄罗斯转型走向

国家是一个结构复杂的制度体系,国家制度能力的重塑也是一个复杂的系统工程,它有赖于政治、经济和社会领域的协同努力。20年的激进转型已经使俄罗斯经历了剧烈的制度变革,国家也曾一度陷入支离破碎和能力衰竭的窘境,因此,重塑强大的国家制度能力并非一夜之间可以完成的任务。尽管自普京执政后,俄罗斯通过各种改革措施试图重构国家权威,确保社会经济稳定发展,但在许多方面,俄罗斯的国家制度离"一个民主、法治、有行为能力的联邦国家"这一预定目标还有很大差距。

在政治层面,普京时代的政治整合为俄罗斯的政局稳定奠定了基础,"梅普组

①弗拉基米尔·波波夫.俄罗斯转型为一个发展中国家的根源[J].国外理论动态,2011(2).

合"的政治体制也基本稳定运行,但以规范的民主运行标准来看,俄罗斯的国家政权还存在着一些不稳定因素。一是国家权力结构的配置尚不均衡,俄罗斯政坛上"政权党"——统一俄罗斯党形成了一党独大的局面,其影响力在不断扩展,这种现象引起其他政治力量的不满,批判和指责政权党选举不公、暗箱操作之声不绝于耳。2011 年 12 月 4 日举行第六届国家杜马选举,计票结果显示,在 95.7% 的有效选票中,统一俄罗斯党获得 49.54% 的支持率,维持了第一大党的地位,但仍未获2/3 杜马席位,此后,俄罗斯出现了较大规模的抗议选举舞弊的示威。这些潜在的政治权力博弈都有可能制约未来政府的行为能力。二是俄罗斯尚未形成一种制度化的最高权力更替程序。自叶利钦将总统大位授予自己选定的接班人普京以来,俄罗斯"禅让"式的权力转移传统一直延续至今。面对 2012 年普京回归的局面,社会对此的质疑日益强烈。尽管大多数俄罗斯人对普京的执政能力并无异议,但同一领导人过长时间执掌国家政权不免会使社会民众产生"审美疲劳",长此以往,也会诱发国家政局的动荡,2011 年以来,中东、北非许多国家强人政治的垮台就是典型的证明。三是在缺乏规范的宪政、民主和法治的制约下,俄罗斯政府的治理质量依然低下,严重的腐败问题难以根除。根据国际组织"透明国际"(Transparency International)每年评选出的全球腐败指数排名,2011 年俄罗斯的"透明度"总指数仅 50.5 分,在世界 179 个国家中排名第 143 位,与一些非洲国家腐败程度不相上下。据俄罗斯官方媒体报道,俄罗斯 2009 年查明的国家公务人员职务犯罪数量达43000 起,比 2008 年有所增加,其中涉及审判机关滥用职权的刑事犯罪和官员收受贿赂的犯罪均上升了 10%①。面对腐败蔓延的迅速,时任俄罗斯总统梅德韦杰夫表达了极大的不满:"腐败是俄罗斯社会中最重要的问题之一,也是俄罗斯国家面临的最大威胁之一。反腐是我们国家一个百说不厌而又常说常新的话题。人民都在看着,国家正在发生什么变化。但目前,没有人对反腐工作的实际情况满意——无论是普通百姓还是政府官员,甚至连腐败分子都不满意!我们的反腐工作并没有取得实质性成果。"四是俄罗斯在稳定中央与地方关系、打击民族分离主义、地方分离主义和恐怖主义方面仍面临一系列严峻挑战,这些都可能构成威胁俄罗斯政权稳定和社会经济平稳发展的潜在不利因素。

良好的国家制度需要一个完善的市场经济体制的强有力的支撑。尽管通过制度改革与结构调整,俄罗斯的市场经济体制自普京时代开始出现了不断改善的局面,紊乱的经济秩序也逐步得到稳定,但俄罗斯的市场经济体制发育仍然处于初级阶段,健康有效的市场经济秩序尚未生成,经济发展进程中仍然存在严重的制度性和结构性矛盾。从价格自由化、贸易自由化、汇率自由化、大规模私有化等指标来看,俄罗斯的市场化程度大幅提升,市场经济体制的基本框架已经确立,但是从衡量制度质量的各项指标(如产权保护、竞争政策、监管质量、法治水平等)来看,俄

①http://news. xinhuanet. com/lianzheng/2010 – 07/22/c_12360176. htm.

罗斯市场经济的制度质量依然低下,各项经济制度协调运行的综合绩效较低,有效的市场经济秩序尚未完全形成,市场自身的治理能力仍然较低。制约俄罗斯市场经济体制健康发展的一个重要问题——大型商业利益集团影响政府决策的问题仍未根除。普京任总统时期采取的打击寡头干政的举措虽有成效,但"国家被俘"的问题依然存在,新生的寡头取代原有的寡头后,依然对国家的经济政策具有重要影响。不解决这一痼疾,俄罗斯就难以建立一种公平竞争的有效市场经济体制。

　　除了制度层面的因素外,阻碍俄罗斯市场经济持续高效发展的最为突出的一个弊病就是经济结构的失衡和扭曲。俄罗斯转型期的经济结构调整并非是主动适应市场经济和全球化趋势而采取的经济发展措施,而是在激进转型政策所引发的严重经济危机冲击下做出的被动调整。因此,其产业结构虽然呈现出某种轻型化的趋势,但这并不意味着俄罗斯在本质上实现了从"工业社会"向"后工业社会"转变所形成的实质性的结构调整。实际上,俄罗斯三大产业之间的发展依旧不均衡,产业结构落后。重工业是俄罗斯国民经济支柱,轻工业和农业很不发达。工业结构依然落后,除重化工业比重一直偏高并僵化停滞、技术进步不快、劳动生产率低下外,还反映在工业产品,特别是出口产品结构的落后上。俄罗斯一直把服务部门视为非生产领域,重生产、轻流通的思想根深蒂固,致使第三产业长期处于落后状态。在 GDP 中,商品性产值比重大,服务性产值比重小。这种落后的产业结构严重阻碍了俄罗斯从粗放型增长模式向集约型增长模式转变。另外,俄罗斯形成了一种严重依赖石油、天然气等原材料和初级产品的资源依赖型经济。20 世纪 90 年代后半期以来,俄罗斯燃料和原料类产品的出口比重持续上升,1994～2000 年,该比重保持在 82%～85% 的水平。其中,原油、天然气、煤炭等燃料类商品出口额的比重为 40%。2000～2008 年资源性产品出口在俄罗斯经济持续增长中发挥了关键作用。俄罗斯著名经济学家阿甘别吉扬指出,俄罗斯经济增长的 70% 是靠外部因素保证的[①]。俄罗斯资源依赖型经济结构对其经济发展乃至政府治理都会产生严重不利影响。一是经济增长过度依赖资源出口增大了俄罗斯经济发展的脆弱性和不稳定性。特别是国际石油价格的波动会引发经济增长的波动,从表 5 - 10 可以看出,国际石油价格与经济增长具有极大的正相关性。二是石油和天然气部门的过度发展,不仅挤占了过多的经济资源,制约了其他经济部门的投资和结构升级,而且来自石油出口收入的流入也增加了宏观经济的波动性,增加了政府调控经济的难度。三是资源能源行业也是最容易产生垄断租金的经济部门,这些部门的发展滋生出庞大的寻租集团,它们试图通过游说政府获得石油和天然气部门的垄断经营权,不仅弱化了市场竞争格局,而且加速了政府与能源企业形成紧密的利益同盟,并由此滋生了大量的暗箱操作和腐败行为。

[①] A. Арбатов. Ресурсное проклятие России: зкскурс в историю и нынешние проблемы. Общество и зкономика. 2004, No. 11 - 12, Стр. 143

表 5 – 10　俄罗斯经济增长与石油价格的依赖

项目	2009 年 1~2 月	2009 年 1~3 月	2009 年 1~4 月	2009 年 1~5 月	2009 年 1~6 月	2009 年 1~7 月	2009 年 1~8 月	2009 年 1~9 月	2009 年 1~10 月	2009 年 1~11 月	2009 年 1~12 月
俄产原油价格（美元）	42.6	43.5	44.8	47.5	50.8	53.0	55.3	56.7	58.3	59.9	61.1
GDP 增长率（%）	-9.8	-9.4	-9.8	-10.1	-10.1	-9.8	-9.9	-9.6	-9.4	-8.6	-7.9

项目	2010 年 1~2 月	2010 年 1~3 月	2010 年 1~4 月	2010 年 1~5 月	2010 年 1~6 月	2010 年 1~7 月	2010 年 1~8 月	2010 年 1~9 月	2010 年 1~10 月	2010 年 1~11 月	2010 年 1~12 月
俄产原油价格（美元）	74.3	75.2	77.0	76.3	75.9	75.7	75.7	75.9	76.4	77.2	—
GDP 增长率（%）	4.5	4.5	3.5	4.0	4.2	3.8	3.7	3.4	3.7	3.7	4.0*

注：俄罗斯官方预估数据。

资料来源：根据俄罗斯经济发展部 2010 年各期经济统计和分析数据整理，http://www.economy.gov.ru/minec/activity/sections/macro/monitoring。

　　在政治和经济发展需要深入推进之外，俄罗斯在社会发展领域也面临着一系列严峻挑战。自普京任总统开始，俄罗斯采取了一系列促进社会发展和公民社会建设的措施，旨在消除社会分裂，为制度变革提供一个稳定、和谐的社会基础。这些举措虽然收到了一些成效，但并没有完全改变转型期各种消极的社会因素。因此，俄罗斯在经济转型深化阶段仍然面临着诸多社会发展问题。一是社会分化过大的趋势仍未从根本上得到扭转。特别是收入分配差距依然在扩大，失业人群和社会贫困人口的数量在全球经济危机期间进一步增长。这就需要进一步加大社会政策的力度，对民众给予更大的支持，以使他们跨越危机并分享经济发展的收益。二是俄罗斯仍然面临着严峻的人口负增长问题①，这不仅会影响未来的经济增长潜力，而且可能威胁到国家和社会的稳定发展。这就需要国家采取有效的人口政策，提高人口增长率。三是俄罗斯需要更加深入地协调国家与社会之间的关系，形成相互扶持的伙伴关系。俄罗斯转型期的国家与社会非协调互动问题源于国家和社会双方的不足。一方面，社会无序重构，缺乏一种自发的组织和治理能力，沦为不同集团利益博弈的舞台，并滋生出大量的犯罪问题；另一方面，国家自身也缺乏一套完善的制度安排和治理机制，没有形成规范化、制度化的社会参与机制，从而导致社会对国家缺乏信任，国家对社会缺乏必要的控制能力。为此，俄罗斯需要经历一个国家与社会双向民主化、现代化的进程，即现代国家制度建设与现代公民社会建设同步进行，相互协调。当然，这需要经历一个长期探索和持续磨合的进程。

---

①目前，俄罗斯的人口数量从 1993 年的最高值 1.486 亿人减少到了 1.42 亿人，而且以年均七八十万的速度递减（http://news.xinhuanet.com/world/2008 – 03/15/content_7793278_1.htm）。

国家制度体系的薄弱以及相关的结构性弊端,使得俄罗斯社会经济可持续发展的内生机制依然脆弱,这一点在2007~2009年源于美国而最终席卷世界的国际金融危机中得到充分体现。危机期间,俄罗斯新生的市场经济体系出现了严重的系统性混乱。货币贬值与资本外逃、股市崩溃与银行破产、债务高涨与实体经济衰退、政局不稳与社会动荡,成为金融危机并发症的典型特征。多重危机的交互作用引发了宏观经济动荡,进而严重影响了经济增长的速度,从而使刚刚从20世纪90年代的危机中恢复过来的俄罗斯再度遭遇重大挫折。危机的发生在沉重打击俄罗斯经济的同时,也为俄罗斯国家制度能力构建与社会经济转型的深化形成了一种倒逼机制。从目前的发展来看,确保俄罗斯国家制度持续完善、经济平稳发展的一个关键途径就是实现国家全面的现代化进程。这一进程在"梅普共治"时代已经开启,预计也将成为普京回归后贯穿俄罗斯制度变迁与经济发展的一条主线。

2009年9月10日,时任俄罗斯总统梅德韦杰夫发表了题为《前进! 俄罗斯!》的著名文章,详细阐述了对俄罗斯过去、现在和未来的思考,并提出了对国家进行全面现代化的主张。2009年11月12日,梅德韦杰夫在其任期内的第二个国情咨文中正式提出并强调现代化问题。2010年11月12日,梅德韦杰夫在第三个国情咨文中再次强调现代化的重要性,并责成联邦政府对经济现代化的五个优先方向的支出不能少于预算对创新经济支出的50%。总体而言,俄罗斯的现代化进程包括了政治、经济和社会三个层面。

第一,政治现代化。政治现代化是巩固国家政权、提高国家制度能力的重要核心。主要包括:一是国家与公民关系的协调化、透明化、确定化,特别是政府能够有效回应社会需求,提供高质量的公共服务;二是社会服务的现代化,即积极吸引非商业化组织加入进来,可以使社会服务更具体,对象更明确,同时可以减少国家机构的腐败;三是政府应采取积极措施,改善投资环境,利用先进经验,创造新的工作岗位;四是政府机构放弃那些与其职能没有直接关系的资产,2010年,总统签署命令将战略性企业的数量减少为原来的1/5,政府应集中精力做好职责范围内的工作;五是司法改革,目标是体现法律公正,建设独立和受到普遍尊重的法庭以及受到人们真正信任的司法机关;六是完善刑法体系,强调刑法必须是有威慑力的,但同时也应该是与时俱进的、人道的;七是反腐败仍然是一个原则性的任务,要认真研究现有的法律,并不断向前推进,应当提高对行贿受贿行为的罚款额度;八是改革政府采购程序,通过新的政府采购法,使采购过程更加透明;九是改革地方自治代表机关选举办法,增强基层政治竞争,提升政党对选民的责任意识;十是社会各界参与立法讨论,组织社会对《警察法》、《教育法》等法律进行听证,提高社会对立法过程的参与力度①。

第二,经济现代化。经济现代化是实现俄罗斯强国富民目标的重要手段。主

①吴恩远. 俄罗斯东欧中亚国家发展报告(2011)[M].北京:社会科学文献出版社,2011:162-164.

要包括:一是俄罗斯经济必须实行创新发展模式,通过发展高科技产业摆脱对资源生产和出口的过度依赖,增强俄罗斯的国际竞争力,使其成为世界经济强国。普京在其制定的《关于俄罗斯到 2020 年的发展战略》中明确表示了俄罗斯采取创新发展模式的紧迫性,"创新发展的速度必须从根本上超过我们今天所有的速度"。二是大力增加对人力资本的投入。实现经济创新发展模式的目标离不开高素质的雄厚人力资本的支撑,而转型时期,伴随着社会经济的凋敝,俄罗斯出现了人才外流、人力资本恶化的严峻局面。为此,需要增加财政用于教育和医疗卫生领域的投入,由 2006 年分别占 GDP 的 4.6% 和 3% 增加到 2020 年的 5.5%~6% 和 6.5%~7%,同时创造良好的科研环境。三是积极扶持高新技术产业的发展,为建立创新经济奠定坚实的产业基础。未来,俄罗斯应将航空航天产业、造船业和能源动力产业、信息和医疗等其他高科技产业作为重点发展方向,以占领知识经济的制高点。四是深入调整经济结构,即着力改变资源能源产业比重过高的问题,通过发展战略性新兴产业使经济结构不断升级。五是调整外交政策,营造支持经济现代化的外部环境。俄罗斯外交的重要突破点就是需求与那些能够为俄罗斯提供高新技术以及提供高新技术市场的国家建立更加紧密的"现代化同盟"。

第三,社会现代化。政治现代化和经济现代化没有社会现代化的有力支持是难以成功的。社会现代化的核心就是建立一个能够支持规范的民主制度和有效的市场经济的多元、开放、具备整合功能和自我组织与发展能力的现代公民社会。为此,需要增大扶持社会的力度,包括消除贫困、缓和两极分化、增加社会保障投入;打击腐败和有组织犯罪,建立稳定的社会秩序;在确保政府有效调控的条件下,强调发挥个人积极性和民主的社会监督机制的作用,更多地吸收社会民众对改革的参与,继续深入推进俄罗斯的市场化与民主化改革进程[1];形成一种能够凝聚社会的价值观,营造一种和谐包容的公民文化氛围。

由此可见,如果俄罗斯在普京回归后,切实贯彻全面现代化的方向,那么俄罗斯的国家制度能力势必能够得到进一步的提高,而社会经济也将步入一个稳定发展的轨道。但目前来看,实现这一目标还存在着一系列内部和外部的制约,它有赖于国家、市场和社会长期的协调互动,因此,俄罗斯的全面现代化与国家制度能力的提升仍然需要经历一个长期的演化过程。

第四节　本章小结

本章运用国家制度能力的分析框架,并结合第四章的国家制度能力定量评估,

---

①叶夫尼根·亚辛. 俄罗斯能否在 21 世纪成为一个新兴的经济大国? ——前景与方案[J]. 俄罗斯研究,2007(1):89-95.

集中对俄罗斯转型期国家制度能力演化的内在机理及其与转型危机的关系进行深入分析。

苏联在特定的传统社会经济结构和国际政治经济格局的影响下,内生出建立计划经济体制和"强国家"治理模式的制度需求。作为当时主导性政治力量的布尔什维克党将这一内在诉求付诸实施。在传统计划经济体制下,国家具有较强的制度能力,主要体现为高度的自主性和强大的实施能力。正是在这种强大国家制度能力的支持下,苏联能够迅速完成工业化和社会经济改造,成为世界强国。但与此同时,国家权能范围的过度扩张也带来一系列严重弊病,导致计划经济体制效率衰竭。从20世纪50年代开始的、旨在改进计划体制的三次重要改革,虽然使苏联的国家、经济与社会之间的关系发生了某些松动,但由于固有制度弊端和失误的改革策略的综合作用,导致国家的制度形成能力、制度实施能力和制度调适能力全面衰竭,由此导致苏联走上体制崩溃和制度转型的道路。

叶利钦时代的激进变革进一步导致国家制度能力的衰败。这一时期,国家制度能力衰败的内在机理体现为以下三个方面:一是国家制度形成能力的进一步削弱。主要源于三个原因:受新自由主义意识形态影响和政治博弈的诉求,自由派改革者对忽视特定的历史现实环境,过度调整国家目标偏好,选择了不符合俄罗斯国情的激进转型战略;受制度知识短缺的制约,"休克疗法"本身存在严重缺陷,不仅影响了其实施效果,而且加重了转型经济衰退;由于过度关注转型目标而忽视转型过程,致使政府对制度变迁成本缺乏全面评估,削弱了制度变迁的有效性,加重了社会的转型成本。二是国家制度实施能力面临崩溃。政治秩序动荡,使改革政策成为政治斗争的"人质",国家无法对改革进程实施有效调控;政府治理结构转变缓慢和严重的腐败,导致政府治理失效,成为"掠夺之手";畸形的市场体制和混乱的经济秩序,使国家缺乏推行改革和实施宏观调控的经济资源,并孕育了一种滋生"勾结型国家"的市场结构形态;社会分裂及其与国家的非协调互动,进一步削弱了国家对社会的控制能力。三是受意识形态僵化,特别是强势利益集团的俘获的影响,国家丧失了有效的制度调适能力,陷入一个无效而僵滞的局部制度改革陷阱之中。国家制度能力的衰竭,使俄罗斯既无法营造一种适宜市场经济健康发育和有效运行的制度结构,又无法强化改革的可信性承诺,因而干扰了微观经济主体的理性预期,使其出现了严重的行为变异,即机会主义行为泛滥,生产性活动被分利性活动替代,最终无法形成信任与合作的秩序,导致资源配置效率低下,陷入严重转型危机。

2000年后,俄罗斯进入"后叶利钦时代",转型方式与治理方略也发生明显转换。普京执政时期,将国家治理目标确立为"强国"和"富民"。受此偏好转换的影响,俄罗斯确立了重塑国家制度能力的战略。一是通过整合政党制度,重塑联邦体制,打击寡头干政,改革行政体制、打击腐败等措施,构建具有强大行为能力的国家。二是通过完善经济制度环境建设,修正私有化战略,强化宏观调控,稳健推行对外开放等措施,培育可控而有效的市场经济体制和经济发展模式。三是通过实施积极的社会政策,促进价值观念整合与社会团结,协调国家与公民社会的关系等措施,塑造新的社会管理体系。普京时代的各项改革举措使俄罗斯的国家制度能力得到一定程度的恢复,也促使俄罗斯逐步走出转型危机,这一战略在"梅普共治"时代也得到延续。尽管如此,由于俄罗斯一些根深蒂固的制度和结构弊病约束,俄罗斯国家制度能力改进的程度仍然有限,社会经济发展中仍然存在许多风险和隐患。在经济转型深化和后国际金融危机时代,面对国内外新的机遇和挑战,俄罗斯将实现国家的全面现代化作为未来转型的重要路径抉择,在此过程中,进一步巩固和提升国家制度能力仍然是一项关键的战略举措。

第六章 国家制度能力培育与中国转型奇迹

中国经济转型创造的历史奇迹并非理所当然的事情,其背后隐含着制度变迁的深刻政治经济逻辑。尽管许多有利因素支撑了中国良好的转型绩效,但其中的关键变量在于强大的国家制度能力,即国家有能力灵活调整其目标偏好,自主而有效地形成改革决策,持续而深入地推行市场化改革,并根据内外环境变化调整有缺陷的制度,不断发现、学习和创造能够促进社会经济持续发展的有效制度安排。中国的国家制度能力植根于中华文化的悠久传统,形成于计划经济体制确立时期,并在改革开放进程中不断得到巩固、改进和提升。中国国家制度能力的有机构建过程与俄罗斯转型时期国家制度能力的消极退化过程形成鲜明对照,也直接影响了两国的社会经济转型绩效。在经济转型深化与后国际金融危机时期,能否通过持续深入的制度改革和结构调整,维系和不断提升国家制度能力,将成为影响中国顺利跨越经济转型深化的"临界点",是成功建立起完善的社会主义市场经济体制的关键所在。

第一节 中国传统计划经济体制下的国家制度能力

1949 年中华人民共和国成立后,中国在外生因素与内生因素的综合作用下,选择建立起计划经济体制以及与之互为支撑的全能主义国家治理模式。在传统体制下,国家一度具备了强有力的制度形成能力和制度实施能力,并具备了一定的制度调适能力,但体制僵化与国家过度扩张也不免诱发"体制效率衰减综合征"。20世纪 50 年代中后期开始的改革探索由于没有根本摆脱计划体制思维的束缚,并受政治和群众运动的影响,最终归于失败,国家制度能力遭受严重削弱。但过去的失败却为新一轮的制度大变革与国家制度能力的改进与提升提供了历史契机。

一、全能主义国家支撑下的中国计划经济体制

历史的发展既有许多相似性,也存在着明显的差异。与俄罗斯相似,摆脱贫穷落后的社会经济状态,实现现代化的历史夙愿成为中国选择计划体制的内在动力,而传统制度结构中的独有特性也导致中国的计划体制与苏联模式具有许多差异,不过两者相同之处在于全能主义国家所具有的强大制度能力。

1. 传统计划体制与全能主义国家兴起的历史传统与外生因素

理解中国经济转型与国家制度能力演进必须溯及历史。数千年绵延不断的文化传统,成为一种文明基因,深深融入中国的历史血脉之中。它们不仅成为中华文明的显著标志,而且也深刻地影响着后世的历次重要制度变迁。历史的路径依赖效应也在中国的制度演进过程中再次得到有力的印证。

与俄罗斯相比,中国有着更为悠久的帝制传统。这种政治经济体制形成于两千多年前的秦朝(公元前221 ~ 公元前206 年)。尽管历经沧桑,但直到20 世纪早期,中华帝制的基本构成要素却没有发生根本改变。根据美国学者李侃如(Kenneth Lieberhal)的概括,中华帝制的主要特征体现为如下方面:

(1)以儒学为核心的意识形态体系。儒学体现了一种极为保守的统治思想,它以维持长久以来形成的秩序为首要目标,崇尚政治和社会领域的尊卑有度,强调"礼仪"作为社会和谐的关键要素。儒学传统兼容了其他思想流派(如佛教、道教、法家等)的意识形态成分,特别是提倡严刑酷法的法家思想,从而将道德主义与冷酷的高压统治融合一体。

(2)以君王为首的政治体制。皇帝被视为上奉"天命"、下启"民智"的最高统治者。他统领"外朝"(官僚)和"内廷"(皇室),拥有不受任何正式法规约束的绝对权力。以君主集权为核心的专制国家对个人实施严格控制,个人被严格限定于特定等级范围内。国家控制社会的手段包括人口调查、户籍管理、里甲制度、株连、限制谋生途径等[①]。

(3)中央集权的官僚传统。起源于秦朝的官僚制度绵延数百年,形成了独特的体制。一方面,它具有与西方近代官僚体制相似的特点,如界定清晰的品级和职能分工、以功绩为晋升标准、明确的报酬结构、发达的沟通体系、正式的监察组织等。另一方面,正式官员占人口的比例却远远低于近代西方国家,在清王朝鼎盛时期,全国的正式官员仅有两万人。与之相应,则由一批被称为"乡绅"的非正式的、低级的官吏在基层行使着实际的治理权。这就使得中华帝国在中央集权的外表下隐含着大量非正式的地方分权。

(4)经济以传统农业为基础(小农经济),土地可以自由买卖,地主经济和自耕农并存,租佃制和雇佣制普遍存在。虽然具有比较发达的商业活动,但"重农抑

---

① 曾峻. 公共秩序的制度安排——国家与社会关系的框架及其应用[M]. 上海:学林出版社,2005:213.

商"的观念始终占据主导地位,私人所有权从未得到清晰界定和严格保障。国家控制着社会资源的分配,并通过苛捐杂税、徭役等手段攫取经济剩余。国家拥有官办官营的工商业,而民营手工业和商业受到限制,因而没有发育出发达的市场经济。国家除了提供少数基础设施和赈灾活动外,几乎不承担其他公共服务职能,属于"统而不治"。

(5)上下有序、恪守礼仪、重视家庭的社会结构。以农业为主的经济形态造就了普遍的村落家族关系,以家庭为核心的伦理观念使个人将自身定位于特定关系网络中的一员,而缺乏积极的公民意识和社会责任①。

有学者将中国上述传统体制的特征归纳为"多元一体"的"大一统"制度,即在高度集权、统一的政治体制和思想体系控制下,存在着地区间、民族间的发展差异,存在着多元社会经济成分和多元的治理机制,但这些多元成分存在的底线是不危害国家统一、民族团结和社会稳定②。在封建时代,与欧洲国家相比,中国"多元一体"的制度模式是一种非常成熟的国家治理体制,它使处于农业文明中的中国形成了一种"超稳定"的社会经济结构,它维系了天朝大国的地位,同时也对西方资本主义文明的入侵具有较强的排斥力。但这种"多元一体"的制度形态在维系了中华帝国近两千年的统治后,在近代遭遇到前所未有的重大挑战。来自西方列强的入侵和源于国家内部"停滞—动荡"的周期循环最终使得清王朝走向衰落,中华帝制也相形崩溃瓦解。自民国初年到1949年中华人民共和国成立,中国始终处于外敌入侵和内部动荡交扰的混乱状态之中。在这种状态下,经济发展遭遇重创,社会民众孱弱无力,因而许多人寄希望于出现一个强大的国家对社会秩序进行有效整合,将散布于社会之中的零散资源加以集中,以实现国家现代化的目标,并将经济发展与社会生活导入正常轨道。从制度经济学的角度来看,这意味着当时的中国社会已经内生出对"强国家"治理的制度需求。

从外部环境来看,自近代以来,逐渐被吸纳进以"中心—外围"为特征的国际政治经济体系,成为一个典型的后发展型国家。在中华人民共和国成立之前,中国的工业基础十分薄弱,工农业总产值中新式产业所占的比重仅为17%,传统产业大约为83%(见表6-1),有大约90%的人口居住在农村③。第二次世界大战后,同其他发展中国家一样,中国也走上了政治独立于民族经济自主发展的道路。但这一时期,伴随着冷战格局的形成以及朝鲜战争的爆发,中国面临着更加不利的国际政治格局的制约。以美国为首的西方资本主义阵营对中国这一新生的社会主义政权采取了政治孤立、军事包围、经济封锁和制裁的措施,阻断了正常的国际贸易

①李侃如.治理中国:从革命到治理[M].北京:中国社会科学出版社,2010:3-20;武力.新中国60年"政府主导型"发展模式的形成与演变[J].教学与研究,2009(10).

②武力.中华人民共和国经济史(增订版 上卷)[M].北京:中国时代经济出版社,2010:10.

③林毅夫,蔡昉,李周.中国的奇迹:发展战略与经济改革(增订版)[M].上海:格致出版社,上海三联书店,上海人民出版社,1999:30.

和经济交往。这种国际政治经济格局,迫使中国突破西方国家的重重包围,巩固国防,并迅速走出一条实现工业化和经济自主发展的道路。此时,同属社会主义阵营的领导者——苏联已经成功建立起社会主义制度并探索出一条在短期内完成工业化并实现经济赶超的政治经济模式。"苏联模式"的成功对于同属共产党领导、同样要建立社会主义制度并实施赶超式发展战略的中国而言,具有巨大的吸引力,其制度示范效应成为推动新中国成立后计划经济体制与全能主义国家兴起的重要外部推动力。

表 6 - 1　1920 ~ 1949 年工农业产值构成

年份	新式产业(%)	传统产业(%)
1920	7.37	92.63
1933	10.33	89.67
1936	13.37	86.63
1949	17.00	83.00

　　资料来源:武力:《中华人民共和国经济史》(增订版 上卷),北京:中国时代经济出版社,2010 年版,第45 页。

2. 传统计划体制与全能主义国家兴起的内生动力

受历史传统与国际政治经济格局的影响,迅速实现国家统一、民族独立、经济自强,成为中国的国家核心战略目标,也成为推动国家制度变革的强大内生动力。然而,要实现这一目标,需要具备两个基本条件:一是需要一个处于核心地位的政治主导性力量,作为制度供给的主体,能够自上而下地动员和整合社会力量,强制性地推进社会经济改造和制度变迁;二是需要有一套推动经济现代化和经济快速增长的发展战略和经济体制。

面对疲弱、分散的社会经济,一个强有力的制度供给主体是实现国家复兴的政治基础。中国共产党则顺应了这一历史潮流,成为推动社会变革、建立强有力的国家治理模式的制度供给主体。一方面,在 27 年的发展历程中(从 1921 年 7 月到1949 年 10 月),中国共产党已经成长为一个意志坚定、组织严密、纪律严明、拥有丰富革命斗争经验和强大社会动员能力的现代化政党。此外,在长期征战过程中,中国共产党也已经具备了一定的政权建设和经济管理的经验。这集中体现为以"延安模式"为代表的根据地经验,如战时命令体制、统收统支、地方分权、自力更生等。这些都使得中国共产党拥有了领导新中国实现社会变革,推进国家工业化、现代化进程的制度知识和能力。另一方面,受中国传统文化中的国家观念影响以及列宁、斯大林阐述的马克思主义理论的熏陶,中国共产党也自然形成了一种"强国家"的认知模式和治理理念,即具备强大权威和能力的政府是现代化的主导者和主要推进者。在这一认知模式的引导下,革命胜利后建立起来的强政府,立即着手建立推进工业化的经济体制和发展战略。首先,运用强制手段对传统的政治、经济和社会结构进行根本性改造,建立起中国历史上最为强大有效的政府行政管理系统,并利用党的政治和组织优势,将国家的触角深入社会最基层,形成强大的资源汲取和动员体系;其次,全面接收国民政府遗留下"官僚资本",建立起国有经济的最初基础,并在党政合一体制的基础上强化了政府对社会经济的直接干预,国家主导型的经济体制由此形成。伴随着第一个五年计划的实施(1952~1957年),为支持工业化的迅速推进,国家加快了对所有制的改造和计划管理体制的建立,最终使国民经济转变为以单一公有制为主体、以政府行政性计划管理为主导的高度集权的计划经济体制。从1956年完成社会主义改造到1978年改革开放的二十多年里,各级政府实质上成为国民经济的唯一决策人和管理者,并成为社会主义工业化的领导者和主要推进力量①。

实现经济现代化和推动经济快速增长的一个重要途径就是走工业化道路,第二次世界大战后的经济理论与实践似乎都证明了这一点。瓦尔特·霍夫曼定律揭示了发达国家产业结构演进的一个重要规律,即工业化程度与重工业在工业结构中的比重密切相关。第二次世界大战后一些社会主义国家和发展中国家的实践也表明,建立完整的国民经济体系,实现经济独立和跨越式发展的一个重要途径,就是采取以重工业为核心的赶超式发展战略。这种国际经验(特别是苏联的经验)与中国工业化薄弱的现实相互契合,也使共产党领导的新政权将以重工业加速发展为核心的赶超式发展战略作为实现本国经济现代化的重要手段。这种战略具有以下五大特征:①发展的首要目标是实现经济高速增长。②重工业获得优先发展地位,其中军事工业占有很大比重并被赋予特殊战略意义。③以外延式的经济增长为主,即实现经济增长的主要途径是增加要素投入。④从备战和效益出发,对生产力进行布局,优先发展内地。⑤为建立独立的工业体系而实行进口替代战略②。当赶超式发展战略与中国较低的经济发展水平和不利的资源禀赋约束(经济发展起点低、经济发展不平衡、农业部门庞大而工业基础薄弱、资金短缺、人力资本贫乏、市场化程度低、缺乏发展国际经贸渠道等)发生严重冲突之时,便客观诱致出一套扭曲的宏观经济政策、计划管理体制以及高度集中的微观经营机制,这种内生逻辑在第五章中已经进行了分析,这里不再赘述。

3.传统体制下的国家制度能力

与苏联相似,中国在传统计划经济体制下,也形成了高度集权的全能主义国家治理模式,其基本特征是国家对经济和社会的全面渗透和控制。尽管这样一种国家治理模式存在着不可避免的严重弊端,但至少在计划经济体制建立初期,中国的全能主义国家还是展现出十分强大的制度能力。

(1)国家具有高度的自主性和制度形成能力。这主要源于以下三大原因:一是中国历史上形成了一种典型的"强国家—弱社会"治理传统,国家异常强大,而

①②武力.中华人民共和国经济史(增订版 上卷)[M].北京:中国时代经济出版社,2010:18-19.

社会十分弱小,国家成为凌驾于一切社会力量之上的强大政治实体。任何政治力量一旦取得国家政权,便具有了一种"秉承天命"的天然合法性,遵守和服从国家的统治,内化为大多数社会民众的能够自我实施的信念系统。二是作为新政权核心领导者的中国共产党,在长期的革命斗争中形成了极高的社会威望,革命胜利后的执政威信也空前提高,具有不可动摇和挑战的领导地位。由于执政党的领导地位在很大程度上是革命和斗争的结果,而非通过和平选举产生的,因而共产党的执政地位实际上不受其他政治力量的左右,不存在任何阶级和社会集团拥有改变共产党执政和决策的权力与力量,从而确保中国在新中国成立后保持了一元政治治理体系。三是新中国成立后,新政权通过镇压反革命、"三反"、"五反"等运动进一步打击和粉碎了潜在的、具有反抗国家能力的社会经济成分,完成了对经济的社会主义改造,从而使国家实现了强有力的政治、经济和社会整合,使国家具备了高度的自主性和制定制度和公共政策的行为能力。

　　(2)国家具备高度的制度实施能力。这一点从中华人民共和国成立初期的制度变迁速度可以明显得以验证。从1949年10月新中国成立到1957年第一个五年计划完成的8年,是中国有史以来制度变革最剧烈的时期。1949～1953年,中国共产党领导下的政府仅用了3年时间就完成了新民主主义革命的任务,即彻底铲除了根深蒂固的封建土地制度、建立强大的国有经济、实现"节制资本"和"统制贸易"等,使新民主主义经济体制和政策在中国全面贯彻实施。1953～1956年,在经济恢复和巩固的基础上,中国迅速走出一条工业化快速推进的道路。以156项重点工程为核心一批现代化的大型骨干企业得以建立,现代工业部门从无到有大量涌现,独立自主的工业体系初步形成。1953～1957年,国民经济高速增长,工农业生产总值的年均增长率达10.9%,工业总产值年均增长率达到18%,其中重工业更是高达25.4%[①];在工业化快速推进的同时,社会主义改造步伐也相应加快,即建立起公有制为主体的所有制结构(见表6-2),排除市场机制对重工业发展的阻碍作用,将资源集中在国家手中。

表6-2　"三大改造"前后所有制结构对比

年份	全民所有制经济(%)	集体所有制经济(%)	公私合营经济(%)	前三项合计(%)	私营经济(%)	个体经济(%)
1952年	19.1	1.5	0.7	21.3	6.9	71.8
1956年	32.2	53.4	7.3	92.9	0.1	7.0

资料来源:刘仲藜:《奠基——新中国经济五十年》,北京:中国财政经济出版社,1999年版,第12页。

　　国家之所以具备如此强大的制度实施能力主要源于如下因素:一是作为国家主导性政治力量的中国共产党是一个组织完备、纪律严明、理想坚定、富于牺牲精

---

①武力. 中华人民共和国经济史(增订版 上卷)[M].北京:中国时代经济出版社,2010:13.

神、高效清廉的政党,它感召和集中吸纳了当时各方面的优秀人才,这就使得国家具备了较为有利的组织优势和人力资本优势,使得它的方针能够迅速有效地贯彻实施。二是除了"政党—国家"合二为一的一元化集中领导体制外,国家还利用单位制,建立了一种依托纵向组织的沟通渠道,对社会进行统一管理的集权型社会控制体系。这种体制的基本特征是:高度中央集权的组织体系,各级机构均为中央的派出机构和延伸组织,负责将中央的政策彻底贯彻到基层社会;从基层到中央的所有单位在结构上具有同质性,单位是一个集政治、经济、安全、福利等职能为一体的组织,绝大多数单位承担起公共产品和服务供给者的角色。这种体制将一切社会成员的行动和思想集中统一到一起,以实现国家的战略目标①。三是通过上述经济和政治改造,国家具备了强大的资源汲取能力,能够集中动员全国的大部分经济资源,以完成工业化和经济赶超等国家目标。表6-3显示了计划经济体制时期,社会主义国家的积累率比较。从中不难发现,中国的积累率明显高于其他社会主义国家,足见国家强大的资源汲取和动员能力。四是在长期的革命斗争中,共产党与社会民众形成了一种唇齿相依、荣辱与共的亲密关系。中华人民共和国成立后,国家可以进一步运用意识形态和社会舆论等政策工具,向社会民众实施濡化功能,产生"说服"效应,使社会民众自觉自愿地执行国家的政策,极大地降低了治理成本。

表6-3　1955~1977年中国与苏联、东欧地区国家积累率比较

年份	中国(%)	苏联(%)	保加利亚(%)	匈牙利(%)	民主德国(%)	波兰(%)	罗马尼亚(%)	捷克斯洛伐克(%)
1955	22.9	25.7	18.9	20.7	9.8	22.7	17.6	19.8
1960	39.6	26.8	27.4	23.1	18.2	24.0	16.0	17.2
1965	27.1	26.3	28.4	19.3	20.0	25.9	24.3	9.2
1970	32.9	29.5	29.2	29.3	24.4	25.1	28.8	27.2
1975	33.9	26.6	32.5	32.0	22.3	34.2	34.1	29.2
1977	32.3	26.4	26.0	31.8	22.9	31.9	—	24.5
平均	31.5	26.9	27.1	26.0	19.6	27.3	24.1	21.2

注:罗马尼亚的年度数字,均为每5年的平均数,即1951~1955年、1956~1960年、1961~1965年、1966~1970年、1971~1975年。

资料来源:武力:《中华人民共和国经济史》(增订版 上卷),北京:中国时代经济出版社,2010年版,第16页。

(3)国家还展现出相当强的制度调适和学习能力。与研究计划经济体制传统的观点不同,本书认为,新中国成立后的国家治理体制并非始终是保守和僵化的,至少在传统计划经济体制建立初期,国家还是展现出相当强的灵活性和制度调整与学习能力的。在新中国成立前夕,1949年2月召开的中国共产党七届二中全会

---

①李强.后全能体制下现代国家的构建[J].战略与管理,2001(6).

比较明确地提出了新中国的经济纲领和政策,其中明确指出:"在今天,今后一个相当长的时期内,我们的农业和手工业,就其基本形态来说,是分散的还是个体的,即是说,和古代近似的。谁要是忽视或轻视这一点,谁就要犯'左倾'机会主义的错误";"在革命胜利以后一个相当长的时期内还需要尽可能地利用城乡私人资本主义的积极性,以利于国民经济向前发展";"国内的自由竞争和自由贸易,不但是不可避免的,而且是经济上必要的。"①这一纲领显然是针对中国当时特定的社会经济环境所做出的灵活性的政策调整。新中国成立之初,国家便努力着手将核心任务从革命斗争转向经济恢复和建设,在此期间,利用市场和行政相结合的手段实现了平抑物价、打击投机活动等任务,甚至在改造民族资本主义经济成分时也采取了"赎买"和"公私合营"等较为温和的经济手段,而非强制性的没收。此外,即便是移植苏联模式的计划经济体制和工业化模式,也并非完全是外部强加的,而是国家所具有的强烈制度学习欲望的一种内生诉求。而且,当苏联模式的弊端较为充分暴露之时,国家也采取了一定的分权化措施加以调整,以克服过度僵化的体制弊病,使中国的计划经济体制更具活力。当然,受国内外政治经济环境的制约以及领导人主观认知模式的偏差,这种制度调适和学习能力最终遭到削弱。

二、计划经济体制的曲折探索与国家制度能力的削弱

在中国传统计划经济体制与全能主义国家治理模式运行过程中,也自然内生出与苏联相似的制度弊端。这些制度弊端主要体现为:在经济层面,国家决策失误导致经济结构的整体失衡、经济增长质量低下、民众实际福利水平长期得不到提高;在行政层面,全面的计划管理促使政府规模膨胀、行政成本上升,各种"滥用职权、寻租腐败、思想僵化、墨守成规、机构臃肿、人浮于事、效率低下"的官僚主义弊病大量滋生;在社会层面,高度集权和经济上的平均主义,抹杀了个人利益,严重抑制了社会个体的积极性和创造性,个体失去了自由发展的机能,形成了对国家和集体的严重依赖,政府对思想和文化的严格控制还抑制和阻碍了社会创新性制度知识不断涌现的空间②。上述因素的综合作用,也严重削弱了国家提供有效制度供给并推动社会经济持续发展的能力。

中国的政治领导人很早就意识到照搬苏联模式可能给本国社会经济发展带来的弊端,并着手进行改革。这集中体现为1958～1978年进行的周期性行政分权改革。针对第一个五年计划期间传统计划经济统得过死的弊端,1956年,毛泽东主席在《论十大关系》一文中指出:"我们的国家这样大,人口这样多,情况这样复杂,有中央和地方两个积极性,比只有一个积极性好得多。我们不能像苏联那样,把什么都集中到中央,把地方卡得死死的,一点机动权也没有。"③同年,国务院专门召

①武力. 中华人民共和国经济史(增订版 上卷)[M]. 北京:中国时代经济出版社,2010:59 - 60.
②曾峻. 公共秩序的制度安排——国家与社会关系的框架及其运用[M]. 上海:学林出版社,2005:221 - 225.
③毛泽东著作选读(下)[M]. 北京:人民出版社,1986:729.

开了全国体制会议,检讨中央集权过多问题。1958 年 8 月,中国开始了第一次改革尝试,改革的核心就是中央政府向地方政府下放一系列社会经济管理权。

一是下放计划权。根据中共中央 1958 年 9 月发布的《关于改进进化管理体制的规定》这一文件,地方政府获得了如下计划管理权:对地方工农业生产指标的调整权;对地方的建设规模、项目以及投资使用统筹安排;对地方物资的调剂使用权;对重要产品的超产部分按一定比例自行支配权。二是下放企业的管辖权。根据 1958 年 4 月 11 日发布的《关于工业企业下放的几项规定》,在国务院各部门主管的企业中,除极少数重要的、特殊的以及试验性的企业继续由中央管理之外,其他企业的管理权均下放给地方政府。三是下放物资分配权。主要包括:削减中央各部委集中分配和管理的物资的种类与数量;中央保留的统配物资也由以往的"统筹统配"转变为"地区平衡,差额调拨";除了铁路、军工、外汇、国家储备等少数领域之外,中央和地方企业的物资均由其所在的省、市、自治区供给和分配。四是下放基本建设项目的审批、投资以及信贷管理权限。地方政府在项目审批、筹集资金、兴办当地各项事业方面获得了很大的自主权。五是下放财政和税收权。中央与地方的财政收入划分方法从"以支定收、一年一变"转变为"以收定支、分级管理、分类分成、五年不变"。同时将一些税种下放给地方或采取中央与地方按比例分成的原则来增加地方政府的收入,还给予地方政府较宽泛的减税、免税以及加税的权力。六是下放劳动管理权。省级(直辖市)政府有权自主决定本地的招工计划,而不必通过中央各部门的批准①。

行政性分权改革确实扩大了地方政府的社会经济管理权限。例如,从 1958 年 3 月到年底,在不到一年的时间内,原来直属中央的 8100 多家企业由地方政府管理,占中央直属企业总数的 88%,部属企业只剩下 1200 个。部属企业工业产值占工业总产值的比重也由 1957 年的 39.7% 下降到 13.8%。国家计委管理的工业产品减少至 215 种,统配物资也减少到 125 种,即减少了 75%。中央财政收入占全国财政收入的比重由第一个五年计划时期的 74.1% 下降到第三个五年计划时期的 49.1%。

然而,"大跃进"时期,由于权力下放过快,加上"左"的思想泛滥和自然灾害,国民经济处境十分困难:国民经济比例失调,国家财政年年赤字,物价大幅上涨,市场供应非常紧张等。在此背景下,从 1961 年起开始了为期五年的国民经济调整期。从总体来看,20 世纪 60 年代上半期的调整,以强调集中和权力上收为主线。到 1966 年,国家部属企业约有 1.1 万家,国家统配物资达到 579 种。

20 世纪 60 年代中期,调整任务完成和国民经济形势好转后,中央权力过度集中的弊端以及中央与地方的矛盾再次重现。从 1969 年开始,中央又一次实行经济管理权限下放。中央部属企业多数下放给地方管理,其中包括鞍钢钢铁公司、大庆

①吴敬琏.当代中国经济改革[M].上海:上海远东出版社,2004:47 - 48.

油田、长春汽车制造厂、开滦煤矿、吉林化学工业公司等特大型企业。到 1970 年中央部属企业只剩下 500 个,部属企业产值占整个工业产值的比例下降为 8% 左右,国家统配物资减少到只有 49 种。由于"十年动乱"导致国民经济秩序混乱,因此,在粉碎"四人帮"之后,中央政府又开始回收权力,国家统配物资到 1978 年增加为 689 种,部属企业在 1981 年增加到 2681 个。

上述情况表明,中国改革开放前对计划经济的几次调整,都是围绕中央政府和地方政府经济管理权限的划分进行的,并未走出"一统就死,一放就乱,一乱就统,一统又死"的怪圈,结果形成了行政权力、经济管理权力周期性收放的循环。表 6 - 4 从中央部属企业和中央统配物资规模的变化这一角度,对这一阶段周期性的行政分权改革做出直观描述。

表 6 - 4　改革开放前我国中央与地方权力调整的变化

年　　份	1953	1957	1959	1966	1970	1978	1981
国务院各部管理的企业(家)	2800	9300	1200	11000	500	—	2681
国家统配物资(种)	220	530	125	579	49	689	—

资料来源:马凯:《曹玉书、计划经济体制向社会主义市场经济体制的转轨》,北京:人民出版社,2002 年版,第 75、94—96 页;刘国光:《中国经济建设的若干理论问题》,南京:江苏人民出版社,1986 年版,第 8—16 页。

以"集权—分权"的周期性循环为特征的改革传统计划经济体制的探索并未取得成功,但却导致了国家制度能力的下降。首先,在 20 世纪 50 ~ 70 年代的改革时期,国家整体的目标偏好仍然没有发生根本性改变,赶超式的重工业发展战略、高度集中的计划管理体制和国家所有制的一统天下地位,仍然在国家目标偏好中占据绝对主导地位。而且,受最高领导人认知模式偏差的影响,国家将这一时期的根本任务定位于革命和斗争(包括对内的阶级斗争和对外防止帝国主义入侵),而没有能坚持中共八大对中国社会主要矛盾和主要任务的认识,即"社会主义制度在我国已经基本建立起来;国内主要矛盾已经不再是工人阶级和资产阶级的矛盾,而是人民对于经济文化迅速发展的需要同当前经济文化不能满足人民需要之间的矛盾;全国人民的主要任务是集中力量发展社会生产力,实现国家工业化,逐步满足人民日益增长的物质和文化需要;虽然还有阶级斗争,还要加强人民民主专政,但其根本任务已经是在新的生产关系下面保护和发展生产力"[1]。国家目标偏好的保守和僵化一方面使得任何改革只能是对计划经济体制的细微修补,而不能触及其深层制度弊端;另一方面也使得国家将大量人力、物力和财力资源投资于国家的"暴力潜能"而非"经济发展",使得国家的"掠夺型"特征大大超越其"服务型"功

---

[1]《马克思主义政治经济学概论》编写组. 马克思主义政治经济学概论[M]. 北京:人民出版社,高等教育出版社,2011:233.

能。其次,持续不断的政治斗争和社会运动,使得国家缺乏一个稳定的制度环境,经济政策的制定不仅受到政治因素的过度干扰,而且也缺乏稳定性和连续性,影响了社会经济主体的"理性预期",因而大大削弱了政策实施的效果。再次,政治和社会的剧烈动荡还导致了政府机构和行政管理体制的非组织化,社会主义法制遭到严重破坏,致使政府根本无法维持其基本的行政治理功能,必然导致社会秩序混乱,经济发展受阻。最后,国家的持续动荡,政治权力对个人权利和自由的过度侵犯,也使得社会对国家政策的合理性产生质疑,对国家的前途和命运抱有一种迷茫的心态,这进一步阻断了国家与社会的协调互动,削弱了国家治理的合法性与效能。由此可见,由于国家出于自身偏好的需要对国家能力的滥用与不当配置,自然削弱了其本应具备的指导社会经济平稳有序发展的能力,因此,到"文化大革命"结束之前,国民经济已经陷于停滞甚至是崩溃的边缘。上述因素的综合作用也使得中国整体的国家制度能力出现了比较明显的弱化趋势,从而陷入到一个与苏联改革时期相似的国家制度能力退化的路径之中。

第二节　国家制度构建与能力培育:中国的转型奇迹

20 世纪70 年代末开启的改革开放进程,揭开了中国现代经济史上又一次大规模的制度变迁过程,也促使中国走上市场化与经济持续发展的快车道。在此过程中,国家制度能力的改进与提升,造就了中国经济体制变革与经济发展的双重奇迹。本节旨在以国家制度能力构建为研究视角,揭示支撑中国转型奇迹的内在奥秘。

一、国家治理目标转换与制度改革能力的形成

历史上较为成功的制度转型通常是由上层执政者通过调整自身的认知偏好和执政理念,并采取相应的政策转变加以稳健推动的,例如被西方学者视为典范的南欧、拉美的民主转型与巩固就是其中的经典案例[①]。同样,中国改革的发动也首先源于国家执政者认知偏好的转变以及由此引发的国家治理目标与公共政策的适应性调整。这一调整过程体现为国家目标偏好由高度集中的计划经济体制向适度分权的现代市场经济体制逐步转变的过程(如图 6 - 1 所示)。

---

①胡安·J.林茨,阿尔弗莱德·斯泰潘.民主转型与巩固的问题:南欧、南美和后共产主义欧洲[M].杭州:浙江人民出版社,2008.

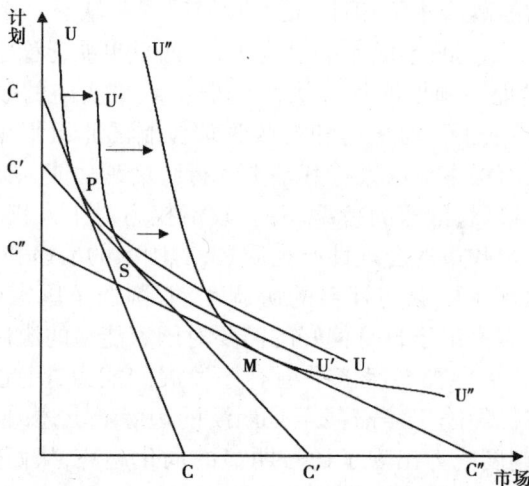

图 6 – 1　国家目标偏好调整与经济转型启动

　　执政者认知偏好和执政理念的调整主要来自三方面因素的作用：一是 20 世纪 70 年代末领导集团的更替，使得以邓小平为核心的具有改革思想的领导集团走上了中国的政治舞台。与原有的执政者相比，新的改革者更加理性和务实地看待社会主义的经济体制选择问题，这意味着执政者的制度选择无差异曲线发生变化，即由偏向计划经济体制的 UU 转换为 U′U′。在中国的威权型国家治理结构中，最高执政者的认知和行为可以对社会经济生活产生重大影响，因此，领导集团的良性更迭为国家治理目标转换创造了历史契机。二是自 20 世纪 50 年代后期以来的持续政治动荡，使社会经济发展遭遇重大挫折，这不仅引起人们对计划经济体制优越性的广泛质疑，进而动摇国家的合法性根基，使政权面临巨大风险，这就意味着固守计划经济体制带来的成本明显增大，从而使制度选择的等成本线由 CC 向右旋转为 C′C′。在经济与政治压力的综合作用下，新的国家最高执政者从维系政权稳定这一"理性偏好"出发也必须对原有的政策进行必要修正，即选择由新的制度无差异曲线（U′U′）与等成本线（C′C′）相切之点 S 所代表的制度集合。三是发达市场经济体的快速发展以及周边发展中市场经济体（东亚"四小龙"）的迅速崛起，不仅为执政者提供了学习市场经济制度知识的途径，而且直接对传统计划经济体制形成了强有力的制度竞争压力，也相应增加了维系旧体制的制度运行成本。在以上三个因素的共同作用下，中央执政者必须对既有的国家治理目标做出重大调整，即从"以阶级斗争为纲"转向"以经济建设为中心"，推动经济的快速增长和民众福利水平的大幅提高。邓小平的一句名言——"中国再不改革开放就要被开除球籍"，便充分体现了执政者深刻认识到调整国家治理理念的紧迫性。

　　执政者认知偏好和执政理念的转变也突破原有的刚性意识形态的制约，使得比较僵化的制度环境的弹性和灵活性逐步增强，从而为经济体制改革与国家能力的调整创造了必要的政治前提。不过与俄罗斯转型期的国家目标偏好调整过程不同，中国转型期的国家目标偏好调整并非激进的和一步到位的，这是由于执政者深刻认识到自身所具备的有关制度改革的知识储备严重不足，需要在实践中不断摸索和积累，因此不宜在改革初期就勾画出一个看似完美的但却遥不可及的理想蓝图。同时，改革者也认识到在既有的政治经济结构和相对保守的意识形态环境约束下，仓促推行激进的制度变革会遭遇巨大的改革成本，只有伴随着各种内外条件的成熟，才能以相对较低的成本确立新的经济体制。上述国家目标的渐进式调整在实践中表现为改革目标的五次阶段性转换：一是1982年提出"计划经济为主，市场调节为辅"；二是1984年提出"有计划的商品经济"；三是1987年提出建立"计划与市场内在统一的体制"，"国家调节市场，市场引导企业"；四是1989年提出"计划经济与市场调节相结合"；五是1992年最终演化为建立"社会主义市场经济体制"。

　　除了国家目标偏好的渐进灵活调整外，中国社会的一些特定的制度和结构性因素也决定了国家具备较强的制度形成能力。首先，尽管中国的经济体制改革是在领导集团更迭的时期发生的，但这种更替是相对和平发生的，没有引发大的社会动荡，"毛泽东主席的逝世并没有导致党的领导核心解体，因而没有出现深刻的社会政治危机。这是中国改革能够提出并加以实施的及其重要的社会政治条件"①。其次，长期的政治斗争和社会运动使得社会利益结构发生了剧烈重构，那些具有较强抵制改革能力的社会利益集团不复存在，从而提高了国家决策的自主性，降低了改革的阻力。以研究利益集团闻名的经济学家奥尔森指出："毛泽东发动了一场针对他自己的高层和中层下属——那些红色官员的革命。他彻底击垮了他的经济所依赖的那些行政人员和企业管理人员，仅有军队得以豁免。""文化大革命"的长期结果就是，中国没有接近于苏联和东欧地区国家那样多的地位稳固的行政管理人员小团体，因此，"几乎已不存在行业、企业或行政管理人员团体，其内部人游说活动能够破坏邓小平的市场导向的改革"②。最后，经历了从20世纪50年代到70年代的持续动荡，社会民众早已厌倦了残酷的政治运动和意识形态斗争，人心思定，希望国家能够尽快回复到正常的运行轨道上来，这就为国家调整制度发展方向和确立经济体制改革政策提供了一个有利的社会基础；同时，社会民众已经先于国家开始尝试进行一些制度试验（如小岗村的家庭联产承包责任制试验、个体经济的悄然萌发等），这也为国家实施市场化改革创造了一个可以接受的社会空间。

①景维民.过渡经济论：目标、道路与制度[M].天津：天津人民出版社，2000：119.

②曼瑟·奥尔森.权力与繁荣[M].上海：上海世纪出版集团，2005：129－130.

二、国家权能范围调整与国家制度实施能力的维系

伴随着中国经济转型的全面启动,国家对原有的权力结构、职能范围进行了较为合理的调整,既确保利用分权化带来的信息优势、激励优势促进市场发育和经济发展,又保证国家具备足够的权威和行为能力统筹各方利益,确保国家长远发展战略的有效实施。

中国的经济转型在很大程度上体现为全能主义国家相对缩减其权力与职能边界,为市场经济和社会治理开辟空间。国家权力的重新配置主要体现在三个维度上:一是中央政府与地方政府的权力重新配置,即中央赋予地方更多的社会经济管理自主权,以激励地方政府推进改革,促进经济增长;二是国家与企业之间的分权,也就是通过政企分开,给予企业经营自主权,使其逐步成长为独立市场主体;三是国家与社会之间的分权,即国家改变过度集权的社会控制方式,赋予公民更多的自由空间,促进公民社会的成长。从上述意义上讲,经济转型与国家全能范围调整,体现为"去国家化"与"市场化"和"社会化"并行的过程,这一过程经历了如下前后相继的三个阶段:

第一个阶段为改革的起步阶段,时间大致为 1978～1992 年。1978 年,在上层执政者展开"思想解放"运动的同时,基层社会已经开始了自发的改革试验,家庭联产承包责任制的秘密试验,揭开了农村改革的序幕。由于农业和农村领域是既得利益和垄断租金最少的领域,因而偏离旧体制的改革比较容易,几乎无人受损,近乎于"帕累托改进",并由此导致农业生产迅速增长。农村改革的显著成效促使政府将改革引入城市。一方面,国家对国有企业采取放权让利的改革措施;承包制、股份制的新的制度安排相继出现;另一方面,对市场管制的放松,意外地促使个体、集体、私营、外资经济的蓬勃发展,从而改善市场供求、搞活了经济、促进了增长。在对微观部门实施改革的同时,价格、金融、财税、外贸等宏观领域改革也逐步展开(各种"双轨制"试验),改革逐步形成增量与存量、体制外与体制内全面展开。

第二个阶段为经济转型全面启动,正式向市场经济体制过渡阶段,时间为 1992 年至 20 世纪末。邓小平南方谈话和中共十四大的召开标志着中国的改革开放进入一个整体推进阶段。十四大确立了建设"社会主义市场经济体制"的改革目标,十四届三中全会通过的《中共中央关于建立社会主义市场经济体制若干问题的决议》则进一步阐述了社会主义市场经济体制的基本内容:改革国有企业,建立"产权清晰、权责明确、政企分开、管理科学"的现代企业制度;培育包括产品市场和要素市场在内的完整市场体系;转变政府职能,健全宏观调控;构建社会保障制度,扩大对外开放等。经济体制改革由此进入到一个整体改革与重点突破相结合,各项改革齐头并进的阶段。与之相互配套的政府管理体制改革也开始启动①。

---

①国家发改委宏观经济研究院课题组. 中国加速转型期的若干发展问题研究(上)[J]. 经济研究参考,2004 (16).

第三个阶段为经济转型深化阶段,即从世纪之交开始至今。2003 年 10 月,中共十六届三中全会通过了《中共中央关于完善社会主义市场经济体制若干问题的决定》,明确宣告中国已初步形成了社会主义市场经济,并提出了进一步完善社会主义市场经济体制的目标与任务。其后召开的中共十六届五中全会通过了《中共中央关于制定国民经济和社会发展第十一个五年计划的建议》,进一步强调了要坚持以科学发展观统领中国社会经济发展的全局,从而不断完善社会主义市场经济体制①。上述一系列标志性历史事件表明,目前中国已经进入和正在经历一个经济转型的深化与完善时期,中国的社会经济发展也出现了许多新的特点,需要通过全面而深入的制度创新和发展模式转变,跨越转型鸿沟,建立起更加成熟完善的社会主义市场经济体制,这也将标志着中国的经济转型任务基本完成。

与采取激进转型方式的俄罗斯不同,中国国家权能范围的调整并非国家的消极撤退,而是在国家收缩"阵地"的同时,集中力量培育国家的制度实施能力。正是这种强有力的制度实施能力,使得中国能够既保持渐进式改革的节奏和速度,同时又能确保政府有能力持续不断地将市场化进程推向前进。中国转型期国家制度实施能力的培育和适应性调整可以通过以下三个维度加以分析。

1. 经济转型路径与策略的合理选择

在中国的体制变革进程中,国家以灵活务实的态度比较合理地安排了改革的顺序、速度和节奏,使得市场化改革得以稳健而有效的推行。改革是一个涉及多重制度变量与利益关系调整、变革的复杂过程。能否通过有效的改革战略选择,以积蓄力量、化解矛盾,不仅影响改革的有效推进程度,而且直接关系到国家整体的治理能力。而中国改革的成功以及在此过程中实现国家能力优化的重要因素之一,就在于执政者根据本国的实际国情选择了比较适宜的改革战略和改革方式,并在这一过程中保持了政府对改革进程的有效调控。

(1)政治体制的稳定性维系了国家制度的整合度、协调性和统一性,避免了像俄罗斯那样因政治体制与政治秩序突然断裂而造成的国家制度崩溃与政府能力耗竭的局面,不仅保证了政府对改革进程的必要控制力,而且为政府职能与能力的平稳有效转换提供了比较宽裕的时间和空间。

在西方学者眼中,真正意义上的转型至少应当包括政治转型和经济转型两个必不可少的部分,在著名美籍波兰裔政治学家亚当·普沃斯基 1990 年出版的一部经典著作中,这些重大的制度变革被冠以两个鲜明的主题——"民主与市场"②。而且,他们通常主张政治民主化先于经济市场化的改革顺序,这样可以为市场化的深入推进扫清障碍,确保市场经济在一个良好的制度环境下有效运行。但俄罗斯和东欧国家的转型实践表明,激进的政治变革可能带来多重制度均衡,也会对国家

①张宇. 中国转型模式:反思与创新[M]. 北京:经济科学出版社,2006:103 - 104.
②亚当·普沃斯基. 民主与市场——东欧与拉丁美洲的政治经济改革[M]. 北京:北京大学出版社,2005.

的制度实施能力产生不同的影响。虽然波兰等中欧国家的政治转型较为成功,形成了一种强力民主政体,而俄罗斯的政治转型则充满动荡,并形成了一种弱势民主政体,结果国家制度能力的崩溃带来市场的混乱无序。实际上,政治民主化转型的成功需要满足许多严格的条件,中欧国家较为成功的政治转型得益于许多得天独厚的优势,如历史上具有民主传统、社会结构也相对均质、形成了走向民主的共识、受到欧盟的大量援助等,而俄罗斯的政治转型则远远不能满足这些条件。

　　同属转型大国的中国在某种程度上与俄罗斯相近,无论是历史传统,还是现实的社会经济条件都不具备实施激进民主化改革的土壤。相反,中国在保持政治体制稳定性的前提下,充分发挥了社会主义宪法制度的优势,确保市场化改革的平稳持续推进。中国学者张宇从宪法制度选择差异的角度出发,对中国转型道路与俄罗斯和东欧转型道路的根本性差异进行了总结。一是宪法制度的内容决定制度安排的内容,社会主义宪法制度的稳定性决定了共产党的领导地位,马列主义的意识形态以及现有国家组织机构的完整性,没有发生制度断裂、权力真空和政治斗争,使国家保持了基本的行为能力。二是宪法制度的变化方式决定改革的方式,由于原有宪法制度保持稳定,没有推倒重来,决定了经济体制改革的推行必然是渐进和温和的。三是宪法制度规定了公共选择的条件和元规则,从而直接影响进入政治体系的成本和运用公权力实施制度创新的方式。在社会主义宪法制度下,相对集中的非多元化的政治结构为实行温和的和有控制的渐进式改革创造了必要条件,而避免改革沦为西方多元政治体系下利益集团激烈争斗的牺牲品①。

　　当然,强调政治体制和宪法制度的稳定性,并不意味着中国在转型进程中没有发生政治领域的改革。实际上,中国政府从改革初期开始就非常重视政治体制改革对经济改革的重要推动作用,诸如"党政分开"、"政企分开"、"行政分权"、"财政分权"、"机构改革"、"基层民主建设"、"政务公开"、"依法治国"、"社会主义政治文明"等都包含着深远的政治体制改革的意义,没有政治改革,中国的市场化改革不可能顺利推进。中国政府在处理经济改革与政治改革关系的真正着眼点在于对政治改革的设计与推动必须充分考虑到本国的历史与国情,既要发挥政治改革为经济改革扫清障碍的积极作用,又要避免因政治改革超越国家与社会的承受能力,给经济发展与社会秩序造成严重动荡,从而将改革、发展与稳定有机结合起来,为体制改革与社会经济发展确立正确的发展取向,提供一个稳定而有利的制度环境,而绝不能像苏联和东欧地区国家那样使经济改革与社会经济发展为政治改革所引发的政治冲突所拖累。

　　(2)国家采取的分阶段、循序渐进的改革方式,兼顾了新旧制度转换的连续性,既防止因利益结构剧烈调整带来的社会动荡,以缓解改革的阻力,同时又确保市场化改革得以持续深入推进。这种渐进主义的改革策略与俄罗斯的激进式改革

---

①张宇.过渡政治经济学导论[M].北京:经济科学出版社,2001:138-139.

形成了明显的对比。后者认为,局部的、分散的改革并不能完成从计划到市场的顺利转型,只能陷入新旧体制长期并存且相互摩擦的"局部改革陷阱",苏联和东欧地区国家20世纪80年代的改革已经做出强有力的证明,因此,必须采取全面的、一步到位的"大爆炸"式改革战略,才能充分利用改革的"机会之窗",迅速完成市场化的任务。但是,现实表明,由于转型具有"总和的不确定性"特征①,因此,无法事先设计出确定无疑的完美改革方案,只能对各种复杂的约束条件通盘考虑,对改革的内容进行适当分解,按照从易到难、从简单到复杂的顺序逐次推进,并根据环境的变化对改革目标和方式做出必要修正,从而充分释放每一阶段、每一领域的改革能量,不断为新一轮的改革注入动力,如此才能将改革与转型塑造成一个累积循环的效率改进过程。相反,俄罗斯的激进式转型虽然速度快、规模大,却在实践中出现了严重扭曲,形成了一种畸形的经济体制,结果不得不在付出巨大代价后,回过头来重新探索渐进而有效的改革策略。

(3)在转型进程中,国家既不拘泥于传统体制的束缚,也不盲从西方主流经济学家开出的"万能药方",而是从中国特定的国情着眼,发现并推广了一系列行之有效的制度创新(如农村家庭联产承包责任制)、"过渡性制度安排"(如乡镇企业、双轨制等)②,在新旧制度转换之间架设桥梁。经济转型是一种制度结构的整体变迁,期间最容易出现的困境就是制度结构断裂导致的"制度真空",这就需要在去除旧制度的同时引入新制度,以避免陷入社会经济秩序混乱状态。跨越转型进程中的"制度真空"地带存在两条可供选择的路径:一条路径是遵循主流经济学的"最优制度"观,全面移植西方发达市场经济体制的各种制度安排(特别是以美英为代表的自由市场经济体制),以实现全球市场经济的制度趋同。但俄罗斯的转型实践表明,大规模制度移植通常无法避免新制度与本国旧制度乃至文化传统相互冲突的问题,从而影响制度运行效率。另一条路径则是立足于本国的传统和现实,识别、改造和创造出切实有效的制度安排,以确保体制变迁的平稳进行。这些新制度安排或许并非"最优"的,但却是"最适宜"的。中国选择了后一条比较务实的路径,尤其是创造性地探索出一系列承接新、旧体制的"过渡性制度安排",它们发挥了降低改革成本、削弱改革阻力和控制改革风险的功能③,从而有助于国家对经济转型进程实施有效调控,促使整体制度结构的"平滑转型"。

由此可见,在中国经济转型过程中,国家对改革战略的明智选择打破了西方学者所谓的经济转型必然要经历一个经济下滑与社会福利锐减的"转型之谷"的神话④,使中国整体的转型进程基本上保持了一个经济持续增长与社会福利水平不

①热若尔·罗兰.转型与经济学[M].北京:北京大学出版社,2001.

②周冰等.过渡性制度安排与平滑转型[M].北京:社会科学文献出版社,2007.

③曹红刚.政府行为目标与体制转型[M].北京:社会科学出版社,2007:38-39.

④亚当·普沃斯基.民主与市场——东欧和拉丁美洲的政治经济改革[M].北京:北京大学出版社,2005:106-152.

断提高的上升趋势。在此基础上,国家自身的财力资源、经济权力也不断得到巩固,社会民众对国家治理有效性的合法性认同也在不断增强,这些都有助于在转变国家权力配置格局的同时,优化、提升国家的制度能力。

2. 政府治理结构变迁与能力构建

国家制度实施能力的发挥离不开政府改革和建立一个有效的政府治理结构。但政府改革对于经济转型的重要性并非最初就被经济学家们所重视。罗兰指出,就改革政府组织机构的重要性而言,"华盛顿共识"并没有给予足够的重视,仅仅强调需要缩小政府的规模。而"演进—制度"观点则超越了政府规模这一单一维度,强调了改变政府官僚激励机制的重要性[①]。由于政府机构及其官员有可能采取机会主义行为掠夺市场和私人部门,并可能被垄断组织甚至黑社会等利益集团俘获,因此,重要的是在改革政府组织机构时创造一种有效的治理结构和激励机制,使政府官僚的利益与市场的发展相一致,即能够使政府在市场发育的基础上获益。中国转型绩效优于俄罗斯的一个重要原因恰恰在于政府治理结构和激励机制的改善。这里主要从中央与地方关系以及行政体制改革两个角度加以分析。

如前所述,传统中国形成了一种"多元一体"的治理结构,即在高度中央集权的政治框架下,存在着多元、自治的社会经济成分。这种治理结构在计划经济体制下以另一种形态表现出来,即中央与地方之间的权力配置与治理。一些经济学家敏锐地意识到中国的集权型政府治理结构与苏联的不同之处,并借鉴产业组织理论中的"M型层级制"与"U型层级制"加以区分。图6-2显示了苏联的U型政府层级制结构。在这种结构中,政府层级之间的信息流动以及管控都是根据职能方式或专业化原则来设置的单一组织形态,也被称为"条条"形式。其中,国有企业大多是按照工业部门来进行分类,并且由中央政府的各个部位来直接进行监督和控制,而地方政府仅仅是中央的下属结构,它们的职能仅限于从基层搜集信息并执行中央的计划,而在管理本地区的国有企业方面并没有太多的自主权。与苏联不同,图6-3显示了中国的M型政府层级制结构。在这种结构中,国民经济按照行政区域管辖原则采取多地区、多层次的组织形态,即"块块"形式。其中每一个层级或行政区域都可以视为一个相对自主的经济运行单元。地方政府也能够根据职能方式来管理本地的企业,它们在职能和产品的供给方面是半自主的和相对自给的[②]。M型层级制形式实际上延续了中国历史上中央集权但地方治理的历史传统,它赋予了地方政府一定的自主权。这种特殊的政府治理结构在计划体制下虽然时常引发中央与地方之间权力划分的周期性动荡,但也为日后地方政府采取各种积极而灵活的改革试验创造了空间。

---

① 热若尔·罗兰. 转型与经济学[M]. 北京:北京大学出版社,2001:311.

② 钱颖一,许成钢. 中国的经济改革为什么与众不同——M型的层级制和非国有部门的进入与扩张//张军,周黎安. 为增长而竞争:中国增长的政治经济学[M]. 上海:格致出版社,上海人民出版社,2008.

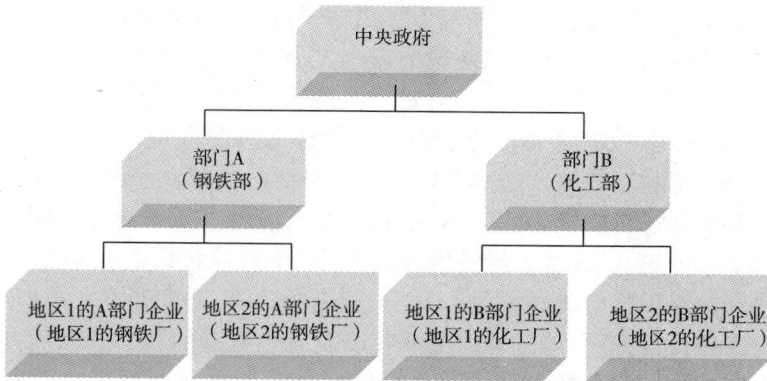

图 6－2　苏联的 U 型层级制结构

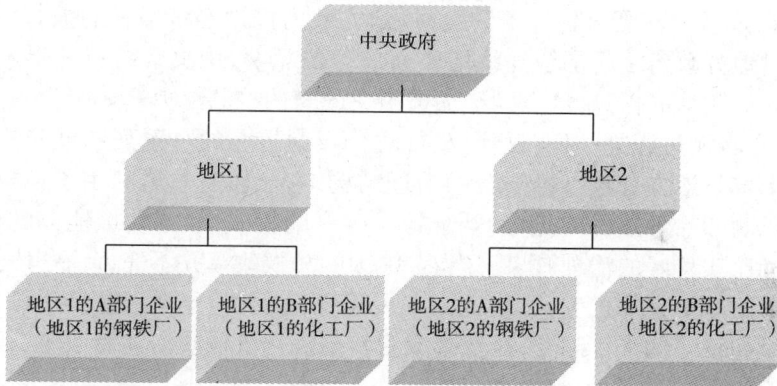

图 6－3　中国的 M 型层级制结构

　　1978 年以后的分权改革大致可以划分为两个阶段：1978～1992 年，中央政府遵循放权让利的思路实施了财政包干体制，并将部分事权、城市管理权、企业管理权下放给地方政府；1992 年之后，分税制（1994 年）的实行使得中央与地方的财政分权进一步制度化，同时进一步扩大了地方政府在经济管理领域的事权。对于中央与地方分权对中国的政府治理结构与经济发展的积极意义，以钱颖一、许成钢、温加斯特为代表的所谓"第二代财政联邦制"的代表人物给予了比较明确的解读。他们认为，中国的分权化改革带来了如下正面效应：一是相对中央政府而言，地方政府对基层社会经济发展状况更加了解，因而更具信息优势；二是财政分权使地方政府在完成中央政府的税收份额后获得剩余财政收入的索取权，调动了地方政府推动改革试验和发展经济的积极性；三是地方间的竞争给予地方政府提供基础设施、创立良好商业环境的激励；四是促使地方政府在财政支出方面更加谨慎，硬化了预算约束；五是地区间竞争防止任何地方政府对经济决策的垄断，降低了它们操控本地企业的可能性；六是地方权力的增加对中央政府的权力形成一定的制约，防止其偏离市场化改革的方向①。由此可见,中央与地方的财政分权改革确实构造出一种强有力的激励约束结构,促使地方政府的利益目标与市场发育和经济发展相互兼容。

如果说"第二代财政联邦制"更加侧重于论证分权的优点,那么美国经济学家奥列弗·布兰查德和安德烈·施莱弗则领悟到必要的集权对于分权化改革实施的重要意义。他们通过对中俄的比较研究发现,中国的地方政府在转型中之所以表现出准许新企业进入、促进地方经济增长的行为,其中一个重要原因在于共产党领导的中央政府能够牢牢控制转型进程,并通过激励和惩罚并重的方式来约束地方政府官员的掠夺行为,削弱地方政府的俘获以及竞争租金的行为。相反,俄罗斯在制度崩溃后形成了一个运转失灵的民主制度和软弱无能的联邦中央政府,根本无法有效约束地方政府与传统大企业的相互勾结和机会主义行为。中国学者周黎安也认为,在中央集权这一基本前提下,中央政府根据地方官员发展经济的政绩(以GDP 为中心)进行的"晋升锦标赛"是促进地方政府推动经济增长的强有力的激励机制。通过地方政府之间围绕经济增长而展开的竞赛,中央政府也获得了更多的考核地方官员政绩的信息,这有助于加强中央政府的控制能力②。

总之,在转型过程中,以财政分权、行政分权为核心的一系列制度安排体现了一种中央集权与地方分权有机结合的治理结构,它比较有效地利用了集权与分权两种决策机制和治理手段的优势,既维护了中央的权威,又调动了地方的积极性,从而取得了比较良好的治理效果。当然,中国的分权改革并不完善,在其运行过程中也出现了诸如地方保护主义、地区间发展不平衡、市场分割和重复建设、公共产品供给不足和效率低下等问题,这些都成为转型深化阶段政治体制改革、行政管理体制改革的重点和难点。

转型时期,观察中国政府治理结构变迁的另一个重要维度主要就是持续不断的政府行政体制改革。美国著名政治学家林茨和斯特潘认为,后社会主义民主转型与巩固的五大基本要素之一就是要建立一个以"理性—法律的科层制规范"为核心的有能力的国家机器,以保证国家"实施有效的命令、管制和提取资源"。尽管中国的渐进式改革与苏联和东欧地区国家的后社会主义转型存在着本质的差异,但是建立一个规范、有效的政府治理体制依然是推动社会主义市场经济体制建立与国家能力优化、完善的基本条件。正是基于这一制度转型的基本历史经验,中国从 20 世纪 80 年代初就开始持续对政府行政体制进行改革,迄今为止,主要进行

---

①钱颖一、B. R. Weingast. 中国特色的维护市场的经济联邦制//张军,周黎安. 为增长而竞争:中国增长的政治经济学[M]. 上海:上海人民出版社,2007:37－39;姚洋. 作为制度创新过程的经济改革[M]. 上海:格致出版社,上海人民出版社,2008:7.
②周黎安. 中国地方官员的晋升锦标赛模式研究.//张军,周黎安. 为增长而竞争:中国增长的政治经济学[M]. 上海:上海人民出版社,2007:111－139.

了六轮大规模的政府改革①:

(1)1982年的政府机构改革是新中国成立以来规模较大、目标较明确的一次政府改革。这次改革②不仅强调精简机构和裁撤冗员,而且着眼于通过政府机构改革为经济体制改革创造有利条件。这次改革对各级部门领导班子的职数、年龄和文化水平做出规定,并开始下放经济管理权、财政收支权和人事管理权,强调干部队伍的"革命化、年轻化、知识化、专业化",并建立了正常的干部离退休制度。

(2)1988年的政府改革旨在弱化政府专业部门对企业人力、财力、物力的直接干预,以便集中力量强化政府的宏观调控职能。本次改革历史性地提出"转变政府职能是机构改革的关键"这一重要判断,强调政府对经济的管理要从直接管理向间接管理转变。改革的主要内容包括科学划分职责分工、合理配置职能、重组行政机构、加强行政立法、转变工作方式、提高行政效能等。改革按照自上而下的顺序,先中央后地方,分阶段、有步骤地实施。

(3)1993年的政府改革是在建立社会主义市场经济体制这一中国经济体制改革目标得以确立的背景下展开的,其核心任务是建立适应社会主义市场经济体制需要的行政管理体制。改革的重点为转变政府职能,核心内容是"政企分开"。具体改革内容涉及削减行政审批程序,减少对企业直接管理;精简机构和人员,合理划分职责权限;强化宏观调控和社会管理部门的职能。

(4)1998年的政府改革是中华人民共和国成立以来规模最大的一次政府改革。这次改革的基本出发点仍然是根据社会主义市场经济发展的需要,转变政府职能,实行政企分开,使政府的主要任务转向宏观调控和社会管理。为此,遵循"精简、统一、效能"的原则改组政府机构,精兵简政;按照权责一致原则,明确职能分工,避免多头管理、政出多门;遵照依法治国、依法行政的原则,完善行政体系的法制建设。此次改革撤销了几乎所有的工业专业经济部门,以促进政企分开。

(5)2003年的新一轮政府改革是在中国加入世界贸易组织的大背景下启动的。改革的目标为建立行为规范、运转协调、公正透明和廉洁高效的政府行政体制。重点在于深化国有资产管理体制改革,完善宏观调控体系,强化金融监管、食品安全和生产安全体系建设。为此,国家合并或新成立了一系列必要的经济社会治理机构,包括国家发展和改革委员会、国有资产监督管理委员会、商务部、中国银行监督管理委员会、国家食品药品监督管理局。

(6)最近一轮的政府改革是2008年启动的以"大部制"为核心的政府改革。本轮改革的主要任务是"围绕转变政府职能和理顺部门职责关系,探索实行职能有机统一的大部门体制,合理配置宏观调控部门职能,加强能源环境管理机构,整合

---

① 影响后社会主义民主转型与巩固的五大场域(因素)分别是公民社会、政治社会、法治、国家机器和经济社会。胡安·J.林茨,阿尔弗莱德·斯泰潘.民主转型与巩固的问题:南欧、南美和后共产主义欧洲[M].杭州:浙江人民出版社,2008:3-15.

② 周天勇.中国行政体制改革30年[M].上海:格致出版社,上海人民出版社,2008:45-50.

完善工业和信息化、交通运输行业管理体制,以改善民生为重点加强与整合社会管理和公共服务部门"。大部制改革是中国进入转型深化阶段进行的更为深入的一次政府改革,它不仅是单纯的机构改革,更重要的是完成政府部门协调、决策、执行、服务和监督机制的综合变革,以强化政府的责任性、透明性和回应性,从而不断提高政府提供公共产品和服务的质量。

由此可见,从改革初期开始,中国就将政府改革作为与经济体制改革相互配套、相互支持的一个重要制度建设步骤,而如此频繁的政府改革也成为中国与俄罗斯等转型国家最为不同的特色。中国的政府改革伴随着经济的阶段性演进也在不断深入,由最初以机构精简、裁撤冗员为核心的外延式改革,逐步转向以转变政府职能为核心的内涵式改革①。虽然受历史因素、政治因素以及错综复杂的利益纠葛的影响,政府改革不甚完善,但恰如中国渐进式改革的内在逻辑一样,正是在不断试验、探索和试错过程中,中国的政府治理模式不断得到改进,政府的治理能力也不断得到提升。一是政府的目标和职能定位发生重大转变。政府不再是高居于社会经济之上的全能统治者,政府认识到自身的理性不足与能力制约,从而开始探索合理的职能边界;政府不再垄断和控制所有经济资源,而是在适度分权的基础上,推动市场和社会的发展,使其与政府形成相互补充、互惠共生的关系形态;政府关注的目标也从纯粹的政治和意识形态目标转型促进社会经济高效、公平、公正发展,提升民众的福利水平,并以更加开放的态度对治理理念进行修正,以增强自身的制度学习能力。二是政府机构设置更为合理,内部激励约束机制不断强化,人力资本积累更为雄厚。这些因素都大大提高了政府的执政水平和治理能力。政府机构按照市场经济的要求进行了必要削减和整合,降低了行政成本,提高了行政效能;政府干部人事制度、政绩考核体系、监督约束机制不断健全,不仅强化了对官员的有效激励,而且扩大了政府的吸纳能力,确保政府能够不断将新的社会精英整合进入国家管理系统,以建立起专业化和具备职业操守的现代公务员体系。三是政府治理功能更加健全和完备,治理方式也更具多元性和弹性化。在持续不断的政府改革进程中,中国政府已经初步建立起适应社会主义市场经济需要的经济职能体系,政府经济职能的主要内容包括:从社会全局和长远利益出发,对国民经济发展进行统筹规划;对宏观经济运行中出现的总量和结构性矛盾进行调解,确保经济持续快速协调发展;依法对市场主体及其行为进行监管,建立公平竞争的市场秩序,形成统一、开放、竞争、有序的现代市场体系;提供基础设施建设,社会保障,发展教育、科技、文化、卫生、体育事业等公共产品和服务;代表社会管理国有资产,确保其保值增值;制定社会政策和法规,实施社会管理等。政府也能够较为娴熟地运用经济、法律和行政手段实施治理,在行政过程中,政府也更加尊重客观的经济规

---

①陈明明.政府改革及其社会空间:从多元主义到法团主义.载顾丽梅.公共政策与政府治理[M].上海:上海
　人民出版社,2006;152 - 154.

律,尽量避免干预过度所导致的"政府失灵"。

总之,经过持续不断的政府行政体制改革,中国政府整体的治理结构正在从大而无当、强而无效的全能型政府向职权分明、规模合理、干预适度、功能有效和遵从法律的现代法治型政府、有限型政府与公共服务型政府转变。政府行政体制与治理模式所发生的这些深刻变革自然成为支撑中国经济体制变革与国家能力构建的最为重要的制度与组织基础,它使得国家的政策和法律的制定与实施更加贴近社会,更加科学、有效。

3. 国家与社会关系的深入协调

在传统计划经济体制下,与国家对经济资源的全面控制相适应,国家对社会也实施着严格而深入的管理和控制。在很大程度上,传统体制下的强大国家制度能力,是与这种控制严密的全能主义社会治理体制密不可分的。经济转型的启动,在打破国家对经济资源高度垄断的同时,也冲破了国家对社会原有的控制体系,国家与社会的关系也处于一个剧烈重构的过程中。如果不能在原有体系瓦解的基础上迅速形成一种新的社会管理体系,整个社会将陷入失序状态,势必影响国家的治理能力,俄罗斯转型时期的社会动荡就是如此。虽然西方自由主义理论认为,伴随全能主义体制的瓦解,必然会出现一个具备整合功能的自治公民社会,但俄罗斯的实践也表明,在缺乏适宜的经济基础、社会结构以及国家的必要管理的条件下,社会的无序型构只能沦落成为狭隘利益集团上演街头政治,以裹挟政府决策的舞台,或者成为腐败、犯罪等恶性社会资本滋生的温床。

中国经济转型的推进,在促进市场发育的同时,也引发了传统社会结构和社会管理体制的变革,也对国家维系必要的制度能力带来严峻挑战。社会结构的变化在经济层面集中体现为收入分配差距的扩大。图6-4展现了转型时期中国基尼系数变化的轨迹,从中不难发现,在经历了改革初期的平缓上升后,中国的基尼系数从20世纪90年代开始呈现出加速上升的趋势,而且已经在2004~2005年超过0.4,传统体制下十分均衡的收入分配结构已经被彻底打破。收入分配差距的扩大一方面在一定程度是由市场化改革带来的效率改进造成的,特别是平均主义的分配制度被基于绩效的分配制度所取代,势必导致收入差距的扩大;另一方面也与市场化改革不彻底,诸多制度障碍阻滞要素自由流动,甚至权力介入分配有关。与收入分配格局变化紧密相伴的是社会阶层的分化加剧,多元社会经济成分不断涌现,各种拥有不同利益诉求的社会群体逐步形成,原有的相对统一的利益结构发生分裂。此外,政府行政体制的改革也诱发了政府与社会组织的关系变革,"国家—城镇单位/人民公社—家庭"这样的传统社会治理结构已经被"国家—社会组织(如协会、社区自治)—企业"这样的现代社会治理结构所取代。包括行业协会、商会、社团、社区自治组织、公民自愿者组织在内的各种社会中介组织和机构也如雨后春笋般地出现,中国特色的现代公民社会也在成长壮大。

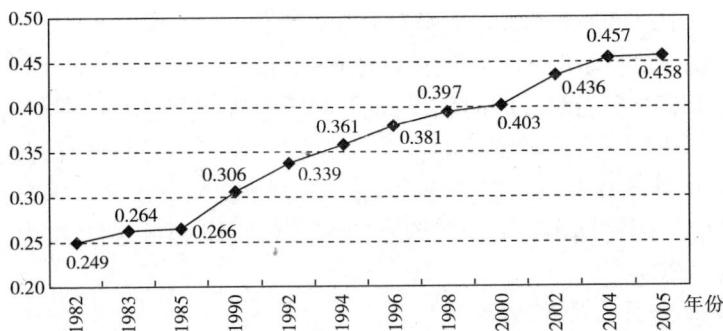

图 6 – 4　　中国转型期的基尼系数变化轨迹

　　面对社会结构的急剧变革、社会利益格局的剧烈调整,国家如果不能采取有效措施深入协调它与社会间的关系,那么势必无法保证国家对社会的有效调节和治理。面对这一挑战,中国政府在经济转型进程中也逐步探索出一套比较有效的社会管理方式,以保持国家对社会的和谐治理。一是运用经济手段并配合社会政策来扶持社会发展,避免社会过度分化累积过多矛盾引发社会冲突,主要措施包括健全社会保障体制、为贫困人群提供必要救济、着力解决三农问题促进城乡协调发展、实施区域经济发展战略消除区域发展差距等。二是针对各种类型的社会组织,采取分类管理的方式,引导和鼓励有助于公共利益和社会稳定的民间组织发展,而坚决禁止和取缔危害国家社会利益的非法组织。三是积极引导社会参与政府治理过程,特别是在政策的制定和实施的整个过程中广泛引入社会参与,倾听来自社会基层的声音,不断提高政府决策的科学性、公正性和有效性。四是不断完善社会管理体制创新。针对转型深化时期社会矛盾凸显的现实,中国政府于 2011 年初提出了加强和创新社会管理的任务,即紧紧围绕建设小康社会的目标,积极推进社会管理理念、体制、机制、制度、方法创新,不断完善党委领导、政府负责、社会协同、公众参与的社会管理格局,加强社会管理法律、能力建设,完善基层社会管理服务,建立中国特色社会主义社会管理体系,为实现社会经济和谐稳定发展营造更加良好的社会环境。

　　总体而言,中国在转型过程中根据特定的国情对政府与社会之间的关系进行着持续的适应性调整,以图实现政府与社会的良性互动与和谐治理,而防止出现俄罗斯等国家转型中所形成的政府与社会对立、对抗的局面。

三、制度转型的适应性演进与国家制度学习能力的培育

　　中国政治体制的适应能力和国家的制度学习能力,是构成中国经济转型模式的一个关键环节。这种能力体现为当国家面临内部环境和外部环境剧烈变化,导致不确定性增大之时,能够及时发现和纠正原有的制度缺陷,并不断获取新的信息、学习新的知识、尝试新的方法,以改善制度运行绩效。在中国特定的国家体制

下,形成了一种国家主导下的制度学习过程。首先,执政者具有十分强烈的制度学习欲望,对社会经济发展过程中出现的问题、困境、不平衡等问题保持高度的敏感性,并及时作出回应。其次,执政者重视在实践探索中积累经验和知识,而并非单纯照搬外部经验。再次,尽管国家在整体上主导着制度调整过程,但并不排除地方、个人自发的制度试验,但前提是不损害政治统一、经济发展和社会稳定。最后,当国家识别和发现来自基层的制度试验颇具效率时,还会进一步将这些制度试验吸纳进入国家的正式决策系统,并自上而下地加以推广①。无论是农村的家庭联产承包责任制,城市国有企业的分权让利,还是中央与地方的财政分权,经济特区的试点,无不体现出国家的制度适应性调整和学习能力的培育。在此过程中,国家不仅识别和创造出一系列行之有效的制度安排,为跨越新旧体制间的制度鸿沟架设了桥梁,而且也扩展了自身的制度知识集合,扩大了改革的策略选择空间。

第一,中国强大的制度适应和学习能力首先来源于改革者奉行一种务实主义的态度,能够根据实践对意识形态做出灵活调整。特别是在主导改革进程的决策者大多思想解放,在意识形态问题上颇为变通,即坚持意识形态的核心信念不应改变,但其应用部分却可以与时俱进地做出改变②。在中国转型进程中,改革实践与意识形态调整之间的互动大致呈现出这样一个动态过程:意识形态调整—新的改革实践—改革推进—修正原有意识形态进行确认—新的改革实践。在这样一种相互促进的双向互动中,改革的深化与意识形态和思想理论方面的创新相伴相随,"实践是检验真理的唯一标准"就是这种"实践的务实主义"的集中体现。图 6-5 将中国改革进程中主要的意识形态调整进行了归纳:1978 年的十一届三中全会通过否定"两个凡是",将国家的核心目标由"阶级斗争"转向"经济建设",为改革开放打开大门。此后,家庭联产承包责任制自下而上地推广虽引起激烈争论,但最终被中央认可并自上而下地加以推广,农村改革成效显现后,改革又被引入城市。基于前期改革的现实和绩效,1987 年 10 月党的十三大正式提出"社会主义初级阶段理论",既对此前改革的合法性做出确认,也为未来的改革确定了方向。在经历了 20 世纪 80 年代末由政治风波引致的改革低潮后,1992 年邓小平的南方谈话促使原有的相对保守的意识形态做出重大转变,进而促使党的十四大将建立社会主义市场经济体制确立为改革的目标,此后,中国又掀起了新一轮的改革浪潮。20 世纪 90 年代,伴随着市场化加速、国有企业改革深化,中国的混合所有制结构得到长足发展。面对这一现实,1999 年的《宪法修正案》明确规定了私营经济是中国经济的重要组成部分。2002 年党的十六大进一步将"三个代表"重要思想写入党章,从而标志着国家的偏好和政策进一步做出有利于经济增长方向的调整。另外,当快速的市场化和经济增长导致社会分化加大、经济社会发展失衡时,国家又及时对其

①王绍光.学习机制、适应能力与中国模式[J].开放时代,2009(7).
②姚洋.作为制度变迁过程的经济改革[M].上海:格致出版社,上海人民出版社,2008:74.

意识形态做出调整,提出"科学发展观"和建立"和谐社会"的目标。正是这种实践的务实主义,确保国家能够根据形势的变化,不断发现既有制度缺陷,并对其做出适应性调适,从而适应社会经济发展的需要。

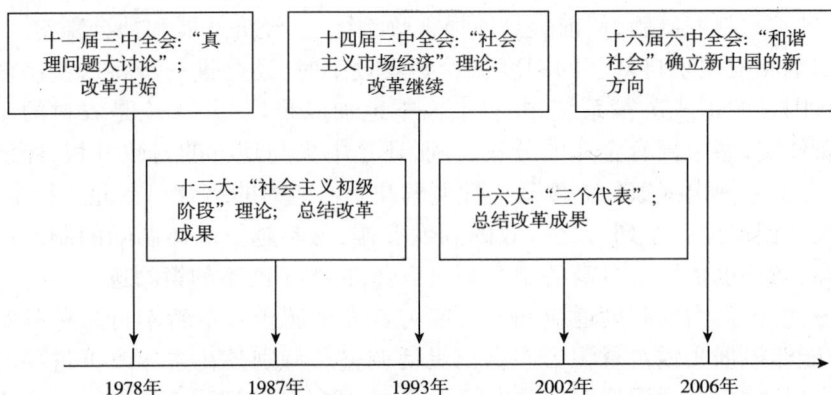

图6-5　中国改革进程中的意识形态调整

资料来源:姚洋:《作为制度创新过程的经济改革》,上海:格致出版社,上海人民出版社,2008年版,第80页。

第二,中国不仅善于从常态化的治理过程中学习,而且善于从特定的冲击或危机事件中学习,从而培育出一种有效的危机应对机制和重大事件的决断能力。具体而言,国家的危机学习过程大致可以划分为四个阶段(见图6-6):第一个阶段是危机的潜伏和发展时期,在这一时期,社会经济发展中的矛盾虽已出现,但尚未被政府觉察,于是矛盾不断积累;第二个阶段是危机的集中爆发时期,这一时期,矛盾的累积超越临界点而最终爆发,政府迅速做出反应,调动一切力量应对危机挑战,并进一步建立起危机应对机制,使其制度化;第三个阶段为危机衰退期,由于前一时期政府的有效应对,危机得以化解,其影响不断削弱;第四个阶段为危机控制时期,基于之前的经验教训,政府对此类危机的警惕程度提高,并且建立起一套完善的危机应对机制,因此可以在危机萌芽期就将其控制。这样一种在危机中学习、调整的机制,贯穿于改革开放的整个过程。改革开放初期,在经济领域对政府最大的挑战就是大起大落的经济周期性波动,虽然这种波动根源于计划与市场两种协调机制的摩擦,但也与政府的宏观调控失误有关。不过,中国政府很快从这种失误中吸取教训:一方面稳步推进市场化改革,以体制变革的力量培育经济平稳发展的内生机制;另一方面也改进了宏观调控手段,更多地利用经济杠杆来熨平经济周期,从而最终在1996年实现了经济的软着陆。从20世纪90年代后期开始,伴随着市场化的深入推进、对外开放的迅速扩大以及社会结构变革的加速,中国遭遇到的危机事件也更为频繁,涉及的领域也更加广泛,从亚洲金融危机到全球金融风暴,从"非典型性肺炎"的流行到食品、药品安全隐患,诸如此类的危机性和突发性事件虽然给中国经济发展和社会稳定带来严重挑战,但国家也在此过程中逐步建立起比较有效的危机处理机制和应对能力,成功化解风险,确保国民经济的平稳持续发展。

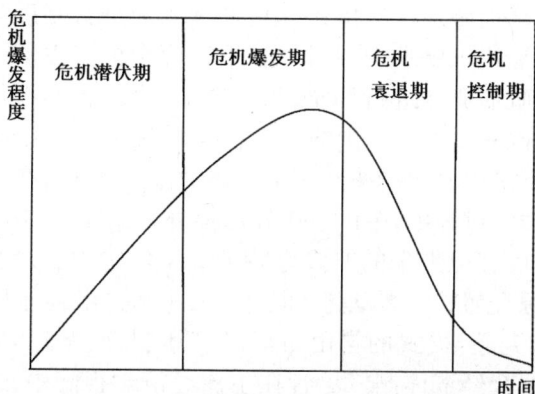

图6-6 国家在危机中的制度学习过程

资料来源:康晓光:《中国特殊论——对中国大陆25年改革经验的反思》,《战略与管理》,2003年第4期。

第三,中国不仅善于从现实中学习,而且善于从历史中学习。改革开放的丰富实践赋予了国家丰腴的制度能力学习土壤,促使其不断扩展自身的知识集合和策略选择空间。但与此同时,国家也注重从历史中吸取经验和教训,以使各种制度和政策符合制度变迁的历史关联性,与本国长期形成的历史传统相契合,以提高其适应性效率。这一点集中体现为国家秉持一种客观的历史主义态度。它既看到计划经济体制存在严重弊端,也承认这种体制不可抹杀的历史功绩,同时也意识到在改革的特定时期,保持计划体制的某些制度存量的必要性,从而将市场化改革造就成一个"创造性毁灭"的效率改进的过程。例如,为了确保价格自由化改革不会引发严重通货膨胀和产出崩溃,同时又能改善资源配置效率、培育新的市场主体,国家采取了价格双轨制的改革策略,即在完全采取计划定价机制和全面采用市场自由定价机制之间选择一种中间性和过渡性的制度安排:允许国有企业以计划价格完成国家的计划内任务之后,以市场价格自由销售产品和购买原材料,而市场价格通常高于国家的计划价格。这种双规制改革策略还广泛应用于外汇、外贸体制改革中。

第四,中国不仅善于从内部学习,更善于向外部学习。从历史经验来看,中国曾经是一个非常开放的国家,十分善于向外部世界学习。1949年新中国成立后,中国就开始"以俄为师",向社会主义阵营的领导者——苏联学习计划经济体制和工业化模式。改革开放之后,中国展开了又一轮的向外部世界学习的过程,这次学习的对象主要是西方发达市场经济体制的成功经验。对外开放不仅为中国引入了资源、资金、人才和技术,更重要的是获得了中国市场经济发展和现代化建设所必需的理念、经验和制度资源。中国对外开放的过程同时也是加入经济全球化的进程,中国在参与世界市场竞争的过程中,学会了主动调整自身的发展模式,从"赶超型"发展战略调整到"比较优势型"发展战略,从"进口替代型"发展战略调整到"出口导向型"发展战略。2001 年,加入世界贸易组织不仅是中国对外开放一个重要里程碑,而且是中国全面融入世界体系并更加深入地进行制度学习的重要历史契机。一方面,世界贸易组织要求中国对许多不适应全球自由贸易和市场竞争的法律规则进行修改,对政府职能进行调整;另一方面,中国也不再仅仅是一个国际贸易参与者,而是开始以一个贸易大国的身份参与影响国际分工和贸易体系,并在参与国际经济规制的制定中发出越来越强有力的声音。当然,在对外开放和学习吸纳外部先进制度实践的过程中,中国也比较注重外来制度与本国环境的适应性、兼容性,避免盲目的制度移植带来的非效率特征。虽然中国已接受了市场经济作为一种较为有效的资源配置机制的理念,但却始终拒绝"市场原教旨主义",没有盲目引进"盎格鲁—撒克逊"模式的自由市场经济体制,而是建立起国家、市场及社会三者相互协调的混合经济体制。尽管在主流经济学视野中,这种体制并非最优的经济体制,但它却充分利用了国家、市场和社会三种治理机制的优势。在应对本轮全球金融危机的过程中,这种体制再度展现出抗击外部经济冲击的能力。

在向外部世界学习的过程中,除了学习西方发达市场经济的先进经验外,中国也没有忘记从苏联和东欧地区国家的改革和转型实践中汲取经验和教训。实际上,在 20 世纪 80 年代的改革过程中,中国在许多方面借鉴了东欧市场社会主义改革的经验,诸如价格双轨制、国有企业承包经营制、集体所有制企业改革等,都带有东欧市场社会主义改革的印记。当苏联和东欧改革失败而最终走向国家解体和制度剧变之时,中国进一步从中吸取教训:一方面认识到不改革,社会主义将没有出路,因此必须将改革进行到底;另一方面也深刻认识到为了确保改革的社会主义方向,必须坚持共产党的领导和社会主义基本的宪法制度,必须坚持国家对经济社会的有效调控;同时,也不应照搬"华盛顿共识"的激进改革模式,而应当走稳健的改革道路,要充分考虑改革的成本和收益,选择阻力最小、最有效的改革路径。

四、国家制度能力构建与中国的转型奇迹

通过上述分析我们可以发现,中国的经济转型历程与苏联和东欧地区国家的转型历程形成了鲜明的对比。中国并未完全遵循主流经济学所推崇的"华盛顿共识"这一激进转型战略,而是采取了一种非标准的渐进转型路径,其主要特征是"逐项的、部分的、增量的改革,并且常常是实验性的,最显著的差别在于中国没有进行大规模的私有化"[①]。许多经济学家认为,中国特定的转型战略弊端重重,难以避免失败的命运。然而,恰恰是这种主流经济学视野中非标准的、不彻底的转型

①林毅夫,姚洋.中国奇迹:回顾与展望[M].北京:北京大学出版社,2006:38.

方式却取得了比苏联和东欧地区国家更为优良的转型绩效,因而被许多学者称为
"中国奇迹"。

　　理解中国奇迹最为直观的视角就是转型期经济增长的速度、持续的时间以及
增长的质量。从这三个标准来看,将中国转型称为"奇迹"是实至名归的。从1978
至今的三十多年间中国保持了持续快速的经济增长,其年平均GDP增长率接近
10%,而且在可预期的将来,中国仍然将保持快速的经济增长速度(即便在2009年
全球金融危机的冲击下仍然获得了8.7%的增长率)。这已经超越了亚洲"四小
龙"(中国香港、中国台湾、韩国、新加坡)和亚洲"四小虎"(印度尼西亚、马来西亚、
泰国、菲律宾)曾经创造的持续25年之久的经济增长和快速工业化的"东亚奇
迹"。与苏联和东欧地区国家相比,这一奇迹更为明显(见表6-5)。在转型期间,
苏联和东欧地区国家几乎都出现了程度不同的产出下降,一些国家(如乌克兰)的
产出下降时间超过了10年,产出缩减幅度接近60%。直到2008年,主要转型国家
的实际GDP才恢复或超过到转型前的1989年的水平。而中国却是个例外,其经
济从未出现负增长,到2007年,中国的实际GDP已经达到转型初期(1978年)的
15倍。这在很大程度上反映出中国经济增长的稳定性和持续性。

表6-5　部分转型国家的经济增长比较

类别	国家	产出下降的年数	截至2000年产出累积下降幅度(%)	2008年的实际GDP/1989年的实际GDP(1989年=100)
转型前改革相对持久、深入	中国	—	—	1500*
	匈牙利	4	15	136
	波兰	2	6	178
	斯洛文尼亚	3	14	156
转型前只进行过零散的、不连续的改革或基本没有改革	保加利亚	4	16	114
	罗马尼亚	3	21	128
	俄罗斯	7	40	108
	乌克兰	10	59	70

　　注:* 中国的数据为按可比价格计算(1978年为100)的2007年GDP/1978年GDP的比例。
　　资料来源:2008年的实际GDP/1989年的实际GDP的数据来自欧洲复兴与开发银行(EBRD)2009年的
《转型报告》,下载网址:http://www.ebrd.com;其他数据来自World Bank,2002,Transition——The First Ten
Years,2002,Washington D.C.,p.5.中国的数据来自国家统计局网站:http://www.stats.gov.cn。

　　衡量经济增长质量的另一个重要指标是反映技术进步的全要素生产率。以克
鲁格曼为代表的一些西方人士认为,包括中国在内的东亚国家的经济增长并无"奇
迹"可言,因为这些国家的经济增长完全是由要素投入来驱动的,而几乎不存在技
术进步因素。但客观而言,虽然中国的经济增长确实严重依赖要素投入的作用,但
技术进步的贡献也是存在的,尽管全要素生产率并非一直处于上升状态。根据联
合国工业发展组织的研究报告,1979~1992年,中国的年均全要素增长率为1.7%,
处于连续上升状态。从1993年开始,全要素生产率出现下滑趋势,直到2000年才

改变这种态势。而根据中国学者郑玉歆、李善同等人的测度,尽管转型时期中国的全要素生产率年均增长率一度出现反复,但总体而言一直存在着正向的增长,而且对整个的经济增长发挥了重要的促进作用(见表6-6)。此外,从其他一些指标来观察,中国也并非单纯依赖要素投入实现经济增长,相反,技术进步的作用越来越大。这也表明中国的经济增长模式正在从粗放的外延式增长向集约的内涵式增长转变。例如,中国研究与试验发展折合全时人员由1991年的67.1万人/年增加至2007年的164.9万人/年;研发支出占GDP的比重由1995年的0.57%增加到2007年的1.49%;专利申请授权数量也由1991年的2.46万件增加到2007年的35.18万件[①]。

表6-6　中国转型期全要素生产率及其对经济增长的贡献率

年份	GDP增长率(%)	全要素生产率增长率(%)	全要素生产率增长率对经济增长的贡献(%)
1978~1985	9.8	3.5	35.3
1986~1989	8.9	2	22.2
1990~1997	11.2	4	36.1
1997~2000	7.7	0.8	10.9
2000~2003	8.4	1.6	19.9
1990~2003	9.7	2.7	28
1978~2003	9.4	2.4	26.2

　　资料来源:李善同:《中国经济增长潜力与经济增长前景分析》,《管理世界》,2006年第9期;转引自冯兴元:《中国的"奇迹":成因、问题与展望》,载罗卫东、姚中秋:《中国转型的理论分析:奥地利学派的视角》,杭州:浙江大学出版社,2009年版。

　　伴随着经济总量的增大和经济增长质量与结构的改善,社会民众的总体福利水平也在不断得到提高。中国已经顺利实现了现代化建设"三步走"战略的第一步、第二步目标,人民生活总体上达到小康水平。改革开放以来,中国已经连续跨越了人均收入400美元(温饱,1990年)和800美元(总体小康,2000年)两个门槛,到2003年人均收入达到1000美元的水平。中国的绝对贫困人口数量也从1978年的2.5亿下降到当今的2000万。人均预期寿命从1970~1975年的63.2岁上升到2000~2005年的71岁。1998年,世界银行已经将中国从低收入国家的行列中提高到中等收入国家的行列之中。目前,中国的人均国民收入也已接近4000美元。

　　对于中国转型奇迹的成因,学术界有着不同的解读。本书认为,强大的国家制度能力是支撑中国转型奇迹的关键因素。首先,在转型过程中,国家的主导型政治力量理性而灵活地调整国家的治理目标,始终将经济增长、社会发展作为维系政权

①冯兴元.中国的"奇迹":成因、问题与展望//罗卫东、姚中秋.中国转型的理论分析:奥地利学派的视角　[M].杭州:浙江大学出版社,2009.

稳定性与国家合法性的根本,在此基础上,调整国家治理方略,将改革①开放和建设社会主义市场经济体制作为经济转型的目标和任务。在决策过程中,国家始终保持了较高的自主性,并培育起支持改革的社会力量。其次,国家在转型进程中保持和培育起强大的制度实施能力。渐进式改革策略的选择不仅保障了国家政治体制的稳定性,维系了国家制度的整合、协调和统一,确保政府具备充足的行为能力,而且缓解了利益分化带来的改革阻力,降低了改革的社会成本,确保市场化的持续深入推进;集权与分权的有机结合,既调动了地方政府改革的积极性,又确保了中央政府的权威及调控能力,而持续不断的政府改革则进一步改善了政府的治理结构,提高了治理能力;国家与社会关系的深入协调,也保证了国家对社会秩序的有效掌控与和谐治理。最后,国家还展现出极强的制度调适和学习能力。意识形态的务实灵活调整为改革开放打开突破口;常态化的治理和危机应对使政府积累极其丰富的治理经验;传统计划体制的制度资源以及对外开放提供的国际空间,进一步拓宽了国家的制度学习渠道。这些途径都使得国家能够及时发现原有制度缺陷,并不断发现、学习和创造出更为有效的制度安排,推动社会经济持续发展。图6-7将中国转型期国家制度能力的构建进行了直观描绘。

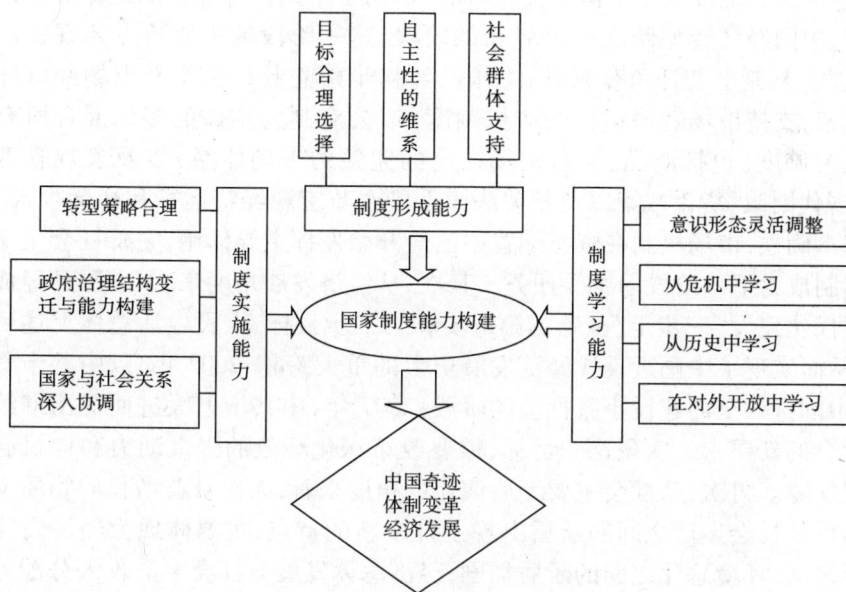

图6-7　国家制度能力构建与中国转型奇迹

---

①国家发改委宏观经济研究院课题组.中国加速转型期的若干发展问题研究(上)[J].经济研究参考,2004(16).

第三节　经济转型深化与国家制度能力提升

在经济转型深化阶段与后国际金融危机时代,国内环境和国际环境出现了一系列新的变化,这就使中国经济转型与发展面临新的挑战。应对这些挑战的关键举措就是继续巩固和提升国家制度能力,这需要调整国家治理理念、重新确定中国在国际经济中的定位,在此基础上加快转变经济发展方式,推动经济结构战略性调整,并不断深化现代国家制度建设。

一、经济转型深化阶段面临的挑战

中国自 1978 年至今三十多年的经济转型,创造了制度变革与经济发展的双重奇迹。伴随着经济转型,中国经济进入快速增长的轨道。1978 ~ 2009 年,GDP 总量增长了 18 倍,年平均增长 9.77%,2010 年中国的经济总规模已经跃居世界第二名(按平均汇率计算达到 58791 亿美元),对世界经济增长的贡献率达到了 20% 左右,这不仅极大地改变了中国的面貌,而且提高了中国在世界上的地位和作用。世纪之交,中国经济转型跨入一个崭新的阶段,这一阶段的主要特点体现在以下方面①:首先,从制度变迁角度来看,中国已经初步建立起社会主义市场经济体制的基本框架,支持市场经济运行的产权制度(以公有制为主体的多元混合所有制结构)、交易制度(包括产品、要素市场在内的完整的市场体系)以及宏观管理制度(运用现代财政、货币政策以及相关法律手段调节宏观经济运行和社会收入分配)已经基本确立,市场机制在资源配置中已经开始发挥主导作用,完善社会主义市场经济体制成为下一阶段的主要任务。其次,从经济发展角度来看,中国已经成功实现了现代化建设"三步走"战略的第一步和第二步目标,人民生活总体上达到小康水平,从而实现了中国近现代经济发展史上的重大跨越;2002 年,以中共十六大为标志,中国进入全面建设小康社会的阶段;2007 年,中共十七大进而提出继续建设小康社会的新要求。实现这一目标,需要改革深化释放的强大动力和构筑起坚实的体制保障。再次,从社会主要矛盾演化的角度来看,人民日益增长的物质文化需要同落后的社会生产之间的矛盾出现了许多新的特点,主要体现为经济高速增长与资源短缺、环境恶化之间的矛盾加剧;经济总体发展与社会成员收入分配差距扩大的矛盾尚未根本扭转;快速增长的对公共产品和公共服务的需求与其供给不足和供给不均等之间的矛盾日益突出等。最后,从外部国际环境来看,加入世贸组织标志着中国开始全面融入世界经济体系,这一方面表明中国的改革与转型绩效已经得到世界的普遍认同,另一方面也使得中国的市场化与对外开放进程更加不可

---

① 刘树成,吴太昌.中国经济体制改革 30 年研究[M].北京:经济管理出版社,2008:7 - 8.

逆转。为了有效应对全球化的挑战,中国也需要进一步深入推进体制改革。

正当经济转型深入推进之时,一场突如其来的全球金融危机沉重打击了整个世界经济,从而导致世界经济自第二次世界大战以来首度出现负增长。根据世界银行《2010 年全球经济展望》提供的数据,2009 年全球 GDP 增长率为 - 2.2%,其中高收入国家为 - 3.3%,发展中国家为 1.2%。尽管全球经济已度过最严酷的"寒冬",但仍将经历一个经济缓慢复苏的后国际金融危机时期。发达国家的经济复苏明显弱于发展中国家,发展中国家面临的发展环境更加严峻;全球经济内生增长机制不足,存在陷入"滞涨"状态的风险;欧洲主权债务危机日益加剧,全球经济面临再次探底的风险。尽管中国以其强大的国家制度能力为支撑,较为成功地应对了全球金融危机,保持了经济的持续平稳增长,但也暴露出其经济社会发展进程中存在的深层次矛盾。总之,由于经济转型深化与后国际金融危机时期的经济调整两个特殊时期重叠在一起,因而使中国的社会经济发展与国家制度能力构建面临新的挑战。

1. 经济转型深化阶段的不确定性和风险性越来越多

随着经济全球化的深入发展,中国经济与世界经济已经密不可分。一方面,全球化与对外开放虽然给中国的体制变革与经济发展提供了重要的外部动力和机遇,与此同时,也给中国经济带来严峻挑战,使国内的经济发展面临更多的外部因素的影响和制约。无论是体制变革、结构调整还是宏观经济政策制定,中国都必须充分权衡内部与外部的诸多变量,以确保制度改革与公共政策的有效性,这一点在新近发生的国际金融危机中表现得异常突出。国际金融危机期间,发达国家的经济实力下降,中国的经济实力迅速攀升,由美国主导的单极世界格局被打破,多极化世界格局日益显现。在新的大国角逐中,西方国家不会坐视和放任中国的崛起,势必会运用经济、政治、军事乃至低碳环保等手段延缓和遏制中国的崛起。最近,中美在贸易、汇率方面的争端就是征兆。另一方面,随着其他新兴经济体的崛起(如俄罗斯、巴西、印度等),全球经济的竞争也愈发激烈(见表6-7)。每个国家都会利用自身的优势,极力为本国在国际市场上谋求更大利益,它们与中国之间也存在复杂的竞合关系。国际政经格局的重大变化一定程度上恶化了中国转型与发展的外部环境。如何在新的国际格局中趋利避害,确保国家治理的有效性、经济发展的自主性,将是中国需要审慎面对的问题。在后国际金融危机时代,国际经济环境不确定性和潜在风险增加,经济失衡,贸易保护主义抬头,贸易摩擦增多,国际市场需求的萎缩和低碳经济的发展使中国在转型深化阶段的发展有了更多的不确定性。在经济转型深化的关键时期,中国融入全球化的进程将不断加深,如何有效权衡对外开放的利弊,提高防范风险能力,形成一种自主、有效的发展模式,将成为未来转型进程中需要面对的艰难抉择。这客观上要求中国应更具有应付持续变迁、整合转型冲突的能力,来保证改革在充满活力和保持相对稳定的状态下进行,同时也要主动积极地采取措施,为转型与发展营造一个良好的国际环境。

表 6 - 7　2000 ~ 2007 年主要发达经济体与"金砖四国"GDP 的全球份额
（按购买力平价计算）

年份\国家或地区	2000 年(%)	2001 年(%)	2002 年(%)	2003 年(%)	2004 年(%)	2005 年(%)	2006 年(%)	2007 年(%)
美国	23.6	23.3	23.0	22.8	22.6	22.4	21.9	21.4
欧元区	18.5	18.5	18.2	17.7	17.2	16.8	16.4	16.1
日本	7.7	7.6	7.4	7.2	7.1	7.0	6.8	6.6
中国	7.2	7.7	8.1	8.7	9.1	9.6	10.2	10.8
印度	3.7	3.7	3.8	3.9	4.0	4.2	4.4	4.6
俄罗斯	2.7	2.8	2.8	2.9	3.0	3.1	3.1	3.2
巴西	3.0	2.9	2.9	2.9	2.9	2.9	2.8	2.8

资料来源：IMF，World Economic Outlook Database，2008 April。

2. 经济转型深化阶段结构的扭曲和发展失衡越来越大

由于在改革的前一时期国家对经济增长速度过分关注，因而在一定程度上忽略了经济增长质量的高低和社会经济结构的平衡程度。经济增长质量涉及经济增长速度的快慢、公众的参与程度等。社会经济结构失衡涉及城乡发展不平衡、区域经济发展不平衡、产业结构发展不平衡、社会发展不平衡等。社会经济结构的失衡不仅是一个经济问题，而且是一个政治问题。这些问题交织在一起，增大了未来改革的不确定性，改革的风险增大。

（1）收入不平等现象明显加剧。一是城乡收入差距不断扩大。根据国家统计局数据显示，1998 ~ 2006 年间，全国农民纯收入只增加了 1427 元，不到城镇居民收入增量的 1/4，年均增长速度不到城镇居民的七成。城乡人均可支配收入与农村人均纯收入比例由 1997 的 246.89% 逐步上升到 2007 年的 332.96%。二是地区差距逐步扩大。西部地区人均 GDP 仅为东部地区的 39%，1998 ~ 2005 年西部与东部地区人均 GDP 的差距已由 6015 元扩大到 14917 元。三是社会成员间贫富差距扩大。1990 年全国收入分配的基尼系数为 0.343，其中 2000 年已超出国际公认的警戒线 0.4 的标准。中国社会科学院近日发表《中国社会发展年度报告》称，中国的基尼系数已接近 0.5 高压线，达到了 0.496 的标准，这说明我国的居民收入差距已经达到了一个较为严重的程度，社会正在走向两极分化状态。收入分配差距扩大不仅影响社会稳定，而且影响中低收入人群的消费能力和信心，从而导致内需不足，从 20 世纪 90 年代后期开始，中国居民消费需求就不断出现下降趋势，近年来的下降趋势更加明显。2007 年，居民消费率为 0.35，不仅远低于发达国家，也明显低于其他新兴经济体国家。

（2）产业结构不合理损害经济增长质量。目前，中国还处于工业化发展中期，现阶段以钢铁、有色金属、化工、能源行业为主体的产值比重近 50%，经济增长没有摆脱资源和能源依赖的传统粗放式增长模式，其中钢铁、水泥、化工行业的 CO_2

排放量达到总排放量的40%以上。GDP耗能和主要污染物排放仍在攀升,空气和水环境受到严重破坏。2009年,我国主要大宗固体废弃物产生量约24亿吨,这显然加剧了经济增长与资源环境之间的矛盾。此外,以廉价劳动力为基础的低端出口导向型产业虽然成为前30年经济增长的显著动力,但也成为导致中国产业结构、需求结构失衡的重要根源。尽管政府早已提出发展新兴产业,提升产业结构和竞争力的主张,但一方面受低廉成本带来的短期红利的诱惑,另一方面受出口导向产业集团的约束,这种调整举步维艰。此外,调整产业结构虽然会带来长期利益,但却要在短期内偿付巨大的调整成本(如传统出口企业关闭导致的大量失业),这不仅会影响经济增长速度,而且不利于社会稳定。如何权衡调整产业结构与经济增长及社会稳定的利弊,政府面临两难困境。

(3)从宏观需求结构来看,中国呈现出过度依赖投资和外需,而内部消费需求不足的严重矛盾。中国是一个经济发展对外依赖程度比较高的国家,对外出口拉动经济占GDP增长的比重高达45%左右,成为经济高速增长的"三驾马车"之一。虽然在前期转型中,投资和外需成为推动经济增长的强大动力,但当遭遇外部冲击时,外需缩减就会影响经济增长的持续性。在后国际金融危机时代,西方国家大幅削减消费需求,必然会使中国经济增长的外需拉动力量减弱;随着人民币升值压力的增大,外需力量的削弱更是雪上加霜。因此,如何进一步平衡内需与外需,将直接影响中国能否培育出经济可持续增长的内生机制。

3. 利益分化对体制变革的阻滞效应越来越明显

改革与转型很少是只有赢家没有输家的"帕累托改进"过程,社会利益的分化、调整乃至重构实际上贯穿于经济转型的始终。在某些特定时期,利益格局调整会孕育出推动体制变革与经济增长的动力,但在许多情况下,它又会成为社会变革的严重阻力。特别是当利益分布严重不对等、少数既得利益者获得大量垄断租金的情况下,很可能成为阻碍制度变革进一步推进的严重阻力。视野狭隘的利益集团会通过各种渠道向政府施压,从而阻挠不利于他们的改革,这样会加剧社会不公,增加社会成本,加剧腐败。进而,政府也可能被这些利益集团俘获,公共权力沦为实现私人利益的工具。这时,必要的政府能力将严重削弱,公共权威对于推进市场化和维护正常市场秩序的功能将丧失殆尽。虽然在转型初期,中国通过稳健而有序的渐进改革、增量改革,创造了广大的改革受益群体(如农村领域的改革),为改革范围的扩展和改革程度的加深创造了动力源泉,但是伴随着经济转型的深化,各种利益主体之间的博弈变得异常激烈,改革收益的非均衡分布更加明显,结果使得改革过程中积累了大量的社会利益矛盾,改革的动力也有趋于减弱的迹象。这种利益矛盾在现实中从各个层面反映出来,如中央与地方关系失衡、部门利益冲突、收入分配不公、城乡发展差距、区域发展失衡、结构调整阻滞、社会矛盾和群体性事件激增等。严峻的形势迫切要求中国政府采取切实有效的措施,缓和社会利益分化,缓解社会矛盾冲突,凝聚社会共同利益,实现社会整合,重塑转型与发展的强大动力。

由此可见,在经济转型深化阶段和后国际金融危机时期相互交织的这样一个复杂背景下,国内外发展环境发生了巨大变革,经济和社会发展中的风险和不确定性不断增大。为了缓解经济发展潜在的各种矛盾和风险,需要对已有的制度转型与经济发展战略进行相应的调整,特别是将社会经济的和谐发展作为一个重要目标,找到一种有效的发展模式。而这一目标的实现离不开一个具备充足制度能力的"强国家"的有力支持。

二、提升国家制度能力的战略举措

三十多年的市场化和对外开放为中国转型与发展提供了历史机遇,而全球金融危机同样赋予中国模式重新审视自我的重要契机。如能抓住机遇,客观、准确地把握自身的优势和不足,进一步完善和优化国家制度能力建设,那么中国未来面临的改革与发展问题可迎刃而解,中国模式也将提升到崭新境界。

1. 国家治理理念转换与国家定位调整

(1)国家需要对既有的目标偏好和治理理念进一步调整,以推动社会经济发展方式转变。在前期的转型中,伴随着国家目标偏好由"阶级斗争"转向"以经济建设为中心",由坚守高度集权的计划经济体制转向建立适度分权的社会主义市场经济体制,中国逐步形成了一种以经济增长为核心的非平衡发展方式。这种发展方式主要呈现如下特点:①政府与社会间形成推动增长的共识,这种共识具体化为各级官员的政绩考核指标,即以 GDP 为中心,想尽一切办法发展经济,各地方政府展开了一场争相推动经济高速增长的"锦标赛"。②采取了一种低效的、外延式的、粗放的经济增长模式,即主要以要素投入的扩大推动经济增长,特别是靠低成本的劳动力投入和国家主导的大规模投资来驱动经济的高速增长,而不计较投资的收益和成本比较。③实施了一种非平衡的发展战略,以集中有限资源提高经济效率,如从沿海到内地的梯度推进战略、提倡效率优先兼顾公平、注重经济发展而忽视社会建设和资源环境保护等,以人为压低经济增长的成本。原有发展方式在支撑高速经济增长的同时,也产生了许多发展失衡问题,这就要求中国建立一种更加完善的发展方式。新的发展方式奉行一种更加全面的发展理念。它并不局限于单纯追求高速的 GDP 增长率,而是将经济发展的目标定位于促进人的自由和全面发展,更加注重经济发展与社会发展相互促进、经济增长的速度与质量相互统一,真正形成一种"以人为本"、全面、均衡和可持续的经济发展方式。为此,需要确立一种更加全面、均衡的发展战略,即经济、政治、社会、文化、生态环境的全面协调与可持续发展,经济发展的导向将从效率优先转向更加关注社会公正。全面实践"科学发展观"、建设社会主义"和谐社会",都是这种国家发展战略目标与治理理念开始适应性转换的重要标志。

(2)在对内调整治理理念的同时,中国还需对外寻求新的国家定位,以适应中国大国崛起的现实。就目前的国际现实而言,尽管伴随综合国力的上升,中国在国际舞台上的声音越来越响亮,但在中短期内尚不足以成为政治和军事意义上的强国。因此,中国目前应依托自身的比较优势首先谋求成为经济上的强国。尽管在经济总量上,中国已超越日本,成为全球第二大经济体,称得上经济大国,但还不是强国。改变大而不强的现实,就要依托自身优势,并抓住国际经济力量转换的重大机遇,谋划未来经济长期稳定快速发展。就现实而言,中国应当利用其庞大的人口和领土,以及三十多年来积累的制造业优势,谋求成为世界市场和制造业强国,与此同时,凭借自身稳定的政治、经济和社会形势,营造良好的市场投资环境,吸纳包括资本在内的各种资源,成为世界投资中心、资源交易中心,并利用世界第一的外汇储备积极走出去,投资海外实业,以提高综合投资收益。通过上述举措成为经济强国的同时,逐步提升中国在国际格局中的政治影响力、文化影响力乃至军事实力,最终实现和平崛起的目标。

2. 经济结构调整与发展方式转变

国家治理理念的转变必然带动中国对经济结构进行全面调整,形成可持续发展的内生机制。

(1)国家要调整需求结构,使消费、投资和需求相互协调、均衡发展,而不能走极端或偏废任何一方。尽管全球金融危机暴露出过度依赖出口、投资的弊端,但并不意味着彻底否定出口和投资的作用。从历史经验看,大规模出口和投资是后发国家实现经济起飞的必要条件,因此,在未来的中国经济发展中,出口和投资仍具有重要作用。关键在于,在保持出口和投资适度增长的同时,着力启动国内消费需求,为经济持续增长构筑坚实的基础。这需要一系列的改革措施:改革收入分配制度,提高居民收入在国民收入分配中的份额,形成国家、企业和居民之间合理的分配关系;完善社会保障体制,提高社会保障覆盖范围和水平,增强消费信心;积极发展第三产业,提升居民的消费结构,实现从数量型消费向质量型消费、从实物型消费向服务型消费转变;探索合理有效的消费信贷形式,增强居民的消费能力;彻底打破城乡二元结构制约,推进城镇化进程;促进区域经济协调发展,缩小区域发展差距[①]。

(2)需要着力调整供给结构,提升自身的比较优势,实现经济的可持续发展。如前所述,依靠劳动密集型的低端制造业,以及资本和资源密集型的高耗能产业必然遭遇到各种制约,使其成本优势逐渐丧失。唯一的替代路径就是依靠技术和创新来提升产业的比较优势。为此可以选择将原有劳动力转向现代服务业,同时大力发展高新技术产业,尤其是战略性新兴产业。对发展现代服务业而言,一是要完善发展的政策环境,逐渐打破垄断,逐步放松对银行、保险、电信、教育、新闻出版、广播电视等行业的市场准入限制,推进有序竞争;二是加快服务业发展的体制改

---

①宋智勇等. 后危机时代的"十二五"经济形势分析[J]. 宏观经济管理,2010(5).

革,积极拓展适应社会需求的新型服务业的发展,如家政、养老、健康等社会公共服务。对发展战略性新兴产业而言,一方面要通过各种措施(如增加研发投入、改革科研创新体系、促进创新人才培养、完善创新融资机制、加大知识产权保护力度)加快推进创新型国家建设,提高自主创新能力;另一方面要着力完善战略性新兴产业的选择机制,即政府可以制定宏观规划,但具体的技术和产品要交给市场来选择,同时,政府辅之以政策和融资支持并居中协调,形成合力。

3. 现代国家制度建设与能力构建

现代国家需要通过更加深入的现代国家制度建设,来改进国家的制度能力,这囊括了经济制度建设、政治制度建设和社会制度建设三个领域。

(1)在经济方面,需进一步深化经济体制改革,以体制改革释放的制度能量来推动经济结构调整与发展方式转型。一是要完善市场经济体制的制度环境建设,加强有关支持公平竞争和促进良好经济秩序的立法和执法工作,提供必要的市场监管和调控,为市场经济的有效运转提供良好的制度环境。二是要深入推进一些基础性和关键性的经济制度改革,以提高市场经济体制的整体运行绩效。主要包括:深化国有企业改革,完善国有资产管理体制,鼓励和引导非国有经济发展,创建多种经济成分共同发展的公平竞争环境;大力发展包括资本、劳动力、土地在内的生产要素市场,健全和规范其内在运行机制,形成统一、开放和竞争有序的现代市场体系;推进垄断行业改革,减少资源环境价格形成机制的扭曲;深化财政、税收、金融体制改革,完善宏观调控体系;推进外贸、汇率体制改革,提高本国市场经济抵御外部冲击的能力。

(2)在政治领域,中国虽已逐步走出全能主义治理模式,但在国家治理领域也出现了一些不和谐的现象,如权力异化引发的政府治理效能弱化、市场经济体制不完善引发的经济秩序混乱、社会加速分化导致的社会行为失范等。如何在转型深化阶段有效协调国家、市场及社会之间的关系,形成三者互惠共生的正和博弈格局,就成为构建有效的现代国家的关键所在。

(3)在战略取向方面,保持一个具备充足制度供给、秩序治理与宏观调控能力的“强国家”,对中国而言不是负担而是优势。无论是经济体制改革还是结构调整,离开国家的扶持和推进都是无法顺利实施的,甚至国家自身的改革也需要国家强有力的推动。作为一个面临内外复杂因素制约的转型大国,“强国家”是维系民族国家统一、确保市场化方向、寻求跨越式发展的必要之举。“强国家”不是计划体制下权能范围无所不包的全能型国家,市场经济的发展要求国家的权能受到必要规约,更加有效地发挥治理功能。就目前中国而言,提升国家治理能力的核心在于通过深入的制度改革,推动政府治理模式转型,实现从“全能型政府”向“公共服务型政府”转变。这就要求政府对自身的范围与能力做出有效权衡,集中必要资源和力量发挥纠正市场失灵、协调市场秩序、增进市场自我发展的作用,同时不断强化和改进提供公共服务的能力,增进社会长期发展的利益。在制度建设层面,需完善社会主义民主法制建设和行政管理体制改革,提高政府的政治责任和自律机能,为全社会创建安全、平等、法治的环境。

在提升政府治理能力的基础上,中国还需着力推进社会体制改革,整合日渐分化的社会结构。社会体制改革的滞后性是中国转型进程中形成的"短板"效应。在中长期内,能否对经济发展过程中累积的社会矛盾给予足够的重视并采取切实可行的公共政策将其化解,将直接影响中国能否平稳跨越转型深化阶段。推进社会体制改革需要一个全面的、综合配套的改革工程,主要包括:建立综合的、相互配套的社会保障体系;加大对民生领域的投资力度,实现公共服务均等化;拓宽多元利益表达渠道,构建利益协调与整合机制;建立解决社会矛盾、处理突发性社会事件的管理体制;培育有助于增进国家治理的民间组织、社会团体和网络,建立符合国情的利益整合型公民社会。社会体制改革不仅有助于防范市场化进程中的社会风险,为经济持续发展构筑和谐的社会基础,而且有助于增进国家与社会之间的沟通交流,改善二者的关系,最终形成善治型的现代国家治理模式。

三、国家制度能力提升与中国的转型走向

中国经济转型获得的成就乃至内在的不足,早已成为国际社会广泛关注的焦点话题,其中对中国经济转型经验与走向的评价仍然众说纷纭。

乐观论者认为,中国在制度转型过程中,保持了快速的经济发展,市场化和国际化深入推进,政治与社会在稳定中更加开明和开放。中国探索出一条不同于其他国家现代化进程的"中国道路",确立了意义深远的"中国模式",形成了超越"华盛顿共识"的"北京共识"(Ramo,2004)。悲观论者认为,断言中国转型的成功为时尚早,中国未来的道路存在极大风险和不确定性。20世纪90年代,西方学者就提出"中国不确定论"、"中国即将崩溃论"。随着中国的崛起,西方又抛出"中国威胁论",其中难掩对中国的"遏制"和"围堵"之心。中间论者认为中国的转型是"喜忧参半"。一方面,中国取得良好的转型绩效,创造了"中国奇迹";另一方面,中国的转型正行之途中,未来还将经历艰巨的转型深化进程(勃兰特等,2009)。

对中国转型上述趋势的预测,都有着比较深厚的学理支撑。实际上,自20世纪90年代以来,国内外学术界对中国经济的经验从多个角度予以解读,其最具代表性的观点可以归纳为以下六个方面的内容:一是初始条件决定论,即中国良好的转型与发展绩效是由其有利的初始条件决定的,如农业部门比重大、国有部门比重小,城市化水平低,计划管理体制松散等,这些初始条件使得中国更容易改革传统计划经济体制,实现经济发展。二是高投资驱动论,即较高比例的国内外投资成为促进经济高速增长的强大动力。三是廉价劳动力资源支撑论,即丰裕、优质、廉价的劳动力资源,为中国经济增长提供了巨大的比较优势。四是国际贸易拉动论,一方面,出口的快速增长从外需方面给经济增长注入了强大动力;另一方面,大量的稀缺资源进口为经济增长提供了重要的供给保障。五是效率改进论,即体制改革、

技术进步、劳动力技能的改善使得中国的全要素生产率显著提升,改进了资源配置效率。六是体制改革与制度创新推动论,即中国采取了稳健的渐进式改革,并创造出一系列行之有效的制度安排创新(如家庭联产承包责任制、市场双轨制、财政分权体制、经济特区等),极大地释放出体制变革的能量,为制度变迁的顺利推进与经济的平稳持续发展提供了重要的制度支撑。

毫无疑问,上述任何一个方面均在一定程度上成为推动中国转型奇迹的重要因素,但许多因素并非中国所独有,其他发展中国家或转型国家并非完全不存在(如资源禀赋优势、对外贸易、制度改革);另外,一些看似有利的因素也可能在未来成为阻碍中国转型推进的不利因素(如庞大的农业部门和二元结构差异)。因此,真正关键之处在于,中国具有一个能够将上述优势会聚在一起,形成发展合力的重要变量——国家有效制定、实施和调整制度的能力。在与中国处于同等发展水平的发展中经济体以及转型经济体中,能够维持如此强大的国家制度能力的可以说寥寥无几。正如弗朗西斯·福山在其新作《国家构建:21 世纪的国家治理与世界秩序》中描述的那样,“冷战的结束在巴尔干半岛、高加索地区、中东、中亚和南亚等地区留下了一群失败的、软弱无能的国家。20 世纪 90 年代,在索马里、海地、柬埔寨、波斯尼亚、科索沃和东帝汶,国家的崩溃或弱化,引发了骇人听闻的人道主义和人权灾难”。可以说,缺乏国家能力的问题已经成为困扰贫困国家走向持久繁荣的最为关键的问题。即便在曾经拥有强大国家制度能力的“后社会主义转型”国家,国家制度能力的衰竭也令人触目惊心,俄罗斯就是其中的典型案例。而中国能够在社会经济制度大变革的时代,依然维持和不断提升强大的国家制度能力,确实堪称“奇迹”。

由此看来,中国未来能否继续保持和提升国家制度能力,确实关系到中国能否顺利走过现代化的关键阶段,跨越转型深化中的制度陷阱,从而在 21 世纪中叶实现中等发达国家的经济发展水平,并最终实现中华民族的伟大复兴和崛起。从目前来看,仍有一些潜在因素可能制约甚至削弱国家制度能力,并阻碍社会经济转型的深入推进。首先,国家能否顺利实现从增长型治理理念向发展型治理理念的转变。尽管中央政府已经将全面实践“科学发展观”确定为“关系改革开放和现代化建设全局”的时代主题,将加快转变经济发展方式作为主线,把经济结构战略性调整作为转变发展方式的主攻方向,但如何能够将这些国家治理理念真正贯彻执行,特别是转化为地方政府的实际执政行为,仍需要建立一套有效的激励约束机制,这有赖于在改革的顶层设计基础上深入推进政府行政体制改革、干部考核任命制度改革、财政体制改革和公共服务体系建设等一系列配套改革措施。其次,社会经济结构的变化有可能削弱国家的自主性和有效性。转型前期,国家在制定和实施政策中所具有的高度自主性和有效性是建立在相对均衡的社会利益结构基础之上的。一方面,相对均衡的社会利益结构意味着不存在一个或某几个强势利益集团,能够对国家的决策形成俘获效应;另一方面,前期改革的“帕累托改进”效应能够通过使得改革收益相对均匀地惠及所有社会群体,使他们不仅支持改革,而且提高了对国家合法性的认同,这些都有助于国家公共政策的有效实施。然而,伴随着转型深化时期社会利益结构的剧烈分化重组,上述优势存在削弱的风险。一是行政垄断性行业有可能成为可以左右国家决策的一个强势集团,从而为保护其垄断租金而排斥市场竞争;二是地方商业精英通过各种渠道进入政府决策过程,甚至与地方政府结成利益同盟,从而使地方政府的行为偏离社会公共利益,而偏向少数精英阶层的利益,这一点在地方的产业发展选择、城镇化过程中的征地拆迁、房地产价格持续高涨等问题中得以明显显现。此外,伴随市场竞争加剧和收入差距持续扩大,相当一部分社会成员被挤压到社会边缘地带,成为弱势群体,他们的利益损失和生活挫折感有可能转化为对国家和社会的不满,不仅阻碍改革的推进,而且影响社会稳定。最后,作为国家的主导性政治力量,中国共产党自身也面临着执政考验。不可否认,在中国的"政党—国家"体制下,共产党自身的执政能力将在很大程度上决定国家的制度能力。国家领导人已经清醒认识到,党的自身建设对于国家治理的有效性产生的重要影响。胡锦涛总书记在庆祝中国共产党成立90周年大会上的讲话就明确指出"全党必须清醒地看到,在世情、国情、党情发生深刻变化的新形势下,提高党的领导水平和执政水平、提高拒腐防变和抵御风险能力、加强党的执政能力建设和先进性建设,面临许多前所未有的新情况、新问题、新挑战,执政考验、改革开放考验、市场经济考验、外部环境考验是长期的、复杂的、严峻的"[1]。面对这些考验,执政党也会面临"精神懈怠的危险、能力不足的危险、脱离群众的危险、消极腐败的危险"[2],因此,需要在经济转型深化进程中全面推进党的建设工程,"落实党要管党,从严治党的任务"[3],在全面提升党的执政水平和执政能力的基础上提升国家的制度能力。

总之,如果能够克服上述潜在的制约因素,中国不仅能够维系现有的国家制度能力,而且能够将其不断改进和提升,从而为中国顺利跨越转型深化阶段,实现经济繁荣、社会稳定和国家崛起的目标奠定坚实的制度基础。

第四节 本章小结

本章进一步运用国家制度能力的分析框架,对中国转型期的国家制度能力演化机制及其与转型经济绩效的关系进行研究。与俄罗斯相似,新中国成立后在外生因素与内生因素的综合作用下,选择建立计划经济体制以及与之互为支撑的全能主义国家治理模式。但受特定历史文化传统和经济结构的影响,中国传统计划经济体制中存在着改革试验的空间,特别是中央与地方的关系。在传统体制下,中

[1][2][3]胡锦涛.在庆祝中国共产党成立90周年大会上的讲话[M].北京:人民出版社,2011.

国的全能主义国家具备高度的自主性、强有力的制度实施能力，以及一定程度的制度调适能力。但是体制僵化与国家过度扩张也不免诱发"体制效率衰减综合征"。20 世纪 50 年代中后期开始的改革探索由于没有根本摆脱计划体制思维的束缚，并受政治和群众运动的影响，最终归于失败，国家制度能力遭受严重削弱。但过去的失败为新一轮的制度大变革与国家制度能力的改进与提升提供了历史契机。

1978 年改革开放以来，中国取得了良好的转型经济绩效，而强大的国家制度能力是支撑中国转型奇迹的关键因素，其中的内在机理体现为：国家的主导性政治力量理性而灵活地调整国家的治理目标和治理方略，国家始终保持了较高的自主性，并培育起支持改革的社会力量；国家在转型进程中通过改革方式的合理选择、集权与分权的有机结合、持续深入的政府改革和治理结构调整、国家与社会关系的深入协调，培育起强大的制度实施能力；国家通过意识形态的务实灵活调整、在常态化的治理和危机中学习、将传统制度资源与外部经验有机结合等方式，不断发现、学习和创造出更为有效的制度安排，推动社会经济持续发展。

在经济转型深化阶段与后国际金融危机时代，中国经济转型与发展面临新的挑战：一是转型进程中的不确定性和风险性增大；二是结构扭曲和发展失衡严重；三是利益分化对体制变革的阻滞效应显著。应对这些挑战的关键在于继续巩固和提升国家制度能力，这需要：首先，调整国家治理理念，从"增长型治理"理念转向"发展型治理"理念，并重新确定中国在国际经济中的定位，从经济大国走向经济强国。其次，加快转变经济发展方式，并着力推动经济结构战略性调整，在需求方面使消费、投资和需求相互协调、均衡发展，在供给方面调整生产结构，提升国家的自主创新能力和比较优势，实现经济的可持续发展。最后，不断深化现代国家制度建设，一是推进基本经济制度层面的改革，完善市场经济运行的制度环境；二是推进政府体制改革，建立法治型政府和公共服务型政府，提高政府的治理效能；三是加强社会体制建设，增强国家对社会的整合能力，并不断创新社会管理方式，建立现代公民社会。

在经济转型深化阶段，中国国家制度能力的巩固和提升需要解决好几个关键问题：一是能否通过完善的顶层制度设计，将国家目标调整和治理理念的转变自上而下地有效贯彻实施；二是能否在社会经济结构的变化中确保国家的自主性和有效性；三是能否通过深入的制度和组织建设提高国家主导性政治力量的执政能力和执政水平。上述问题的有效解决，将有助于不断改进和提升中国的国家制度能力，为跨越转型深化阶段，实现经济繁荣、社会稳定和国家崛起的目标奠定坚实基础。

第七章 结论与启示

第一节 本书的主要研究内容与结论

20世纪末发生在中国和俄罗斯的社会经济转型是一场涉及多个领域的大规模制度变迁过程。然而，在从传统计划经济体制迈向现代市场经济体制的道路中，中俄两国的转型路径和绩效却出现了明显的大分化。尽管诸多因素对中俄两国的转型绩效差异产生了程度不一的影响，但不同的国家制度能力构建策略及其演化路径，则是决定两国转型绩效的关键变量。时至今日，中俄两国均已进入经济转型的深化与完善阶段，在此阶段，能通过经济、政治和社会层面的现代化改革巩固和提升国家制度能力，依然是决定两国能否确立完善的市场经济体制以及持续均衡的社会经济发展模式的基础。

本书以国家制度能力为切入点，深入研究和分析了中国和俄罗斯制度变革的内在机理以及国家制度能力对转型绩效的影响，体现了一种"大转型"的系统性研究视角和比较政治经济学分析范式。它有助于我们更加全面、准确地把握转型的整体性路径演化轨迹，深刻洞察转型进程中存在的核心制度问题，并在转型深化阶段探寻有效的制度改革战略。研究中俄两国转型进程中的国家制度能力演化问题，不仅为转型经济学、制度经济学、发展经济学等经济学分支学科提供了重要的理论资源和经验支撑，也为这些学科的进一步发展创建了一个崭新的知识生长点。

一、国家制度能力是理解经济转型与经济发展的崭新理论视角

中国和俄罗斯从计划经济向市场经济转型是20世纪人类经济发展史中最重要的历史事件，包括经济学在内的社会科学界从不同的视角，运用不同的研究范式对这一社会历史变迁过程进行了广泛的研究和探讨，但如何选择一个具有针对性且相对统一和具有理论兼容性的理论视角，对经济转型过程和绩效做出逻辑一致

的合理解释,仍然是一个有待深入探讨的问题。本书试图以转型国家的国家制度能力演化为研究视角和理论工具,对中俄两国的转型路径、绩效以及未来的走向进行深入研究,从而为转型经济研究的深化做出具有建设性的学术尝试。

本书将制度与经济发展作为构建国家制度能力研究框架的逻辑起点,在深入分析国家制度功能的基础上,将国家制度能力界定为国家有效制定、实施及推动制度变迁的能力。如果将国家视为一个相对自主的行为主体,那么我们可以将国家制度能力划分为三大构成:一是国家的制度形成能力,即国家相对独立自主地界定自身的目标偏好,形成有效规则、政策的能力。这一能力主要受国家的核心目标与偏好选择、国家的相对自主性、国家决策与制度供给的有效性等因素的影响。二是国家的制度实施能力,即国家将已经形成的规则、政策加以推行,影响微观经济主体行为和宏观经济运行绩效的能力。影响这一能力的主要因素包括国家具备足够的决策实施信息,国家对资源的掌控程度,国家克服官僚化问题、形成有效的政府体制以及国家与社会的协调互动。三是国家的制度调适和学习能力,即国家根据内部环境和外部环境变化形成的压力,适应性地推动制度变迁,使其与经济发展的条件相契合的能力。这一能力主要受国家的主导性政治力量或精英集团是否具有强烈的学习欲望及能否营造一种促进全社会成员学习的环境、是否具有一种意识形态偏好的灵活调整机制以及能否形成一种积累制度知识的有效途径等因素的影响。

在对国家制度能力及其构成进行界定和分析的基础上,本书运用博弈模型,从静态角度研究了国家治理形态与国家制度能力的关系,并对三种典型国家治理形态("掠夺型国家"、"民主型国家"和"勾结型国家")的国家制度能力进行了比较。进一步地,从动态角度分析并归纳出两条国家制度能力的动态演化路径:国家制度有机构建的路径和国家制度能力消极退化的路径。在此基础上,本书归纳出国家制度能力有机构建的三大必要条件:一是国家目标偏好的合理选择与灵活修正;二是国家制度安排的有效设计与有力实施;三是国家的有效制度学习与适应性调整。

以上国家制度能力的理论分析框架既坚持了经济学的(有限)理性选择、制度变迁等研究范式,同时也吸收了政治学中有关国家自主性与国家能力的研究,因而为研究中俄两国的经济转型奠定了比较厚实的理论基础,提供了比较有效的分析工具。

二、国家制度能力是导致中俄两国转型绩效差异的关键变量

尽管整体而言,转型国家的经济转型大致经历了相似的阶段性演化过程(转型的准备阶段、转型的正式启动和全面推进阶段、转型深化阶段),但不同国家的转型经济绩效却出现明显的大分化。中俄两国是其中两个形成鲜明对比的典型案例。中国在三十多年的改革和转型中,保持了持续快速的经济发展并将市场化进程深入推进,从而创造了经济转型的"中国奇迹"。俄罗斯则呈现出另一番景象,即长

期陷入经济严重衰退和秩序动荡的转型危机之中。尽管不同的初始条件和转型方式选择均在不同程度上对转型经济绩效产生影响,但决定两国转型绩效差异的关键变量在于不同的国家制度能力。即只有具备充足而有效的制度能力的国家才能准确把握本国特定的历史和现实约束,合理选择适宜的转型策略,并有能力将其付诸实施,并根据内外环境的变化而进行适应性调整。中俄两国的转型实践则为此提供了正、反两方面的有力证明。

中俄两国的国家制度能力可以通过特定的指标加以定量测度。本书初步构建了一个测度国家制度能力的指标体系,并对中俄两国的国家制度能力进行测度和比较。从政治稳定性指数、政府俘获指数以及腐败控制指数三个指标来测度,我们发现俄罗斯的国家制度形成能力明显弱于中国。从政府有效性指数、犯罪率指数、法治程度指数和政府监管质量指数来测度,我们也不难发现,在有效维系公共秩序、推进制度改革和实施公共政策方面,俄罗斯的国家制度能力极度微弱,而中国则保持了较高的能力。从制度学习效应指数来测度制度调适的客观效果,中俄两国的差异更为明显,中国的制度学习能力远远超过俄罗斯。通过评估比较,我们可以进一步归纳出俄罗斯转型期(特别是叶利钦时代)的国家治理特征,即“勾结型国家”、“掠夺型国家”和“失败的国家”的混合形态。与之相比,中国的国家治理形态则具备“自主性国家”、“发展导向型国家”和“强国家”的特征,因而也是一个相对成功的转型国家。

在此基础上,本书进一步分析和归纳了俄罗斯转型期国家制度能力退化的内在机理以及中国国家制度能力有效构建的路径。首先,俄罗斯转型期的国家制度能力衰败源于国家制度形成能力的削弱,其成因主要包括:一是自由派改革者出于意识形态和争夺政权的需要,过度调整国家的目标偏好,推行过于激进的自由主义改革战略;二是由于缺乏必要的知识准备,“休克疗法”的改革方案设计存在严重缺陷;三是过度关注目标而忽视转型过程,导致对制度变迁成本缺乏通盘考虑,加重了社会付出的转型代价。其次,俄罗斯的国家制度实施能力也面临严峻挑战:一是政治环境动荡、政治斗争加剧,严重制约了政府实施和调控改革进程的能力;二是严重的腐败导致政府治理失效,并体现出明显的掠夺性特征;三是未能形成一个支持民主型“强国家”的制度化市场,致使国家缺乏推行改革和实施调控的资源,并孕育了一种滋生“勾结型国家”的市场结构形态;四是社会分裂及其与国家的非协调互动,削弱了国家的合法性与政策实施的有效性。最后,当转型方向和路径出现严重偏差时,国家却因强势利益集团的俘获,丧失了制度的适应性调整能力,进而国家陷入一个无效而僵滞的局部制度改革陷阱之中。

中国转型期国家制度能力有效构建的路径则体现为:首先,国家的主导型政治力量理性而灵活地调整国家的治理目标,形成发展的共识,并相应调整国家治理方略,推动改革开放和市场经济体制建设,在此过程中,国家保持了较高的自主性。其次,国家拥有较强的制度实施能力。渐进式改革策略保障了国家政治体制的稳定性,维系了国家制度的整合、协调和统一,确保政府具备充足的行为能力,并且缓解了利益分化,降低了改革的社会成本;集权与分权的有机结合,既调动了地方政府改革的积极性,又确保了中央政府的权威及调控能力,而持续不断的政府改革则进一步改善了政府的治理结构,提高了治理能力;国家与社会关系的深入协调,也保证了国家对社会秩序的有效掌控与治理。最后,国家还展现出极强的制度调适和学习能力。意识形态的务实灵活调整为改革开放打开突破口;常态化的治理和危机应对使政府积累丰富的治理经验;传统计划体制的制度资源以及对外开放提供的国际空间,进一步拓宽了国家的制度学习渠道。这些途径都使得国家能够及时发现原有制度缺陷,并不断发现、学习和创造出更为有效的制度安排,推动社会经济持续发展。

三、国家制度能力构建是转型深化与后国际金融危机时代转型国家的一项重要战略举措

中俄两国在初步确立市场经济体制后,均已跨入经济转型的深化阶段,面临进一步推进制度改革和优化经济发展模式的重任。与此同时,席卷全球的金融风暴也对两国的社会经济发展造成程度不同的影响。当经济转型深化与后国际金融危机时代的结构调整相互叠加并强化之时,转型国家面临越来越多的不确定性和风险。在这样一个机遇和挑战并存的时代,国家更应发挥促进制度改革稳健深入推进和社会经济平稳持续发展的治理功能,因而国家制度能力构建也成为中俄两国顺利跨越转型深化阶段的关键战略举措。

就俄罗斯而言,在普京时代和"梅普共治"时代已经确立的"强国"、"富民"战略的基础上,需要着力推进国家制度的全面现代化进程。从政治层面来看,需要推动国家机构改革,形成国家与公民的伙伴关系,提高国家治理的透明化和确定化程度,使政府能够有效回应社会需求,提供高质量的公共服务;同时,规范民主和法治的运行,遏制依然严重的腐败和寻租问题,消除利益集团的俘获行为,提高国家的自主性。从经济层面来看,首要任务是从资源依赖型发展模式转变为创新发展模式。为此,需要大力发展高科技产业,增加对人力资本的投入,深入调整经济结构,并着力营造有利于建立"现代化同盟"的外部开放环境。与此同时,进一步完善市场经济制度建设,提高制度安排的协调作用,增加市场的竞争能力和自生能力。从社会层面来看,需要培育一个能够支持规范的民主制度和有效的市场经济的多元、开放,具备整合功能和自我组织与发展能力的现代公民社会。为此,需要加大国家对社会的扶持力度,整合分裂的社会结构,形成能够凝聚社会共识的包容性价值观,从而提高国家对社会的协调和管理能力。

就中国而言,在转型深化阶段,首先需要进一步对国家的目标偏好和治理理念进行调整,从单纯追求高速的 GDP 增长率转向注重促进人的自由和全面发展,更

加注重经济发展与社会发展相互促进、经济增长的速度与质量相互统一,真正形成一种"以人为本"、全面、均衡和可持续的国家发展理念。在此基础上着力推进经济结构的战略性调整和经济发展方式的根本性转变。中国政府提出的全面实践"科学发展观"、建设社会主义"和谐社会",则是这种国家发展战略目标与治理理念开始适应性转换的重要标志。为了支持这一转变,中国也需要通过更加深入的现代国家制度建设,来进一步提升国家的制度能力。在经济层面,需进一步深化经济体制改革,以体制改革释放的制度能量来推动国家发展模式的转型。在政治层面,需要通过深入的政府改革,建立更具效能的"公共服务型政府";同时,作为国家主导性政治力量的中国共产党也需要进一步完善自身的组织和制度建设,以提高自身的执政水平和执政能力,从而更好地应对"执政考验、改革开放考验、市场经济考验、外部环境考验"。在社会层面,则需要深入推进社会体制建设和社会管理创新,一方面,通过积极的社会政策来整合日渐分化的社会结构,防止过度分化导致的社会结构断裂以及狭隘社会集团对政府改革的制约;另一方面,培育有助于增进国家治理的民间组织、社会团体和网络,建立符合国情的利益整合型公民社会,不断改进国家与社会的沟通交流机制,协调二者的关系,最终形成善治型的现代国家治理模式。

第二节　本书的主要启示

中俄两国的国家制度能力演化与经济转型进程颇具代表性,从对这两国案例的研究中,我们可以得到若干对转型国家乃至其他发展中国家的制度变迁与经济发展具有借鉴意义的重要启示。

第一,社会经济转型不能以牺牲国家制度能力为代价,为此,应关注转型的策略选择,保持制度变迁的相对稳定性和连续性。国家推动和实施制度变迁的能力对于经济和社会的持续发展至关重要,历史上的成功经验有力地证明了这一点。西方学者对近代欧洲崛起的研究就是其中一个典型的例证。在由中世纪封建社会向近代资本主义社会转型的过程中,欧洲先进国家的制度能力建设是首要的前提。首先,基本的转变体现为"由重叠的(封建式)经济和政体向具有制度化分隔功能的(现代式)经济和政体的转变,以及由一个分化的领土(封建制)向一个统一的领土(中央制)的转变组成的双重过渡。随着这个过程的发生,统治的方式由离心式过渡到向心式"①。在中央政府削弱封建割据局面的过程中,国家逐步获得了高度的自主性,国家治理也由"私有的统治"转变为"公共的统治",由"个人统治"过渡

---

① 琳达·维斯,约翰·M.霍布森.国家与经济发展———一个比较及历史性的分析[M].长春:吉林出版集团有限公司,2009:21.

到"非个人统治"以及由"间接统治"转向"直接统治"。在此过程中,国家培育起向社会渗透和资源汲取的能力、国家与社会达成共识的能力以及建立商业化的经济属性和财政机构的能力(如英格兰)。国家制度能力的形成,也为资本主义的兴起奠定了基础,包括:创造市场经济赖以发展的统一国土基础;发展全国性的通信和交通基础设施;采取"重商主义"战略开拓海外贸易,增加资本积累;以军事需求带动工业发展和信贷市场的发展;国家与资产阶级合作,以增强军事、财政和政治力量的基础①。由此可见,欧洲的真实经验表明,市场经济的发展是与国家的崛起、制度能力的增强协同演进的,这绝非一个市场自发扩展和国家消极收缩的过程。然而,当现代的新自由主义者为转型国家迈向市场经济开出"药方"时,却罔顾自己所经历的这段历史。结果,激进的市场化和民主化转型却使得国家制度能力遭受到严重削弱,出现了公共秩序的私人化、国家的重新封建化等与现代化进程相悖的趋势,正常的市场秩序和经济发展也自然失去必要的制度支撑。从相对成功的转型国家案例来看,若要避免社会经济转型进程中出现国家制度能力的崩溃,必然要审慎选择适宜本国国情的转型战略,确保制度变迁的相对稳定性和连续性。实践证明,以"华盛顿共识"为代表的激进转型战略鲜有成功案例,即便是通常被视为"转型明星"的波兰,也对"休克疗法"进行了不小的改造,特别是在私有化和社会体制改革领域采取了渐进的方式。而中国转型的成功经验也表明了渐进式转型在保存和巩固国家制度能力方面所具有的独特优势。这一战略的主要特征和优势体现为:一是充分认识到改革者的有限理性和经济转型所具有的复杂性、不确定性特征,因此,并不刻意在事前谋划一个确定无疑的改革目标,也不赞同存在一套完美的改革方案,而是主张根据现实环境的变化不断修正改革的目标,并采取试验、试错的方法来调整制度改革措施,以使经济转型不偏离有效的路径。二是强调转型过程的重要性,充分认识到经济转型是一个复杂的大规模的制度变迁过程,由于经济体制演化过程中存在制度的互补性以及制度变迁的路径依赖性特征,不可能在短期实现经济体制的一步跨越。因此,要充分关注制度构建在转型过程中的重要性。转型进程中的制度构建未必是移植所谓的最优制度安排,而是可以发现、改进和创造出一系列虽然不是最优,但却是最适宜的过渡性、中间性制度安排。三是关注转型进程中的政治约束,并审慎选择改革方式、安排改革顺序、调整改革速度和节奏来协调转型带来的利益分化和改革阻力,将其塑造成一个可持续的过程。四是充分认识到转型进程中不同层次、不同类型的制度安排之间的互补性效应,强调整个制度系统的适应性效率。由此可见,渐进式转型战略相对能够确保制度变迁的平稳性,避免激进变革导致的国家制度能力突然崩溃。

　　第二,在经济转型中,应处理好国家制度能力构建的三大核心问题,即国家自

---

①琳达·维斯,约翰·M.霍布森.国家与经济发展———一个比较及历史性的分析[M].长春:吉林出版集团有
　限公司,2009:65.

身的建设、国家与市场关系的调整、国家与社会关系的协调。

不管一国的治理形态如何,一个完整、统一和稳定的国家组织结构是社会经济转型平稳推进的政治基础。国家的主导性政治力量应当发挥整合不同社会力量的功能,从而使国家成为一个内部统一、一致的行为主体。在此基础上形成一个相对统一和理性的国家战略目标,并能根据内部环境和外部环境的变化进行灵活调整。国家建设同样离不开一系列制度安排和治理机制的支撑,这套制度被称为现代国家制度。这套制度囊括了国家的暴力、政治、经济以及行政制度等诸多方面,例如,统一的军队和警察制度,财政、金融、税收、食物供应等经济制度,行政官员、技术官僚的考核、选拔、培训制度等①。尽管在西方世界,以上国家制度在近现代民主政治和市场经济体制建立之前就早已展开,但是对于广大转型国家而言,这一进程却刚刚起步。

国家制度能力构建的另一个重要维度就是国家与市场关系的调整。从前文所述的历史经验来看,成功的国家制度能力构建必然不能遵循新自由主义推崇的国家与市场此消彼长的"零和博弈"关系,而是应当走出一条国家与市场相互强化的"正和博弈"关系。一方面,在市场发育初期,国家应当提供一系列制度基础设施,为市场培育一个适宜的生长环境,包括有保障的财产权利、公平竞争的市场秩序、促进市场扩展的商业政策、促进产业发展的产业政策以及防止市场过度竞争导致两极分化的社会保障制度。此外,当内部或外部突发因素导致市场运行严重失效之时(如金融和经济危机),国家必须及时提供必要的救助,综合运用经济和社会政策工具辅助市场走出危机。另一方面,市场经济的高效运行也为国家提供了必要的财政资源,成为国家推行公共政策的重要物质基础,同时,市场机制本身也为国家自身的改革提供了必要的工具和空间。国家可以将某些市场治理机制引入政府治理过程,以提高政府的治理效能,现代西方新公共管理理论和改革方向就遵循了这一思路。

国家制度能力构建的第三个维度就是国家与社会关系的协调。国家治理的合法性与有效性,离不开社会的支持。尽管国家具备自主性,但这种自主性是相对的,它不能完全脱离社会的制约,否则就要成为一种专制的权力。国家与社会的关系应当沿着一条"互赖型治理"的路径发展。也就是说,国家需要与社会达成一种共识:一方面,国家可以通过制度化的机制向社会渗透,以提取必要资源、保持对社会秩序的有效控制。在此过程中,国家应当时刻警惕狭隘利益集团的滋生,打破强势利益集团的垄断,避免国家被俘问题的发生。另一方面,国家应当允许社会存在一个必要的自我发展空间,鼓励那些有利于公共秩序治理和提供公共服务功能的社会组织、团体和关系网络的存在和在国家法治框架下的规范运行,以建立现代公民社会、培育社会资本,增进社会的自组织治理能力。从上述意义上讲,国家与社

①郑永年. 中国模式:经验与困局[M]. 杭州:浙江人民出版社,2010:40.

会的关系也不是新自由主义所说的对抗性关系,而是互惠共生的伙伴关系。这一关系的形成将需要经历国家与社会双向民主化的磨合过程。

第三,在转型深化阶段,应关注国家制度能力构建中的内外联动效应,确保国家发展的自主性和有效性。经济转型是在一个日益开放的全球政治经济格局下发生的,外部因素与内部因素的联动效应成为影响国家制度能力构建的一个重要因素。一是外部因素有可能影响国家的战略目标偏好选择和制度形成能力。实际上,20世纪40年代末和50年代初两极化的世界格局以及严峻的外部威胁就成为许多国家选择计划经济体制和"强国家"治理模式的重要因素,而20世纪80年代末90年代初的制度转型,也与全球化条件下,全球市场经济浪潮和"第三波民主化"浪潮的推动作用具有密切关联。二是日益开放的全球化环境对国家的有效制度实施能力形成了一定的挑战。包括国际组织、外国政府、跨国公司、国际非政府组织(NGO)在内的各种外部力量都有可能影响一个主权国家的政府决策,进而影响本国制度改革的走向。转型初期,许多国家选择"华盛顿共识"的改革战略并大大削弱了政府对经济的干预功能(如俄罗斯和中欧地区一些国家),在一定程度上与外部力量施加的影响有关。而进入转型深化阶段,特别是后国际金融危机时代,外部力量对一国政策和制度走向的影响更加明显,甚至可以引发国家的政权更替(如近来的在中东和北非发生的一系列事件)。三是一国特定的经济结构也会强化本国对外部环境的依赖。例如,在转型国家中,俄罗斯形成了典型的资源依赖型经济发展模式,石油和天然气的出口成为经济发展的主要动力,而这又严重依赖于国际能源价格的变化。而中东欧国家也形成了一种外资主导型经济模式。不仅跨国公司和银行控制了国内的主要行业和经济部门,而且出口拉动型的增长方式也使其经济严重依赖于外部需求。上述两种具有代表性的经济结构和发展模式都具有内在的不稳定性和脆弱性,一旦国际政治经济环境恶化,就很容易通过贸易和投资两条途径传导至本国市场,使国内经济发生严重波动。四是国家的宏观经济政策效果也日益受到外部因素的制约。例如,当本国经济出现通货膨胀迹象而采取紧缩性货币政策从而导致利率上升时,国外的短期投机性资本(热钱)却可能受收益率提高的诱导而大量引入,与此同时,如果全球主要经济体为了遏制本国的经济衰退采取持续宽松的货币政策,那么可能进一步加剧本国热钱的流入和输入性通货膨胀压力,导致政府宏观调控效果遭受严重削弱。由此看来,无论从经济层面还是政治层面来看,外部因素与内部因素的联动效应都会给转型国家的制度形成、实施和调整带来严峻挑战。这就要求转型国家在社会经济改革和对外开放过程中,充分权衡内部因素和外部因素的影响,提高国家在推动本国经济社会发展进程中的自主性,这种自主性的维系是确保国家制度有效性的重要基础。首先,国家的目标偏好、制度选择必须符合国家的核心利益,在涉及核心利益问题上绝不含糊,毫不动摇,而在涉及非核心利益问题上要具体问题具体对待,争取从长期和整体上保持利益增长,但不过度计较一时得失。其次,各项制度和政策的出台要充分考虑到外部因素带来的风险,不宜采取过度激进的措施,以免超越本国的实际承受能力。再次,要对自身的经济结构进行深入改革和调整,克服经济发展中的各种不平衡、不协调和不可持续问题,提高本国经济发展的自主性和有效性。在后国际金融危机时代,中国提出的加快转变经济发展方式、着力推进经济结构战略性调整以及俄罗斯提出的经济现代化战略,都是增强本国经济发展自主性和有效性的重要战略举措。最后,应利用国际格局转换的契机,调整本国的定位,营造有利于本国发展的国际空间。受国际金融危机的冲击,西方大国整体的经济势力有所下降,而以中俄两国为代表的新兴市场国家的势力整体上升。这些国家经济总量的增长也提升了其在国际舞台上的话语权。中俄等新兴市场国家需要在重大国际问题的协商和解决中发挥更大的作用,特别是在国际规则的制定中发出更有力的声音。总之,面对外部因素的制约,国家在坚持韬光养晦策略的同时,也要积极有所作为,必要时可以展示适度强硬姿态,采取一次性"一还一报"(Tit for Tat)策略,以扩大国家自主性的策略选择集合。总之,转型国家应当充分重视外部环境对国家制度能力构建的影响,在有效权衡内外因素的基础上提高国家政治、经济和社会发展的自主性与有效性。

参考文献

[1]琳达·维斯,约翰·M.霍布森.国家与经济发展——一个比较及历史性的分析[M].黄兆辉等译.长春:吉林出版集团有限责任公司,2009.

[2]奥勒·诺格德.经济制度与民主改革:原苏东国家的转型比较分析[M].孙友晋等译.上海:上海人民出版社,2007.

[3]格泽戈尔兹·W.科勒德克.从休克到治疗——后社会主义转轨的政治经济[M].刘晓勇等译.上海:远东出版社,2000.

[4]史漫飞,柯武刚.制度经济学:社会秩序与公共政策[M].北京:商务印书馆,2000.

[5]B.A.列别辛.当代俄罗斯的分化与中间阶级[J].社会科学与当代,1998(4).

[6]O.T.博戈莫洛夫.俄罗斯的过渡年代[M].辽宁:辽宁大学出版社,2002.

[7]И.B.利波西茨.公民收入的构成和社会支持[J].社会政治,1996(2).

[8]弗拉基米尔·波波夫.俄罗斯转型为一个发展中国家的根源[J].国外理论动态,2011(2).

[9]叶夫尼根·亚辛.俄罗斯能否在21世纪成为一个新兴的经济大国?——前景与方案[J].俄罗斯研究,2007(1).

[10]克里斯蒂娅·弗里兰.世纪大拍卖——俄罗斯转轨的内幕故事[M].北京:中信出版社,2005.

[11]K.波兹南斯基.共产主义制度瓦解的转轨是导致东欧地区经济衰退的原因[J].经济社会体制较,2001(6).

[12]R.科斯等.财产权利与制度变迁——产权学派与新制度学派译文集[M].上海:上海三联书店,1994.

[13]阿夫纳·格雷夫著.大裂变:中世纪贸易制度比较和西方的兴起[M].郑江淮等译.北京:中信出版社,2008.

[14]埃里克·弗鲁博顿,鲁道夫·芮切特.新制度经济学——一个交易费用分析范式[M].上海:上海人民出版社,2006.

[15]安德烈·施莱弗,罗伯特·维什尼著.掠夺之手——政府病及其治疗[M].赵红军译.北京:中信出版社,2004.

[16]保罗·肯尼迪著.大国的兴衰——1500~2000年的经济变迁与军事冲突[M].王保存等译.北京:求实出版社,1988.

[17]彼得·埃文斯等编著.找回国家[M].方立维等译.北京:生活·读书·新知三联书店,2009.

[18]大卫·科茨.国家在经济转型中的作用——俄中经济转型经验比较[J].国外理论动态.2005.

[19]道格拉斯·C.诺思.理解经济变迁过程[M].钟正生等译.北京:中国人民大学出版社,2008.

[20]道格拉斯·C.诺思.经济史中的结构与变迁[M].陈郁,罗华平等译.上海:上海三联书店、上海人民出版社,1994.

[21]道格拉斯·C.诺思,罗伯特·托马斯.西方世界的兴起[M].厉以平,蔡磊译.北京:华夏出版社,1999.

[22]弗朗西斯·福山.国家构建:21世纪的国家治理与世界秩序[M].黄胜强,许铭原译.北京:中国社会科学出版社,2007.

[23]胡安·J.林茨,阿尔弗莱德·斯泰潘.民主转型与巩固的问题:南欧,南美和后共产主义欧洲[M].杭州:浙江人民出版社,2008.

[24]加布里埃尔·A.阿尔蒙德,G.宾厄姆·小鲍威尔.比较政治:一种发展观点[M].波士顿:小布朗公司出版,1966.

[25]加布里埃尔·A.阿尔蒙德等.比较政治学:体系、过程和政策[M].曹沛霖等译.上海译文出版社,1987.

[26]贾恩弗朗哥·波齐.国家:本质、发展与前景[M].上海:上海世纪出版集团,2007.

[27]李·J.阿尔斯通,思拉恩·埃格特森等.制度变革的经验研究[M].北京:经济学科学出版社,2003.

[28]李·J.阿尔斯通等.制度变革的经验研究[M].罗仲伟等译.北京:经济科学出版社,2003.

[29]李侃如.治理中国:从革命到治理[M].胡国成,赵梅译.北京:中国社会科学出版社,2010.

[30]罗伯特·帕特南.使民主运转起来[M].王列,赖海榕译,南昌:江西人民出版社,2001.

[31]曼瑟·奥尔森.权力与繁荣[M].上海:上海人民出版社,2005.

[32]曼瑟·奥尔森.国家的兴衰:经济增长、滞胀和社会僵化[M].李增刚译.上海:上海人民出版社,2007.

[33]道格拉斯·C.诺思.制度、制度变迁与经济绩效[M].上海:格致出版社、上海三联出版社、上海人民出版社,2008.

[34]热若尔·罗兰.转型与经济学[M].张帆,潘佐红译.北京大学出版社,2002.

[35]斯图亚特·R.林恩.发展经济学[M].王乃辉等译.上海:上海三联书店,2009.

［36］托马斯·拉尔森. 改革、腐败和增长：为什吗俄罗斯的腐败更具破坏性［J］. 国外理论动态，2011（9）.

［37］亚当·普沃斯基著. 民主与市场——东欧与拉丁美洲的政治经济改革［M］. 包雅钧等译. 北京：北京大学出版社，2005.

［38］约瑟夫·E. 斯蒂格利茨. 社会主义向何处去［M］. 吉林人民出版社，1998.

［39］邹至庄. 中国经济转型［M］. 曹祖平，韩玉军、刘元春等译. 北京：人民大学出版社，2005.

［40］青木昌彦. 比较制度分析［M］. 上海：上海远东出版社，2001.

［41］青木昌彦等. 市场的作用、国家的作用［M］. 北京：中国发展出版社，2002.

［42］贝拉·格雷什科维奇. 抗议与忍耐的政治经济分析：东欧与拉美转型之比较［M］. 张大军译. 桂林：广西师范大学出版社，2009.

［43］亚诺什·科尔奈. 后社会主义转轨的思索［M］. 吉林：人民出版社，2003.

［44］卡瑟琳·丹克斯. 转型中的俄罗斯政治与社会［M］. 北京：华夏出版社，2003.

［45］马克·布劳格. 经济学方法论［M］. 石士钧译. 北京：商务印书馆，1992.

［46］索尔·埃斯特林，尤里安·勒·格兰德. 市场社会主义［M］. 邓正来等译. 北京：经济日报出版社，1993.

［47］E. 赫尔普曼. 经济增长的秘密［M］. 王世华等译. 北京：中国人民大学出版社，2007.

［48］W. 布鲁斯. 社会主义的政治与经济［M］. 北京：中国社会科学出版社，1981.

［49］保罗·肯尼迪. 大国的兴衰［M］. 蒋葆英译. 北京：中国经济出版社，1989.

［50］戴维·米勒、韦农·波格丹诺. 布莱克维尔政治学百科全书［M］. 邓正来译. 北京：中国政法大学出版社，2002.

［51］丹尼·罗德里克. 寻找可行的经济发展战略［J］. 李楠译. 经济社会体制比较，2008（2）.

［52］伦纳德·夏皮罗. 一个学者笔下的苏共党史［M］. 北京：东方出版社，1991.

［53］马克·布劳格. 经济学方法论［M］. 石士钧译. 北京：商务印书馆，1992.

［54］曼瑟·奥尔森. 国家的兴衰［M］. 李增刚译. 上海：上海世纪出版集团，2007.

［55］米·伊·科金. 风雨兼程——俄罗斯转型启示录［M］. 北京：中央文献出版社，2004.

［56］帕萨·达斯古普特，伊斯梅尔·撒拉格尔丁. 社会资本——一个多角度的观点［M］. 张慧东等译. 北京：中国人民大学出版社，2005.

［57］威联姆森. 资本主义的经济制度［M］. 北京：商务印书馆，2002.

[58] 威廉·冯·洪堡. 论国家的作用[M]. 北京:中国社会科学出版社,1998.

[59] 曹红钢. 政府行为目标与体制转型[M]. 北京:社会科学文献出版社,2007.

[60] 曾峻. 公共秩序的制度安排——国家与社会关系的框架及其运用[M]. 上海:学林出版社,2005.

[61] 常欣欣. 苏联的"制度僵化症"与苏联剧变——新制度主义的一个实证分析[J]. 中共中央党校学报,2002(6).

[62] 陈国富. 契约的演进与制度变迁[M]. 北京:经济科学出版社,2002.

[63] 董海军. 转轨与国家制度能力研究——一种博弈论的分析[D]. 上海:复旦大学. 2004.

[64] 冯绍雷,相蓝欣. 俄罗斯经济转型[M]. 上海:上海人民出版社,2005.

[65] 冯绍雷. 20世纪的俄罗斯[M]. 北京:三联书店,2007.

[66] 谷书堂. 社会主义经济学通论——中国转型期经济问题研究[M]. 北京:高等教育出版社,2000.

[67] 顾丽梅. 公共政策与政府治理[M]. 上海:上海人民出版社,2006.

[68] 关海庭,吴群芳. 渐进式的超越——中俄两国转型模式的调整与深化[M]. 北京:北京大学出版社,2006.

[69] 郭连成. 转型国家经济评论[M]. 辽宁:东北财经大学出版社,2009.

[70] 胡家勇. 转型经济学[M]. 合肥:安徽人民出版社,2003.

[71] 胡键. 俄罗斯转轨的制度经济学分析[M]. 上海:学林出版社,2004.

[72] 黄秋菊,景维民. 国家构建视角下的中俄转型比较研究[J]. 当代世界与社会主义,2010(5).

[73] 黄秋菊,景维民. 后危机时代中国治理模式提升的策略选择[J]. 经济社会体制比较,2011(1).

[74] 黄秋菊,景维民. 经济转型与包容性增长的关联度[J]. 改革,2011(6).

[75] 黄秋菊. 俄罗斯转型期的国家制度能力与经济发展[J]. 俄罗斯中亚东欧研究,2011(3).

[76] 黄仁宇. 资本主义与二十一世纪[M]. 北京:生活、读书、新知三联书店,1997.

[77] 贾根良. 演化经济学——经济学革命的策源地[M]. 山西:山西人民出版社,2004.

[78] 金雁,秦晖. 十年沧桑:东欧诸国的经济社会转轨与思想变迁[M]. 上海:上海三联书店,2004.

[79] 金雁. 苏俄现代化与改革研究[M]. 广州:广东教育出版社,1999.

[80] 景维民,黄秋菊. 国家制度能力与经济结构调整——基于转型期的中俄比较研究[J]. 南开学报,2011(1).

[81] 景维民,黄秋菊. 转型经济学的定位与展望[J]. 东岳论丛,2010(3).

[82]景维民,孙景宇等.经济转型的阶段性演进与评估[M].北京:经济科学出版社,2008.

[83]景维民,张慧君等.经济转型的阶段性演化与相对市场化进程研究[M].北京:中国财政经济出版社,2006.

[84]景维民.过渡经济论:目标、道路与制度[M].天津:天津人民出版社,2000.

[85]孔田平.东欧经济改革之路:经济转轨与制度变迁[M].广州:广东人民出版社,2003.

[86]李强.后全能体制下现代国家的构建[J].战略与管理,2001(6).

[87]厉以宁.转型发展理论[M].北京:同心出版社,1996.

[88]林毅夫,蔡昉,李周著.中国的奇迹:发展战略与经济改革(增订版)[M].上海:格致出版社、上海三联书店、上海人民出版社,1999.

[88]林毅夫,姚洋.中国奇迹:回顾与展望[M].北京:北京大学出版社,2006.

[90]李新,刘军梅等.经济转型比较制度分析[M].上海:复旦大学出版社,2009.

[91]刘树成,吴太昌.中国经济体制改革30年研究[M].北京:经济管理出版社,2008.

[92]刘文革.强制性制度变迁——"俄罗斯转轨之迷"的经济学解释[M].哈尔滨:黑龙江人民出版社,2003.

[93]柳新元.制度安排的实施机制与制度安排的绩效[J].经济评论,2002(4).

[94]卢现祥,朱巧玲.新制度经济学[M].北京:北京大学出版社,2007.

[95]陆南泉.当今俄罗斯经济现代化的迫切性与面临的主要难题[J].学习时报,2010(2).

[96]陆南泉.苏联经济体制改革史论(从列宁到普京)[M].北京:人民出版社,2007.

[97]陆南泉.对俄罗斯经济转轨若干重要问题的看法[J].经济社会体制比较,2010(2).

[98]陆南泉.苏联剧变的关键是体制[J].社会观察,2011(8).

[99]罗卫东,姚中秋.中国转型的理论分析:奥地利学派的视角[M].杭州:浙江大学出版社,2009.

[100]马克思主义政治经济学概论编写组.马克思主义政治经济学概论[M].北京:人民出版社、高等教育出版社,2011.

[101]毛泽东著作选读(下册)[M].北京:人民出版社,1986.

[102]钱颖一,许成钢.中国的经济改革为什么与众不同[M].北京:中国人民大学出版社,2003.

[103]钱颖一.目标与过程[J].经济社会体制比较.1999(2).

[104]盛洪.现代制度经济学[M].北京:北京大学出版社,2003.

[105]盛洪.中国的过渡经济学[M].上海:上海人民出版社,1994.

[106]宋智勇.后危机时代的"十二五"经济形势分析[J].宏观经济管理,2010(5).

[107]唐士其.国家与社会的关系——社会主义国家的理论与实践比较研究[M].北京:北京大学出版社,1998.

[108]唐朱昌.俄罗斯经济转轨透视[M].上海:上海社会科学院出版社,2001.

[109]田春生."华盛顿共识"与"北京共识"比较初探[J].经济社会体制比较,2005(2).

[110]王绍光,胡鞍钢.中国国家能力报告[M].沈阳:辽宁人民出版社,1993.

[111]王绍光.学习机制、适应能力与中国模式[J].开放时代,2009(7).

[112]王文奇.俄罗斯:悄然复苏的北极熊[M].吉林:长春出版社,2010.

[113]吴恩远.俄罗斯东欧中亚国家发展报告(2011)[M].北京:社会科学文献出版社,2011.

[114]吴敬琏.当代中国经济改革[M].上海:上海远东出版社,2004.

[115]吴垠,刘灿.转型经济学的研究范式与发展方向[J].经济评论,2009(4).

[116]武力.新中国60年"政府主导型"发展模式的形成与演变[J].教学与研究,2009(10).

[117]武力.中华人民共和国经济史(增订版上卷)[M].北京:中国时代经济出版社,2010.

[118]伊特韦尔等.新帕格雷夫经济大辞典(第二卷)[M].北京:经济科学出版社,1996.

[119]徐向梅.普京的政治治理和俄罗斯政治走势分析[J].当代世界与社会主义,2007(1).

[120]徐坡岭.俄罗斯经济转型轨迹研究——论俄罗斯经济转型的经济政治过程[M].北京:经济科学出版社,2002.

[121]徐坡岭.决定俄罗斯2012年后经济前景的两个关键因素:社会政治改革与经济现代化模式[J].辽宁大学学报(哲学社会科学版),2012(1).

[122]徐坡岭,韩爽.梅普组合下俄罗斯经济增长与政策趋势分析[J].俄罗斯研究,2008(3).

[123]薛晓源,陈家刚.全球化与新制度主义[M].北京:社会科学文献出版社,2004.

[124]杨光斌,郑伟铭.国家形态与国家治理——苏联—俄罗斯转型经验研究[J].中国社会科学,2007(4).

[125]姚洋.中国道路的世界意义[M].北京:北京大学出版社,2011.

[126]姚洋.作为制度创新过程的经济改革[M].上海:格致出版社、上海人民

出版社,2008.

[127]殷红.俄罗斯转轨经济政策中政府诉求约束研究[M].北京:经济科学出版社,2009.

[128]童伟.2011年俄罗斯财经研究报告——基于俄中比较的视角[M].北京:经济科学出版社,2011.

[129]康晓光.中国特殊论——对中国大陆25年改革经验的反思[J].战略与管理,2003(4).

[130]张弛.俄罗斯转轨绩效透视[M].北京:经济日报出版社,2003.

[131]张慧君,黄秋菊.经济转型深化与中国模式提升[J].中共哈尔滨市委党校学报,2010(6).

[132]张慧君,景维民.从经济转型到国家治理模式重构——转型深化与完善市场经济体制的新议题[J].天津社会科学.2010(2).

[133]张慧君.经济转型与国家治理模式演进——基于中国经验的研究[J].经济体制改革,2009(2).

[134]张慧君.俄罗斯转型进程中的国家治理模式演进[M].北京:经济管理出版社,2009.

[135]张军,周黎安.为增长而竞争:中国增长的政治经济学[M].上海:格致出版社、上海人民出版社,2008.

[136]张世贤.公共政策析论[M].台北:五南图书出版股份有限公司,1995.

[137]张宇.过渡政治经济学导论[M].北京:经济科学出版社,2001.

[138]张宇.中国模式:改革开放三十年以来的中国经济[M].北京:中国经济出版社,2008.

[139]张宇.中国转型模式:反思与创新[M].北京:经济科学出版社,2006.

[140]张宇燕.利益集团与制度非中性[J].改革,1994(2).

[141]庄起善.过渡经济的理论与实践[M].太原:山西经济出版社.1999.

[142]庄起善.论俄罗斯经济增长的制约因素[J].世界经济研究,2003(3).

[143]周冰,靳涛.经济体制转型方式及其决定[J].中国社会科学,2005(1).

[144]周冰.有限理性和过渡型制度安排[J].天津社会科学,2001(3).

[145]周冰.转型经济学在中国的兴起和学科定位[J].社会科学战线,2009(7).

[146]周冰等.过渡性制度安排与平滑转型[M].北京:社会科学文献出版社,2007.

[147]周天勇.中国行政体制改革30年[M].上海:格致出版社、上海人民出版社,2008.

[148]朱天飚.比较政治经济学[M].北京:北京大学出版社,2006.

[149]Barry R. Weingast. The Economic Role Political Institutions: Market – Preserving Federalism and Economic Development. Journal of Law, Economics and Organi-

zation, 1995, 11.

[150] Bernard Black, Reinier Kraakman and Anna Tarassova. Russian Rrivatization and Corporate Governance: What Went Wrong?. Stanford Law Review, 2000, 52.

[151] Daniel Kaufmann, Aart Kraay and Massimo Mastruzzi. Governance Matters III: Governance Indicators for 1996 – 2002. World Bank Policy Research Working Paper , 2004, No. 3106.

[152] Daron Acemoglu and Simon Johnson. Institutions as a Fundamental Cause of Long – run Growth. In Philippe Aghion and Steven N. Durlauf (ed). Handbook of Economic Growth, Volume IA. Elsevier B. V.. 2005.

[153] Dani Rodrik. Second – Best Institutions. NBER Working Paper, 2008, No. 14050.

[154] Erik Berglof and Patrick Bolton. The Great Divide and Beyond: Financial Architecture in Transition. Journal of Economic Perspective, 2002, 16(1).

[155] Gérard Roland. Understanding Institutional Change: Fast – moving and Slow – moving Institutions. Studies in Comparative International Development, 2004, 38 (4).

[156] Jeffrey Sachs and Wing Thye Woo. Structural Factors in the Economic Reform of China, Eastern Europe, and the Former Soviety Union. Economic Policy, April 1994.

[157] Joel S. Hellman. Winners Take All: The Politics of Partial Reform in Post-communist Transitions. World Politics, 1998, 50(2).

[158] Joel S. Hellman, Geraint Jones, and Daniel Kaufmann. Seize the State, Seize the Day. World Bank Policy Research Working Paper, 2000, No. 2444.

[159] Joachim Ahrens and Philipp Mengeringhaus. Institutional Change and Economic Transition: Market – Enhancing Governance, Chinese – style. The European Journal of Comparative Economics, 2006, 3(1).

[160] Jeffery B. Miller and Stiyan Tenev. On the Role of Government in Transition: The Experiences of China and Russia Compared. Comparative Economic Studies, 2007, 49.

[161] Michael McFaul. State Power, Institutional Change, and The Politics of Privatization in Russia. World Politics, 1995, 47(2).

[162] Nauro F. Campos and Fabrizio Coricelli. Growth in Transition: What We Know, What We Don't, and What We Should. William Davidson Working Paper, 2002, No. 470.

[163] Oliver Blanchard and Michael Kremer. Disorganization. The Quarterly Journal of Economics, 1997, 112(4).

[164] Olivier Blanchard and Anderei Sleifer. Federalism with and without Political

Centralization: China versus Russia. NBER Working Paper, 2000, No. 7616.

[165] Padma Desai. Russian Retrospectives on Reforms from Yelsin to Putin. Journal of Economic Pectives, 2005, 19.

[166] Qian Yingyi. The Institutional Foundations of China's Market Transition. Paper prepared for the World Bank 's Annual Conference on Development Economics. Washington, D. C. , April 28 – 30.

[167] Rafael La Porta, Florencio Lopez – de – Silanes, Andrei Sleifer, and Robert W. Vishny. Law and Finance. Journal of Political Economy, 1998, 106.

[168] Stanley Fischer and Rata Sahay. The Transition Economies after Ten Years. IMF Working Papers, 2000, No. 30.

[169] Venelin I. Ganev. Post – communism as an Episode of State Building: A Reversed Tillyan Perspective. Communist and Post – Communist Studies, 2005, 38.

[170] Vladimir Popov. Shock Therapy Versus Gradualism Reconsidered: Lessons from Transition Economies after 15 Years of Reforms. Comparative Economic Studies, 2007, 49.

[171] World Bank. Transition: The First Ten Years: Analysis and Lessons for Eastern Europe and the Former Soviet Union. Washington, D. C.. 2002.

[172] Wladimir Andreff. Would a Second Transition Stage Prolong the Initial Period of Post – socialist Economic Transformation into Market Capitalism?. The European Journal of Comparative Economics, 2004, 1(1).

[173] А. А. Бузгарин, В. В. Радаев. Экономика переходного периода. Издательство Московсково университета, 1995.

[174] Вишневский А. Демографическая революция. Москва, 1976.

[175] Гриневецки В. И. Послевоенные перспективы русской промышл енности. М. : Изд – во Всероссийского Центрального Союза Потребительных Обществ, 1922.

[176] Гендальф. Иммиграционная политика западных стран: альтернативы для России / Под ред. Г. Витковской М. 2002.

[177] Л. И. Абалкин. Курс переходнойэкономики. Москва: Финстатин форм, 1997.

后　记

本书是国家社会科学基金青年项目"'中国模式'的政治经济学研究"（项目号：10CJL003）的阶段性成果之一。它的出版也得到了清华大学博士后支持计划（20120912）的资助。

本书是在我的博士学位论文的基础上进一步修改而成的。在这部著作即将出版之时，首先，我要特别感谢我的导师景维民教授，无论是在学识上，还是在生活中他都给予了我极大的关心和指导，景老师多次不厌其烦地修改我的博士论文，让我深深感受到老师严谨的治学态度和深厚的理论修养。在学期间，景老师经常推荐我参加各种学术会议，鼓励我向各位前辈学习，并督促我养成独立思考问题的习惯。在景老师的鼓励、引导和帮助下，我逐渐明确了自己努力的方向。在这里，我要衷心感谢景老师对我的栽培，谢谢他一直以来对我的关心和帮助。

在我从事科研的道路上，还得到了诸多老师的支持和帮助，他们是中国社会科学院陆南泉教授、常玢教授、孔田平教授、冯育民教授；中国人民大学关雪凌教授；辽宁大学徐坡岭教授、曲文轶教授；中国青年政治学院田春生教授；中央财经大学童伟教授；上海国际问题研究院李新教授；复旦大学庄起善教授、刘军梅副教授；上海社会科学院丁佩华教授；浙江财经学院周冰教授；河北经济贸易大学武建奇教授；黑龙江大学戚文海教授、马蔚云教授。在这里向各位老师致以我深深的谢意！同时，我要感谢我的博士后合作导师清华大学经济学研究所副所长王勇老师和清华大学中俄战略合作研究所副所长王奇老师，感谢他们在工作上和生活中对我的关心和帮助。

南开大学的孙景宇、王永兴、白千文、刘宇春、朱兴龙、杨恒、叶添财、刘金顺、杜德瑞、刘闻文、张浩楠、许源丰、郎梦圆、张玮、许倩倩、张璐、母晓萌、刘晓庆、孙红霞等诸位同门和同窗，在攻读博士期间给予了我许多帮助，在此深表感谢！

最后要感谢我的家人！爸爸妈妈是我至高无上的爱，感谢他们对我无私的关怀和深深的爱护，感谢他们默默地付出，他们是我不断前进的最深动力，父母的恩情我要用一生来报答；感谢妹妹秋丽、秋鹤、秋艳对我的鼓励，想着她们，我觉得很幸福；感谢丈夫张慧君在学习中对我的帮助、在生活中对我的呵护，他是我学习的榜样。

本书的顺利出版得到了经济管理出版社王光艳女士的大力支持，在此深表感谢！

黄秋菊

2012 年 11 月

图书在版编目(CIP)数据

经济转型进程中的国家制度能力演进/黄秋菊著. —北京:经济管理出版社,2012.12
ISBN 978 - 7 - 5096 - 2273 - 5

Ⅰ.①经… Ⅱ.①黄… Ⅲ.①经济转型期—国家制度—对比研究—中国、俄罗斯
Ⅳ.①D62②D751.221

中国版本图书馆 CIP 数据核字(2012)第 299909 号

组稿编辑:王光艳
责任编辑:王光艳 杨雅琳
责任印制:杨国强
责任校对:超凡

出版发行:经济管理出版社
　　　　(北京市海淀区北蜂窝 8 号中雅大厦 A 座 11 层　　100038)
网　　　址:www.E - mp.com.cn
电　　　话:(010)51915602
印　　　刷:三河市延风印装厂
经　　　销:新华书店
开　　　本:720mm×1000mm/16
印　　　张:13.25
字　　　数:259 千字
版　　　次:2013 年 1 月第 1 版　　2013 年 1 月第 1 次印刷
书　　　号:ISBN 978 - 7 - 5096 - 2273 - 5
定　　　价:48.00 元